Inhaltsverzeichnis

Zahlen und Größen

Natürliche Zahlen addieren und subtrahieren

Daten

Natürliche Zahlen multiplizieren und dividieren

Geometrische Figuren zeichnen

Brüche und Verhältnisse

Inhaltsverzeichnis der CD-ROM

Vorschlag für einen Stoffverteilungsplan

Checklisten

Kopiervorlagen

Inklusionsmaterial:
Kopiervorlagen für Lernende mit erhöhtem Förderbedarf

Zusatzmaterial für Kapitel:

Zahlen und Größen
  Vergleichen und Ordnen
  Zahlen am Zahlenstrahl
  Stellenwerttafel
  Einheitentabelle Masse
  Tandemübung zu Masseeinheiten
  Tandemübung zu Längeneinheiten
  Einheitentabelle Längen
  Tandemübung zu Zeiteinheiten
  Zahlen anders aussprechen

Natürliche Zahlen addieren und subtrahieren
  Rechenmauern zum ausfüllen
  Kästen (für Schulbuchseite 43 Aufgabe 3)

Natürliche Zahlen multiplizieren und dividieren
  Rechenbäume (für Schulbuchseite 85 Aufgabe 2)
  Fachbegriffe für Rechenoperationen
  Rechenbäume (für Schulbuchseite 89 Aufgabe 13)
  Leere Rechenbäume (für Schulbuchseite 89 Aufgaben 14 und 16)
  Tabelle mit Lösung (für Schulbuchseite 90 Aufgabe 27)
  Überschlag bei Divisionsaufgaben

Geobretter
  Geobretter 5 x5 auf Papier
  Geobretter 10 x 10 auf Papier

Geometrische Figuren zeichnen
  Leeres Koordinatensystem

Brüche und Verhältnisse
  Spielkarten (für Schulbuchseite 146 Aufgabe 24)
  Vorlage für Uhrenscheibe (für Schulbuchseite 147 Aufgabe 2)
  Leervorlage für eigenes Domino (für Schulbuchseite 149)
  Tabelle (für Schulbuchseite 164)

Flächen und Flächeninhalt
  Vorlage für Flächenvergleich (für Schulbuchseite 176 Aufgabe 1 und 3)
  Tangram (für Schulbuchseite 178 Aufgabe 12)
  Einheitentabelle Flächeneinheiten (für Schulbuchseite 184 Aufgabe 32 bis 34)
  Deutschlandkarte (für Schulbuchseite 192)
  Pentominos (für Schulbuchseite 195 Aufgabe 4 und 5)

Symmetrien und Verschiebungen
  Zeichenvorlage für Mandala (für Schulbuchseite 219)
  Hundertertafel (für Schulbuchseite 222)

Arbeitsblätter zu Unterrichtsmethoden
  Fermiaufgaben (für Schulbuchseite 20)
  Die Gruppenarbeit
  Stationenlernen – Bruchteile herstellen (für Schulbuchseite 141)

Es liegen alle Dokumente als PDF und auch als editierbare Word-Dateien vor, sodass individuelle Anpassungen vorgenommen werden können.

Vorschlag für einen Stoffverteilungsplan

Bei der Erstellung dieses Stoffverteilungsplans gehen wir von 35 zur Verfügung stehenden Schulwochen aus. Das Schuljahr besteht zwar aus insgesamt 38 Schulwochen, davon bleiben aber drei im Stoffverteilungsplan unberücksichtigt, da der Mathematikunterricht wegen Klassenfahrten, Projektwochen, usw. in der Regel nicht in 38 Schuljahreswochen planmäßig stattfindet.

Inhalt	Seite	Prozessbezogene Kompetenzen	Woche
Zahlen und Größen Noch fit? Natürliche Zahlen ordnen und vergleichen Natürliche Zahlen darstellen *Methode*: Runden Systematisch zählen und schätzen *Methode*: Schätzen mit Professor Fermi Masse und Geld Länge Zeit *Thema*: Die tierische Super-Olympiade Vermischte Übungen Alles klar? Zusammenfassung	8 9 13 16 17 20 21 25 29 33 34 39 40	*Mathematisch argumentieren* Fragen zu inner- und außermathematischen Kontexten stellen Vermutungen zu mathematischen Situationen aufstellen *Mathematisch modellieren* relevante Informationen aus Sachtexten und anderen Darstellungen entnehmen mathematische Lösungen in Bezug auf die Ausgangssituation überprüfen *Mathematisch kommunizieren* eigene Vorgehensweisen beschreiben *Mit symbolischen, formalen, technischen Elementen der Mathematik umgehen* formale Rechenstrategien (schnelles Kopfrechnen und automatisierte Verfahren) ausführen	1.–6. (6 W.)
Natürliche Zahlen addieren und subtrahieren Noch fit? Im Kopf addieren und subtrahieren Rechenvorteile und Rechengesetze Schriftlich addieren und subtrahieren *Thema*: Was kosten Hobbys? Vermischte Übungen Alles klar? Zusammenfassung	 42 43 47 51 56 58 61 62	*Mathematisch argumentieren* Beispiele oder Gegenbeispiele für mathematische Aussagen finden Routineargumentationen wiedergeben Fehler erkennen, beschreiben und korrigieren *Probleme mathematisch lösen* Lösungsstrategien entwickeln und einfache Hilfsmittel nutzen Lösungsstrategien auf ähnliche Sachverhalte übertragen *Mathematisch modellieren* Sachsituationen in die Sprache der Mathematik übersetzen und entsprechende Aufgaben innermathematisch lösen *Mit symbolischen, formalen, technischen Elementen der Mathematik umgehen* formale Rechenstrategien (schnelles Kopfrechnen und automatisierte Verfahren) ausführen Kontrollverfahren nutzen *Mathematisch kommunizieren* mathematische Fachbegriffe und Zeichen bei der Dokumentation von Lösungswegen sachgerecht verwenden	7.–9. (3 W.)

Inhalt	Seite	Prozessbezogene Kompetenzen	Woche
Daten Noch fit? Daten erheben und auswerten *Methode:* In Klassen einteilen Daten darstellen *Methode:* Piktogramme *Methode:* Säulendiagramme mit dem Computer erstellen *Thema:* Tag der offenen Tür Vermischte Übungen Alles klar? Zusammenfassung	 64 65 68 69 72 75 76 78 81 82 83	*Mathematisch modellieren* Sachaufgaben zu Termen, Gleichungen und bildlichen Darstellungen formulieren *Mathematische Darstellungen verwenden* geeignete Darstellungen für das Bearbeiten mathematischer Sachverhalte auswählen, nutzen und erstellen eine Darstellung in eine andere übertragen verschiedene Darstellungen vergleichen *Mathematisch kommunizieren* Handlungsanleitungen geben relevante Informationen aus Sachtexten und anderen Darstellungen entnehmen und darüber mit anderen sprechen Aufgaben gemeinsam bearbeiten Verabredungen treffen und einhalten	10.–12. (3 W.)
Natürliche Zahlen multiplizieren und dividieren Noch fit? Im Kopf multiplizieren und dividieren *Methode:* Rechenbäume Realsituationen zuordnen Schriftlich multiplizieren und dividieren *Thema:* Potenzen und Quadratzahlen Rechengesetze sinnvoll nutzen *Thema:* Filmstudio Babelsberg Vermischte Übungen Alles klar? Zusammenfassung	 84 85 88 91 96 97 100 102 105 106	*Mathematisch argumentieren* Routineargumentationen wiedergeben *Probleme mathematisch lösen* Aufgaben bearbeiten, zu denen sie noch keine Routinestrategie haben („sich zu helfen wissen") Lösungsstrategien entwickeln und einfache Hilfsmittel nutzen *Mathematisch modellieren* Sachsituationen in die Sprache der Mathematik übersetzen und entsprechende Aufgaben innermathematisch lösen *Mit symbolischen, formalen, technischen Elementen der Mathematik umgehen* Kontrollverfahren nutzen *Mathematisch kommunizieren* Lösungswege anderer nachvollziehen gemeinsam Lösungswege reflektieren	13.–16. (4 W.)
Geometrische Figuren zeichnen Noch fit? Geraden, Parallelen, Senkrechte *Methode:* Umgang mit dem Geodreieck Das Koordinatensystem Flächen erkennen und beschreiben Besondere Vierecke *Methode:* Quadrat und Rechteck zeichnen *Methode:* Argumentieren und Begründen *Methode:* Zeichnen mit einem Geometrieprogramm Vermischte Übungen Alles klar? Zusammenfassung	 108 109 112 115 119 123 128 129 130 132 137 138	*Mathematisch argumentieren* Vermutungen zu mathematischen Situationen aufstellen Begründungen angeben Begründungen nachvollziehen *Probleme mathematisch lösen* Zusammenhänge erkennen und nutzen *Mit symbolischen, formalen, technischen Elementen der Mathematik umgehen* Kontrollverfahren nutzen Zeichen- und Messgeräte nutzen *Mathematisch kommunizieren* eigene Vorgehensweisen beschreiben relevante Informationen aus Sachtexten und anderen Darstellungen entnehmen und darüber mit anderen sprechen	17.–21. (5 W.)

Inhalt	Seite	Prozessbezogene Kompetenzen	Woche
Brüche und Verhältnisse		*Mathematisch argumentieren*	
Noch fit?	140	Begründungen nachvollziehen	
Brüche als Teil eines Ganzen	141	Ergebnisse auch bzgl. ihres Anwendungskontextes	
Thema: Brüche auf dem		bewerten	
Geobrett darstellen	146	*Mathematisch modellieren*	
Bruchteile von Größen	147	relevante Informationen aus Sachtexten und anderen	22.–27.
Brüche kürzen und erweitern	151	Darstellungen entnehmen	(6 W.)
Brüche vergleichen und ordnen	155	Sachsituationen in die Sprache der Mathematik über-	
Brüche als Verhältnisse	159	setzen und entsprechende Aufgaben innermathema-	
Thema: Unterwegs in der		tisch lösen	
Fußball-Bundesliga	164	Sachaufgaben zu Termen, Gleichungen und bildlichen	
Vermischte Übungen	166	Darstellungen formulieren	
Alles klar?	171	*Mathematische Darstellungen verwenden*	
Zusammenfassung	172	geeignete Darstellungen für das Bearbeiten mathemati-	
		scher Sachverhalte auswählen, nutzen und erstellen	
		verschiedene Darstellungen vergleichen	
		Mit symbolischen, formalen, technischen Elementen	
		der Mathematik umgehen	
		Tabellen, Terme, Gleichungen und Diagramme zur	
		Beschreibung von Sachverhalten nutzen	
Flächen und Flächeninhalt		*Mathematisch argumentieren*	
Noch fit?	174	Fragen zu inner- und außermathematischen Kontexten	
Flächen vergleichen	175	stellen	
Flächeneinheiten	179	Begründungen nachvollziehen	
Flächeninhalt von Rechtecken		*Probleme mathematisch lösen*	
und Quadraten	185	Aufgaben bearbeiten, zu denen sie noch keine Routi-	28.–32.
Umfang von Rechtecken und		nestrategie haben („sich zu helfen wissen")	(5 W.)
Quadraten	189	*Mathematisch modellieren*	
Methode: Problemlösen durch		relevante Informationen aus Sachtexten und anderen	
systematisches Abschätzen	192	Darstellungen entnehmen	
Thema: Pentominos	194	*Mit symbolischen, formalen, technischen Elementen*	
Vermischte Übungen	196	*der Mathematik umgehen*	
Alles klar?	201	Zeichen- und Messgeräte nutzen	
Zusammenfassung	202		
Symmetrien und		*Mathematisch kommunizieren*	
Verschiebungen		eigene Vorgehensweisen beschreiben	
Noch fit?	204	Handlungsanleitungen geben	
Achsensymmetrien und		*Mathematisch modellieren*	
Achsenspiegelungen	205	Sachsituationen in die Sprache der Mathematik über-	
Punktsymmetrien und		setzen und entsprechende Aufgaben innermathema-	33.–35.
Punktspiegelungen	211	tisch lösen	(3 W.)
Verschiebungen	215	*Mit symbolischen, formalen, technischen Elementen*	
Thema: Mandalas	219	*der Mathematik umgehen*	
Vermischte Übungen	220	Zeichen- und Messgeräte nutzen	
Alles klar?	223	*Mathematisch kommunizieren*	
Zusammenfassung	224	eigene Vorgehensweisen beschreiben	
		Aufgaben gemeinsam bearbeiten	

Checklisten

Mit den folgenden Checklisten können Schülerinnen und Schüler überprüfen, wie weit sie die Lernziele eines jeden Kapitels verstanden haben. Ihr Einsatz bietet sich insbesondere als Vorbereitung auf eine Klassenarbeit an.

Auf jeder Checkliste sind die mathematischen Kompetenzen zu den acht Kapiteln des Schülerbuches in schülergerechter Sprache formuliert. Die Kompetenzen des Kapitels „Zahlen und Größen" wurden auf die beiden Checklisten „Zahlen" und „Größen" verteilt.

Mit Hilfe der Checklisten können die Schülerinnen und Schüler ihre Fähigkeiten selbstständig einschätzen und anschließend gezielter üben. Darüber hinaus dokumentieren sie ihren Lernprozess. Es besteht die Möglichkeit, selbst Fragen zu verschiedenen Lerneinheiten zu formulieren, um sich später damit an Mitschüler oder Lehrer zu wenden. Auf diese Weise werden die Schülerinnen und Schüler an das eigenverantwortliche Lernen herangeführt.

Die Checklisten stehen als Kopiervorlage sowie als editierbare Word- und pdf-Datei auf der CD-ROM bereit. Auf diese Weise können sie auch als individueller Rückmeldebogen genutzt werden, z.B. indem Sie dort zusammen mit der korrigierten Klassenarbeit ihren Schülerinnen und Schülern sowie deren Eltern ein genaues Feedback zum Lernstand geben.

Name:	
Klasse:	Datum:

Checkliste

Zahlen

Nr.	mathematische Fähigkeit (Kompetenz)	☺	☺	☹	Was hast du falsch gemacht? Wo lag dein Fehler? Noch Fragen?	Seite im Buch
1	Ich kann Vorgänger und Nachfolger einer Zahl nennen.					11; 15
2	Ich kann Zahlen am Zahlenstrahl ablesen.					10
3	Ich kann einen Zahlenstrahl zeichnen. Ich kann einen Zahlenstrahl einteilen. Ich kann angegebene Zahlen am Zahlenstrahl markieren.					12
4	Ich kann Zahlen der Größe nach ordnen und vergleichen.					11; 12
5	Ich kann Zahlwörter als Ziffern darstellen.					15
6	Ich kann Zahlen aus einer Stellenwerttafel ablesen und diese als Wörter notieren.					15
7	Ich kann Zahlen in einer Stellenwerttafel notieren.					15
8	Ich kann große Mengen mit Hilfe der Rastermethode abschätzen.					18; 19

Name:	
Klasse:	Datum:

Checkliste

Größen

Nr.	mathematische Fähigkeit (Kompetenz)	🙂	😐	☹	Was hast du falsch gemacht? Wo lag dein Fehler? Noch Fragen?	Seite im Buch
1	Ich kann vier Größen und ihre Einheiten benennen.					22; 26; 30
2	Ich kann Massenangaben in größere und kleinere Einheiten umrechnen.					22; 23
3	Ich kann Wechselgeld berechnen. Ich kann den Kaufpreis und das gegebene Geld berechnen.					23; 24
4	Ich kann Längenangaben in größere und kleinere Einheiten umrechnen.					22; 27; 28
5	Ich kann Zeitspannen berechnen.					30; 31; 32
6	Ich kann Zeitspannen in andere Einheiten umrechnen.					30; 31; 32
7	Ich kann Dingen die passende Einheit und Größe zuordnen.					27
8	Ich kann Größenangaben addieren und subtrahieren.					24; 28; 32
9	Ich kann Textaufgaben lösen.					24; 28; 32

Cornelsen

Name:		
Klasse:	Datum:	

Checkliste

Natürliche Zahlen addieren und subtrahieren

Nr.	mathematische Fähigkeit (Kompetenz)	😊	😐	😞	Was hast du falsch gemacht? Wo lag dein Fehler? Noch Fragen?	Seite im Buch
1	Ich kann im Kopf addieren und subtrahieren.					45
2	Ich kann die Fachbegriffe der Addition und Subtraktion anwenden.					44
3	Ich kann Textaufgaben lösen.					46; 49; 54
4	Ich kann mit Klammern in Rechnungen umgehen.					48
5	Ich kann mithilfe der Rechengesetze vorteilhaft rechnen.					48
6	Ich kann schriftlich addieren und subtrahieren.					52
7	Ich kann mehrere Summanden bzw. Subtrahenden schriftlich addieren bzw. subtrahieren.					52
8	Ich kann erst Summen überschlagen und dann den Wert genau berechnen.					44; 53

Cornelsen

Name:	
Klasse:	Datum:

Checkliste

Daten

Nr.	mathematische Fähigkeit (Kompetenz)	☺	☺	☹	Was hast du falsch gemacht? Wo lag dein Fehler? Noch Fragen?	Seite im Buch
1	Ich kann eine Häufigkeits-tabelle mit Strichliste und Häufigkeiten erstellen.					66
2	Ich kann Minimum, Maximum und Spannweite bestimmen.					66
3	Ich kann den Median (Zentralwert) einer Datenreihe berechnen.					66
4	Ich kann Informationen aus einem Säulendiagramm ablesen.					70
5	Ich kann ein Säulendiagramm zeichnen.					70
6	Ich kann Balkendiagramme auswerten und zeichnen.					70
7	Ich kann Streifendiagramme auswerten.					70

Cornelsen

Name:	
Klasse:	Datum:

Checkliste

Natürliche Zahlen multiplizieren und dividieren

Nr.	mathematische Fähigkeit (Kompetenz)	☺	☺	☹	Was hast du falsch gemacht? Wo lag dein Fehler? Noch Fragen?	Seite im Buch
1	Ich kann die Begriffe „Produkt", „Faktor", „Quotient", „Dividend" und „Divisor" richtig anwenden.					86
2	Ich kann natürliche Zahlen im Kopf multiplizieren und dividieren.					86
3	Ich kann und die Rechenregel „Punkt- vor Strichrechnung" anwenden und Klammern zuerst berechnen.					86
4	Ich kann Textaufgabe und Rechenbaum einander zuordnen und erkennen, welche Rechenvorschriften zu beachten sind.					88
5	Ich kann Aufgabentexte in Rechenaufgaben mit Rechenklammern übertragen und die Ergebnisse unter Beachtung der Rechenregeln berechnen.					89; 94; 95
6	Ich kann zwei Zahlen schriftlich multiplizieren und das Ergebnis durch eine Überschlagsrechnung gut abschätzen.					92
7	Ich kann durch ein- und zweistellige natürliche Zahlen schriftlich dividieren und das Ergebnis durch eine Überschlagsrechnung gut abschätzen.					92
8	Ich kann Distributivgesetz, Kommutativgesetz und Assoziativgesetz anwenden und nutze diese Rechneregeln, um einfacher rechnen zu können.					98

Name:	
Klasse:	Datum:

Checkliste

Geometrische Figuren zeichnen

Nr.	mathematische Fähigkeit (Kompetenz)	☺	😐	☹	Was hast du falsch gemacht? Wo lag dein Fehler? Noch Fragen?	Seite im Buch
1	Ich kann Gerade, Strecke und Strahl erkennen und unterscheiden.					110
2	Ich kann zueinander parallel und zueinander senkrechte Linien erkennen und zeichnen.					110; 112
3	Ich kann Längen und Abstände messen und Strecken mit vorgegebener Länge zeichnen.					110; 112
4	Ich kann Punkte und Parallelen mit unterschiedlichen Abständen zu einer Geraden zeichnen.					112
5	Ich kann die Koordinaten von Punkten angeben.					116
6	Ich kann ein Koordinatensystem zeichnen und Punkte eintragen.					116
7	Ich kann Kreise zeichnen.					120
8	Ich kenne die Eigenschaften von Rechteck, Quadrat, Parallelogramm, Raute, Trapez und Drachen.					124
9	Ich kann Quadrate und Rechtecke zeichnen.					128

13

Name:	
Klasse:	Datum:

Checkliste

Brüche und Verhältnisse

Nr.	mathematische Fähigkeit (Kompetenz)	☺	😐	☹	Was hast du falsch gemacht? Wo lag dein Fehler? Noch Fragen?	Seite im Buch
1	Ich kann die Begriffe „Zähler", „Nenner" und „Stammbruch" richtig anwenden.					142
2	Ich kann in einer Zeichnung dargestellte Bruchteile benennen.					142
3	Ich kann einen Bruchteil darstellen, indem ich einen Teil eines Rechtecks oder Kreises einfärbe.					144; 145
4	Ich kann den Bruchteil von einer Größe (Länge, Masse, Geldbetrag, Zeitspanne) bestimmen.					148
5	Ich kann echte Brüche und gemischte Zahlen unterscheiden.					148
6	Ich kann Brüche erweitern und kürzen.					152
7	Ich kann Brüche gleichnamig machen und vergleichen.					156
8	Ich kann Mischungsverhältnisse in Bruchteile umrechnen und umgekehrt.					160
9	Ich kann mit Hilfe des Maßstabs Längen auf einer Karte in wirkliche Längen umrechnen und umgekehrt.					160

Name:		
Klasse:	Datum:	

Checkliste

Flächen und Flächeninhalte

Nr.	mathematische Fähigkeit (Kompetenz)	☺	☺	☹	Was hast du falsch gemacht? Wo lag dein Fehler? Noch Fragen?	Seite im Buch
1	Ich kann Flächeninhalte vergleichen, indem ich Flächen mit gleich großen Teilflächen auslege.					176
2	Ich kann für verschieden große Flächen eine passende Flächeneinheit angeben.					176; 180
3	Ich kann Flächeneinheiten in andere vorgegebene Flächeneinheiten umrechnen.					176
4	Ich kann Flächeninhalte addieren.					184
5	Ich kann den Flächeninhalt von Rechteck und Quadrat berechnen.					186
6	Ich kann den Umfang von Rechteck und Quadrat berechnen.					190
7	Ich kann Rechtecke und Quadrate mit vorgegebenem Flächeninhalt oder Umfang zeichnen.					190; 196
8	Ich kann den Flächeninhalt und den Umfang von zusammengesetzten Flächen berechnen.					188; 191

Cornelsen

Name:	
Klasse:	Datum:

Checkliste

Symmetrien und Verschiebungen

Nr.	mathematische Fähigkeit (Kompetenz)	☺	😐	☹	Was hast du falsch gemacht? Wo lag dein Fehler? Noch Fragen?	Seite im Buch
1	Ich kann achsensymmetrische Figuren erkennen.					206
2	Ich kann bei einer Achsenspiegelung Spiegelachse, Originalpunkt und Bildpunkt bestimmen.					206; 209
3	Ich kann Figuren auch auf Papier ohne Kästchen spiegeln.					206
4	Ich kann punktsymmetrische Figuren erkennen.					212
5	Ich kann bei einer Punktspiegelung Symmetriepunkt, Originalpunkt und Bildpunkt benennen.					212
6	Ich kann bei einer punktsymmetrischen Figur den Symmetriepunkt bestimmen.					212; 214
7	Ich kann achsen- und punktsymmetrische Figuren unterscheiden.					214
8	Ich kann Figuren mit Hilfe eines Verschiebungspfeils verschieben.					216
9	Ich kann erkennen, welche Figuren durch Verschiebungen auseinander entstanden sind.					216; 217

Anordnen natürlicher Zahlen

Mit dem Zahlenstrahl arbeiten

1 Beschrifte die Pfeile mit den passenden Zahlen.

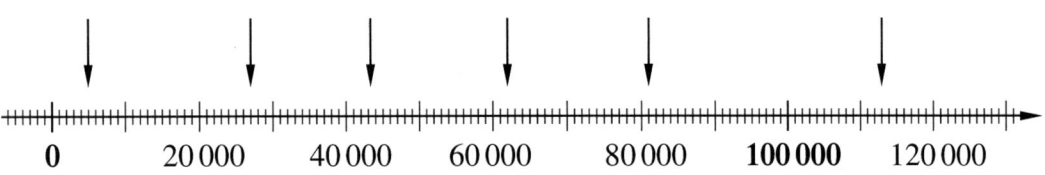

2 Lies die markierten Zahlen ab.

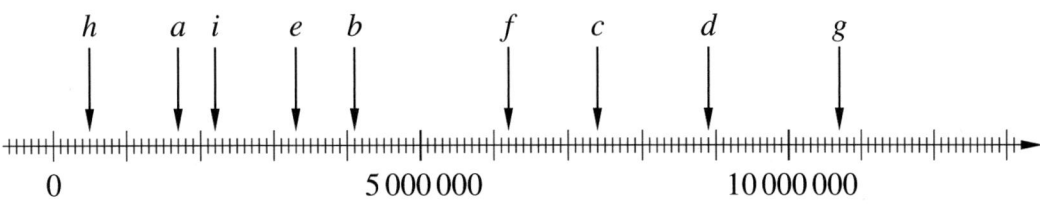

$a =$ _____	$b =$ _____	$c =$ _____
$d =$ _____	$e =$ _____	$f =$ _____
$g =$ _____	$h =$ _____	$i =$ _____

3 Markiere auf dem Zahlenstrahl die folgenden Zahlen.

a) 30 Millionen
b) 70 000 000
c) 110 000 000

d) 55 Millionen
e) 36 Millionen
f) 84 000 000

g) 5 000 000
h) 49 000 000
i) 92 Millionen

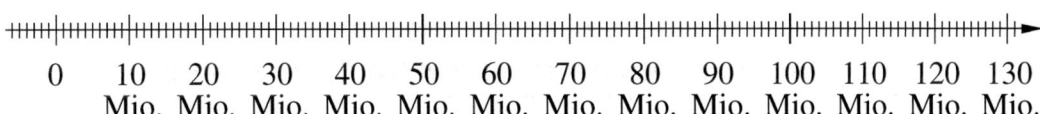

4 Notiere, auf welche Zahlen die Pfeilspitzen treffen.

a)
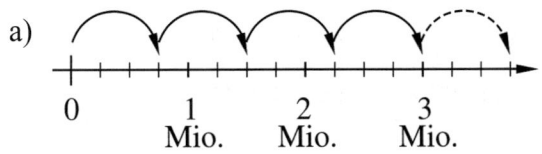

b)
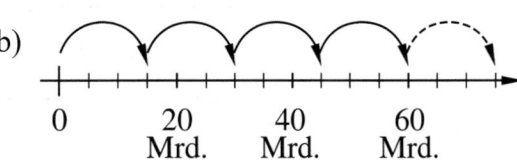

_____
_____

_____
_____

Anordnen natürlicher Zahlen

Mit dem Zahlenstrahl arbeiten

1 Beschrifte die Pfeile mit den passenden Zahlen.

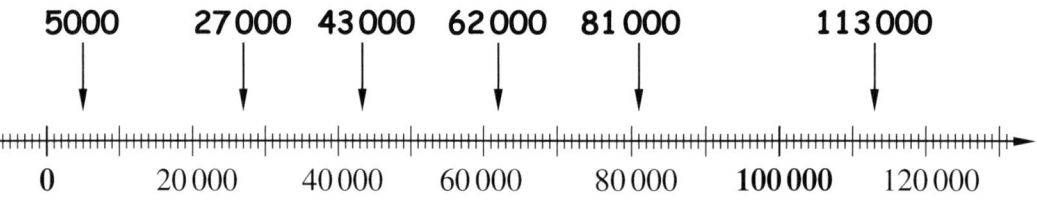

2 Lies die markierten Zahlen ab.

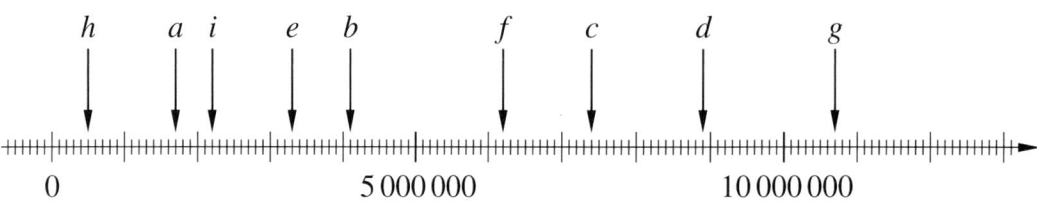

$a =$ **1 700 000** $b =$ **4 100 000** $c =$ **7 400 000**

$d =$ **8 900 000** $e =$ **3 300 000** $f =$ **6 200 000**

$g =$ **10 700 000** $h =$ **500 000** $i =$ **2 200 000**

3 Markiere auf dem Zahlenstrahl die folgenden Zahlen.

a) 30 Millionen b) 70 000 000 c) 110 000 000

d) 55 Millionen e) 36 Millionen f) 84 000 000

g) 5 000 000 h) 49 000 000 i) 92 Millionen

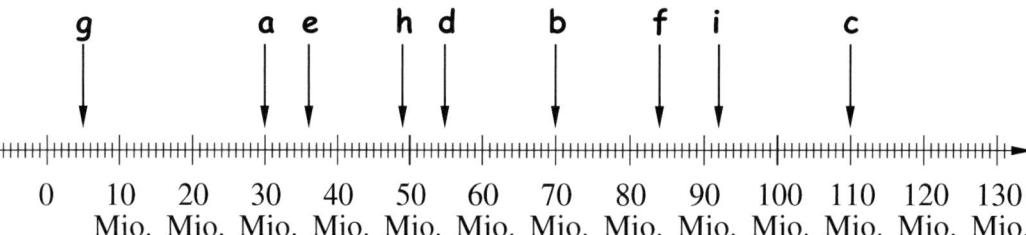

4 Notiere, auf welche Zahlen die Pfeilspitzen treffen.

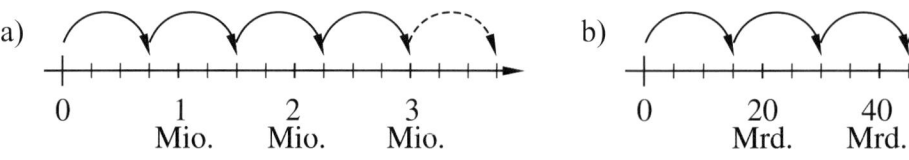

a) **750 000; 1 500 000; 2 250 000;**

3 000 000; 3 750 000; 4 500 000; ...

b) **15 Mrd.; 30 Mrd.; 45 Mrd.;**

60 Mrd.; 75 Mrd.; 90 Mrd.; ...

Natürliche Zahlen

Zahlen vergleichen (Niveau 1)

1 Setze das richtige Zeichen ein: <, > oder =.

a) 1 000 _____ 1   b) 8 _____ 800   c) 10 _____ 10 000

d) 5 _____ 500 000   e) 91 _____ 19   f) 30 000 _____ 30

g) 3 000 _____ 3 000   h) 44 _____ 55   i) 9 000 _____ 9 000

2 Setze das Zeichen < oder > ein.

a) 10 _____ 9   b) 5 _____ 7   c) 35 000 _____ 34 000

d) 70 000 _____ 70 500   e) 350 _____ 35   f) 1 230 _____ 2 310

g) 5 200 _____ 5 260   h) 951 _____ 159   i) 760 _____ 770

j) 200 _____ 199   k) 102 _____ 201   l) 111 _____ 1 110

3 Finde die jeweils gleich große Zahl.

57	D
570	
5 700	
75	
750	
7 500	
507	

A:	570
B:	7 500
C:	75
D:	57
E:	5 700
F:	507
G:	750

4 Unterstreiche alle Zahlen, die größer als 5500 sind.

7 512   5 553

6 544   5 235   5 556

6 312   2 108

5 545   5 505   5 600

4 562   5 490

5 Welche Zahl ist größer? Unterstreiche die Stelle innerhalb dieser Zahl, anhand der du entscheidest, welche der beiden Zahlen die größere ist.

a) 10 _____ 50   b) 150 _____ 300   c) 2 400 _____ 3 110

d) 50 500 _____ 50 920   e) 1 220 _____ 1 229   f) 432 _____ 412

g) 81 050 _____ 81 090   h) 3 165 _____ 3 565   i) 55 555 _____ 55 655

Natürliche Zahlen

Zahlen vergleichen (Niveau 1)

1 Setze das richtige Zeichen ein: <, > oder =.

a) 1 000 > 1 b) 8 < 800 c) 10 < 10 000

d) 5 < 500 000 e) 91 > 19 f) 30 000 > 30

g) 3 000 = 3 000 h) 44 < 55 i) 9 000 = 9 000

2 Setze das Zeichen < oder > ein.

a) 10 > 9 b) 5 < 7 c) 35 000 > 34 000

d) 70 000 < 70 500 e) 350 > 35 f) 1 230 < 2 310

g) 5 200 < 5 260 h) 951 > 159 i) 760 < 770

j) 200 > 199 k) 102 < 201 l) 111 < 1 110

3 Finde die jeweils gleich große Zahl.

57	D	A:	570
570	A	B:	7 500
5 700	E	C:	75
75	C	D:	57
750	G	E:	5 700
7 500	B	F:	507
507	F	G:	750

4 Unterstreiche alle Zahlen, die größer als 5500 sind.

7 512 5 553

6 544 5 235 5 556

6 312 2 108

5 545 5 505 5 600

4 562 5 490

5 Welche Zahl ist größer? Unterstreiche die Stelle innerhalb dieser Zahl, anhand der du entscheidest, welche der beiden Zahlen die größere ist.

a) 10 < 50 b) 150 < 300 c) 2 400 < 3 110

d) 50 500 < 50 920 e) 1 220 < 1 229 f) 432 > 412

g) 81 050 < 81 090 h) 3 165 < 3 565 i) 55 555 < 55 655

Cornelsen

Name:		
Klasse:	Datum:	

Natürliche Zahlen

Zahlen vergleichen (Niveau 2)

1 Setze das richtige Zeichen ein: <, > oder =.

a) 10 000 ____ 1000   b) 800 ____ 80   c) 200 ____ 20 000

d) 34 000 ____ 340 000   e) 4500 ____ 54 000   f) 37 000 ____ 730

g) 41 000 ____ 41 000   h) 44 400 ____ 55 500   i) 25 252 ____ 25 525

2 Setze das Zeichen < oder > ein.

a) 30 000 ____ 29 999   b) 51 ____ 72   c) 34 816 ____ 34 700

d) 71 539 ____ 71 544   e) 36 600 ____ 30 600   f) 41 312 ____ 41 322

g) 5211 ____ 5209   h) 8714 ____ 8417   i) 7523 ____ 7532

j) 93 393 ____ 93 939   k) 690 797 ____ 609 979   l) 50 471 ____ 54 071

3 Finde die jeweils gleich große Zahl.

12	D
2110	
21 201	
110 200	
211	
12 102	
21 021	

A:	12 102
B:	211
C:	110 200
D:	12
E:	2110
F:	21 021
G:	21 201

4 Unterstreiche alle Zahlen, die größer als 5555 sind.

7512   5553

6544   5235   5556

6312   2108

5545   5505   5600

5562   5499

5 Welche Zahl ist größer? Unterstreiche die Stelle innerhalb dieser Zahl, anhand der du entscheidest, welche der beiden Zahlen die größere ist.

a) 40 000 ____ 50 000   b) 13 000 ____ 30 000   c) 71 400 ____ 72 512

d) 47 509 ____ 47 608   e) 66 222 ____ 66 223   f) 65 432 ____ 65 423

g) 74 968 ____ 74 988   h) 44 567 ____ 44 765   i) 31 419 ____ 31 914

Cornelsen

Natürliche Zahlen

Zahlen vergleichen (Niveau 2)

1 Setze das richtige Zeichen ein: <, > oder =.

a) 10 000 **>** 1000   b) 800 **>** 80   c) 200 **<** 20 000

d) 34 000 **<** 340 000   e) 4500 **<** 54 000   f) 37 000 **>** 730

g) 41 000 **=** 41 000   h) 44 400 **<** 55 500   i) 25 252 **<** 25 525

2 Setze das Zeichen < oder > ein.

a) 30 000 **>** 29 999   b) 51 **<** 72   c) 34 816 **>** 34 700

d) 71 539 **<** 71 544   e) 36 600 **>** 30 600   f) 41 312 **<** 41 322

g) 5211 **>** 5209   h) 8714 **>** 8417   i) 7523 **<** 7532

j) 93 393 **<** 93 939   k) 690 797 **>** 609 979   l) 50 471 **<** 54 071

3 Finde die jeweils gleich große Zahl.

12	D
2110	E
21 201	G
110 200	C
211	B
12 102	A
21 021	F

A:	12 102
B:	211
C:	110 200
D:	12
E:	2110
F:	21 021
G:	21 201

4 Unterstreiche alle Zahlen, die größer als 5555 sind.

7512   5553

6544   5235   5556

6312   2108

5545   5505   5600

5562   5499

5 Welche Zahl ist größer? Unterstreiche die Stelle innerhalb dieser Zahl, anhand der du entscheidest, welche der beiden Zahlen die größere ist.

a) 40 000 **<** 50 000   b) 13 000 **<** 30 000   c) 71 400 **<** 72 512

d) 47 509 **<** 47 608   e) 66 222 **<** 66 223   f) 65 432 **>** 65 423

g) 74 968 **<** 74 988   h) 44 567 **<** 44 765   i) 31 419 **<** 31 914

Cornelsen

Name:	
Klasse:	Datum:

Natürliche Zahlen

Schätzen großer Anzahlen (Niveau 1)

1 Schätze jeweils die Anzahl und notiere deine Schätzungen unter dem Bild.

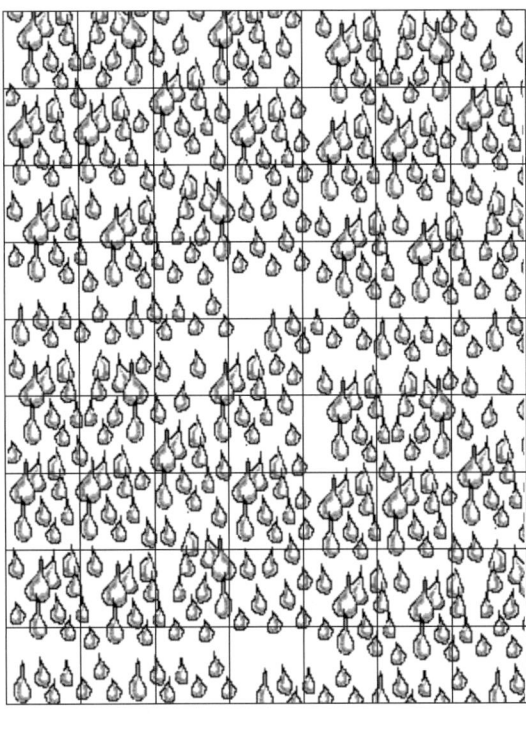

_____   _____

2 Schätze jeweils die gesuchten Anzahlen.
Vergleicht eure Ergebnisse untereinander.

a) Wie viele Blätter hat ein Baum?

_____

_____

b) Wie viele Regentropfen sind in einem Liter Wasser?

_____

_____

3 Finde weitere Schätzaufgaben und stelle sie deinen Mitschülerinnen und Mitschülern.

_____

_____

_____

Natürliche Zahlen

Schätzen großer Anzahlen (Niveau 1)

1 Schätze jeweils die Anzahl und notiere deine Schätzungen unter dem Bild.

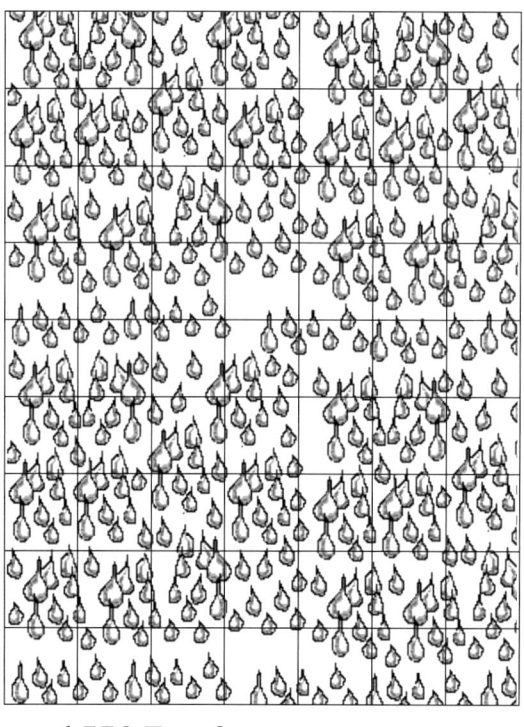

rund 550 Tropfen   rund 110 Blätter

2 Schätze jeweils die gesuchten Anzahlen.
Vergleicht eure Ergebnisse untereinander.

a) Wie viele Blätter hat ein Baum?

Das Ergebnis hängt von der Baumart, der Jahreszeit und dem Alter des

Baumes ab. Eine Buche kann z.B. bis zu 800 000 Blätter haben.

b) Wie viele Regentropfen sind in einem Liter Wasser?

Das Ergebnis hängt von der Größe der Regentropfen ab. In ein Liter

passen z.B. rund 240 000 Regentropfen mit 2 mm Durchmesser.

3 Finde weitere Schätzaufgaben und stelle sie deinen Mitschülerinnen und Mitschülern.

individuelle Lösung

Natürliche Zahlen

Schätzen großer Anzahlen (Niveau 2)

1 Schätze jeweils die Anzahl und notiere deine Schätzungen unter dem Bild.

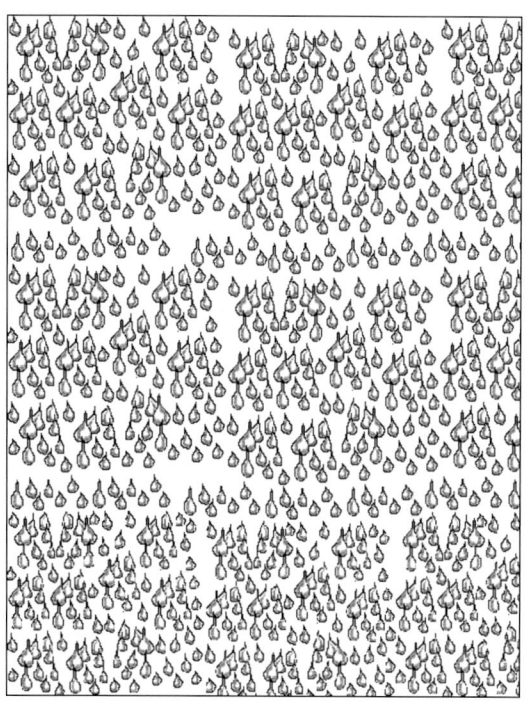

_____   _____

2 Schätze jeweils die gesuchten Anzahlen. Begründe dein Ergebnis.
   Vergleicht eure Ergebnisse untereinander.

a) Wie viele Blätter hat ein Baum?

_____

_____

b) Wie viele Regentropfen sind in einem Liter Wasser?

_____

_____

3 Denke dir weitere Schätzaufgaben und stelle sie deinen Mitschülerinnen und Mitschülern.

_____

_____

_____

Natürliche Zahlen

Schätzen großer Anzahlen (Niveau 2)

1 Schätze jeweils die Anzahl und notiere deine Schätzungen unter dem Bild.

rund 450 Blätter   rund 900 Tropfen

2 Schätze jeweils die gesuchten Anzahlen. Begründe dein Ergebnis.
Vergleicht eure Ergebnisse untereinander.

a) Wie viele Blätter hat ein Baum?

Das Ergebnis hängt von der Baumart, der Jahreszeit und dem Alter des

Baumes ab. Eine Buche kann z.B. bis zu 800 000 Blätter haben.

b) Wie viele Regentropfen sind in einem Liter Wasser?

Das Ergebnis hängt von der Größe der Regentropfen ab. In ein Liter

passen z.B. rund 240 000 Regentropfen mit 2 mm Durchmesser.

3 Denke dir weitere Schätzaufgaben und stelle sie deinen Mitschülerinnen und Mitschülern.

individuelle Lösung

Größen

Einheitentabelle Gewichtseinheiten (Niveau 1)

1 Wandle die Gewichte in die vorgegebenen Einheiten um. Die Tabelle hilft dabei.

a) 11 t (kg, g)

  11 t = 11 000 kg = 11 000 000 g

b) 120 kg (t, g)

c) 3750 g (t, kg)

d) 715 t (kg, g)

e) 28,6 kg (t, g)

f) 12,55 t (kg, g)

	t			kg			g		
	H	Z	E	H	Z	E	H	Z	E
a)		1	1	0	0	0	0	0	0
b)									
c)									
d)									
e)									
f)									

2 Korrigiere die Fehler mithilfe der Einheitentabelle.

a) 35 g = 0,035 kg = 350 000 mg

b) 24 kg = 2400 mg = 24 000 000 mg

c) 46,17 kg = 46170 g = 0,4617 mg

d) 3589 mg = 35,89 g = 0,003 589 kg

	kg			g			mg		
	H	Z	E	H	Z	E	H	Z	E
a)									
b)									
c)									
d)									

Größen

Einheitentabelle Gewichtseinheiten (Niveau 1)

1 Wandle die Gewichte in die vorgegebenen Einheiten um. Die Tabelle hilft dabei.

a) 11 t (kg, g)

11 t = 11 000 kg = 11 000 000 g

b) 120 kg (t, g)

120 kg = 0,12 t = 120 000 g

c) 3750g (t, kg)

3750 g = 0,003 75 t = 3,75 kg

d) 715 t (kg, g)

715 t = 715 000 kg = 715 000 000 g

e) 28,6 kg (t, g)

28,6 kg = 0,0286 t = 28 600 g

f) 12,55 t (kg, g)

12,55 t = 12 550 kg = 12 550 000 g

	t			kg			g		
	H	Z	E	H	Z	E	H	Z	E
a)		1	1	0	0	0	0	0	0
b)			0	1	2	0	0	0	0
c)			0	0	0	3	7	5	0
d)	7	1	5	0	0	0	0	0	0
e)			0	0	2	8	6	0	0
f)		1	2	5	5	0	0	0	0

2 Korrigiere die Fehler mithilfe der Einheitentabelle.

a) 35 g = 0,035 kg = 350 000 mg

35g = 0,035 kg = 35 000 mg

b) 24 kg = 2400 mg = 24 000 000 mg

24 kg = 24 000 g = 24 000 000 mg

c) 46,17 kg = 46 170 g = 0,4617 mg

46,17 kg = 46 170 g = 46 170 000 g

d) 3589 mg = 35,89 g = 0,003 589 kg

3589 mg = 3,589 g = 0,003 589 kg

	kg			g			mg		
	H	Z	E	H	Z	E	H	Z	E
a)			0	0	3	5	0	0	0
b)		2	4	0	0	0	0	0	0
c)		4	6	1	7	0	0	0	0
d)			0	0	0	3	5	8	9

Größen

Einheitentabelle Gewichtseinheiten (Niveau 2)

1 Wandle die Gewichte in die vorgegebenen Einheiten um. Die Tabelle hilft dabei.

a) 113 t (kg, g)

   113 t = 113 000 kg = 113 000 000 g

b) 12 g (kg, t)

c) 56,8 kg (t, g)

d) 315 g (kg, t)

e) 9,05 t (kg, g)

f) 42,28 kg (t, g)

	t			kg			g		
	H	Z	E	H	Z	E	H	Z	E
a)	1	1	3	0	0	0	0	0	0
b)									
c)									
d)									
e)									
f)									

2 Korrigiere die Fehler mithilfe der Einheitentabelle.

a) 3,65 kg = 0,0365 g = 365 000 mg

b) 1 225 000 mg = 12,25 kg = 0,1225 g

c) 3256 g = 32,56 kg = 0,032 56 mg

d) 0,32 g = 3,2 mg = 32 kg

	kg			g			mg		
	H	Z	E	H	Z	E	H	Z	E
a)									
b)									
c)									
d)									

Größen

Einheitentabelle Gewichtseinheiten (Niveau 2)

1 Wandle die Gewichte in die vorgegebenen Einheiten um. Die Tabelle hilft dabei.

a) 113 t (kg, g)
   113 t = 113 000 kg = 113 000 000 g

b) 12 g (kg, t)
   12 g = 0,012 kg = 0,000 012 t

c) 56,8 kg (t, g)
   56,8 kg = 0,0568 t = 56 800 g

d) 315 g (kg, t)
   315 g = 0,315 kg = 0,000 315 t

e) 9,05 t (kg, g)
   9,05 t = 9050 kg = 9 050 000 g

f) 42,28 kg (t, g)
   42,28 kg = 0,042 28 t = 42 280 g

	t			kg			g		
	H	Z	E	H	Z	E	H	Z	E
a)	1	1	3	0	0	0	0	0	0
b)				0	0	0	0	1	2
c)			0	0	5	6	8	0	0
d)			0	0	0	0	3	1	5
e)			9	0	5	0	0	0	0
f)			0	0	4	2	2	8	0

2 Korrigiere die Fehler mithilfe der Einheitentabelle.

a) 3,65 kg = 0,0365 g = 365 000 mg
   3,65 kg = 3650 t = 3 650 000 mg

b) 1 225 000 mg = 12,25 kg = 0,1225 g
   1 225 000 mg = 1,225 kg = 1225 g

c) 3256 g = 32,56 kg = 0,032 56 mg
   3256 g = 3,256 kg = 3 256 000 mg

d) 0,32 g = 3,2 mg = 32 kg
   0,32 g = 320 mg = 0,000 32 kg

	kg			g			mg		
	H	Z	E	H	Z	E	H	Z	E
a)			3	6	5	0	0	0	0
b)			1	2	2	5	0	0	0
c)			3	2	5	6	0	0	0
d)			0	0	0	0	3	2	0

Cornelsen

Name:		
Klasse:	Datum:	

Rechnen mit Größen

Geldbeträge umrechnen und ordnen (Niveau 1)

1 Ergänze die jeweils fehlenden Schreibweisen des Geldbetrages wie in den Beispielen.

a)

Beispiel: 177 ct	Beispiel: 1 € 77 ct	Beispiel: 1,77 €
	2 € 66 ct	
124 ct		
	2 € 35 ct	
		5,44 €
303 ct		
	2 € 5 ct	
		4,01 €

b)

Beispiel: 6188 ct	Beispiel: 61 € 88 ct	Beispiel: 61,88 €
4677 ct		
		74,52 €
	65 € 17 ct	
4521 ct		
		23,05 €
	13 € 2 ct	
5506 ct		

2 <, > oder =?

a) 1 € _____ 100 ct

b) 4,50 € _____ 500 ct

c) 6,60 € _____ 600 ct

d) 3,90 € _____ 350 ct

e) 25 ct _____ 25 €

f) 50 ct _____ 0,50 €

3 Ordne die Geldbeträge.
Beginne immer mit dem kleinsten Betrag und verwende die Zeichen < bzw. =.

a) 460 ct; 1420 ct; 505 ct; 1050 ct; 105 ct; 1460 ct

_____

b) 41 €; 39,90 €; 8,70 €; 82,70 €; 4,10 €; 9,90 €

_____

c) 0,60 €; 1 € 30 ct; 5 € 80 ct; 13 € 40 ct; 5,10 €; 13,40 €

_____

d) 180 ct; 1,80 €; 17,00 €; 170 ct; 17,70 €; 1770 ct

_____

e) 15 € 20 ct; 20,15 €; 2000 ct, 20 € 15 ct; 15,20 €; 5,20 €

_____

Cornelsen

Rechnen mit Größen

Geldbeträge umrechnen und ordnen (Niveau 1)

1 Ergänze die jeweils fehlenden Schreibweisen des Geldbetrages wie in den Beispielen.

a)

Beispiel: 177 ct	Beispiel: 1 € 77 ct	Beispiel: 1,77 €
266 ct	2 € 66 ct	**2,66 €**
124 ct	**1 € 24 ct**	**1,24 €**
235 ct	2 € 35 ct	**2,35 €**
544 ct	**5 € 44 ct**	5,44 €
303 ct	**3 € 3 ct**	**3,03 €**
205 ct	2 € 5 ct	**2,05 €**
401 ct	**4 € 1 ct**	4,01 €

b)

Beispiel: 6188 ct	Beispiel: 61 € 88 ct	Beispiel: 61,88 €
4677 ct	**46 € 77 ct**	**46,77 €**
7452 ct	**74 € 52 ct**	74,52 €
6517 ct	65 € 17 ct	**65,17 €**
4521 ct	**45 € 21 ct**	**45,21 €**
2305 ct	**23 € 5 ct**	23,05 €
1302 ct	13 € 2 ct	**13,02 €**
5506 ct	**55 € 6 ct**	**55,06 €**

2 <, > oder =?

a) 1 € __=__ 100 ct

b) 4,50 € __<__ 500 ct

c) 6,60 € __>__ 600 ct

d) 3,90 € __>__ 350 ct

e) 25 ct __<__ 25 €

f) 50 ct __=__ 0,50 €

3 Ordne die Geldbeträge.
Beginne immer mit dem kleinsten Betrag und verwende die Zeichen < bzw. =.

a) 460 ct; 1420 ct; 505 ct; 1050 ct; 105 ct; 1460 ct

105 ct < 460 ct < 505 ct < 1050 ct < 1420 ct < 1460 ct

b) 41 €; 39,90 €; 8,70 €; 82,70 €; 4,10 €; 9,90 €

4,10 € < 8,70 € < 9,90 € < 39,90 € < 41 € < 82,70 €

c) 0,60 €; 1 € 30 ct; 5 € 80 ct; 13 € 40 ct; 5,10 €; 13,40 €

0,60 € < 1 € 30 ct < 5,10 € < 5 € 80 ct < 13 € 40 ct = 13,40 €

d) 180 ct; 1,80 €; 17,00 €; 170 ct; 17,70 €; 1770 ct

170 ct < 180 ct = 1,80 € < 17,00 € < 17,70 € = 1770 ct

e) 15 € 20 ct; 20,15 €; 2000 ct, 20 € 15 ct; 15,20 €; 5,20 €

5,20 € < 15,20 € = 15 € 20 ct < 2000 ct < 20 € 15 ct = 20,15 €

Name:		
Klasse:	Datum:	

Rechnen mit Größen

Geldbeträge umrechnen und ordnen (Niveau 2)

1 Ergänze die jeweils fehlenden Schreibweisen des Geldbetrages wie in den Beispielen.

a)

Beispiel: 177 ct	Beispiel: 1 € 77 ct	Beispiel: 1,77 €
	15 € 85 ct	
105 ct		
	10 € 3 ct	
		99,95 €
8407 ct		
	3 ct	
		50,50 €

b)

Beispiel: 61,88 €	Beispiel: 61 € 88 ct	Beispiel: 6188 ct
		8 ct
71,02 €		
	965 € 7 ct	
		45 001 ct
0,95 €		
	12 € 9 ct	
		2010 ct

2 <, > oder =?

a) 5,50 € _____ 550 ct

b) 7,08 € _____ 780 ct

c) 0,55 € _____ 50 ct

d) 24 063 ct _____ 24,63 €

e) 131 ct _____ 13,01 €

f) 357 ct _____ 3,57 €

3 Ordne die Geldbeträge.
Beginne immer mit dem kleinsten Betrag und verwende die Zeichen < bzw. =.

a) 15 € 60 ct; 1426 ct; 9,99 €; 1050 ct; 10 € 5 ct; 14,26 €

_____

b) 45 € 36 ct; 39,90 €; 8 €; 8203 ct; 4 € 6 ct; 4,36 €

_____

c) 0,48 €; 80 ct; 69 € 6 ct; 480 ct; 0,08 €; 69,06 €

_____

d) 117 € 80 ct; 11,23 €; 17,07 €; 117 € 8 ct; 17,70 €; 18 ct

_____

e) 121 € 2 ct; 12,21 €; 21 ct; 121 € 12 ct; 12,12 €; 21,12 €

_____

Rechnen mit Größen

Geldbeträge umrechnen und ordnen (Niveau 2)

1 Ergänze die jeweils fehlenden Schreibweisen des Geldbetrages wie in den Beispielen.

a)

Beispiel: 177 ct	Beispiel: 1 € 77 ct	Beispiel: 1,77 €
1585 ct	15 € 85 ct	**15,85 €**
105 ct	**1 € 5 ct**	**1,05 €**
1003 ct	10 € 3 ct	**10,03 €**
9995 ct	**99 € 95 ct**	99,95 €
8407 ct	**84 € 7 ct**	**84,07 €**
3 ct	3 ct	**0,03 €**
5050 ct	**50 € 50 ct**	50,50 €

b)

Beispiel: 61,88 €	Beispiel: 61 € 88 ct	Beispiel: 6188 ct
0,08 €	**8 ct**	8 ct
71,02 €	**71 € 2 ct**	**7102 ct**
965,07 €	965 € 7 ct	**96 507 ct**
450,01 €	**450 € 1 ct**	45 001 ct
0,95 €	**95 ct**	**95 ct**
12,09 €	12 € 9 ct	**1209 ct**
20,10 €	**20 € 10 ct**	2010 ct

2 <, > oder =?

a) 5,50 € ___=___ 550 ct   b) 7,08 € ___<___ 780 ct   c) 0,55 € ___>___ 50 ct

d) 24 063 ct ___>___ 24,63 €   e) 131 ct ___<___ 13,01 €   f) 357 ct ___=___ 3,57 €

3 Ordne die Geldbeträge.
Beginne immer mit dem kleinsten Betrag und verwende die Zeichen < bzw. =.

a) 15 € 60 ct; 1426 ct; 9,99 €; 1050 ct; 10 € 5 ct; 14,26 €

9,99 € < 10 € 5 ct < 1050 ct < 14,26 € = 1426 ct < 15 € 60 ct

b) 45 € 36 ct; 39,90 €; 8 €; 8203 ct; 4 € 6 ct; 4,36 €

4 € 6 ct < 4,36 € < 8 € < 39,90 € < 45 € 36 ct < 8203 ct

c) 0,48 €; 80 ct; 69 € 6 ct; 480 ct; 0,08 €; 69,06 €

0,08 € < 0,48 € < 80 ct < 480 ct < 69 € 6 ct = 69,06 €

d) 117 € 80 ct; 11,23 €; 17,07 €; 117 € 8 ct; 17,70 €; 18 ct

18 ct < 11,23 € < 17,07 € < 17,70 € < 117 € 8 ct < 117 € 80 ct

e) 121 € 2 ct; 12,21 €; 21 ct; 121 € 12 ct; 12,12 €; 21,12 €

21 ct < 12,12 € < 12,21 € < 21,12 € < 121 € 2 ct < 121 € 12 ct

Größen

Einheitentabelle Längeneinheiten (Niveau 1)

1 Wandle die Längen in die vorgegebenen Einheiten um. Die Tabelle hilft dabei.

a) 40 m (dm, km)

      40 m = 400 dm = 0,04 km

b) 15 km (m, dm)

c) 412 cm (dm, mm)

d) 778 km (m, dm)

e) 1020 m (km, cm)

f) 35,7 m (cm, mm)

	km			m			dm	cm	mm
	H	Z	E	H	Z	E			
a)			0	0	4	0	0	0	0
b)									
c)									
d)									
e)									
f)									

2 Korrigiere die Fehler mithilfe der Einheitentabelle.

a) 200 m = 2 km = 2000 cm

b) 225 m = 225 000 dm = 0,0225 km

c) 755 m = 75,5 dm = 0,755 mm

d) 3465 mm = 34 650 cm = 346 500 cm

	km			m			dm	cm	mm
	H	Z	E	H	Z	E			
a)									
b)									
c)									
d)									

Größen

Einheitentabelle Längeneinheiten (Niveau 1)

1 Wandle die Längen in die vorgegebenen Einheiten um. Die Tabelle hilft dabei.

a) 40 m (dm, km)

 40 m = 400 dm = 0,04 km

b) 15 km (m, dm)

 15 km = 15 000 m = 150 000 dm

c) 412 cm (dm, mm)

 412 cm = 41,2 dm = 4120 mm

d) 778 km (m, dm)

 778 km = 778 000 m = 7 780 000 dm

e) 1020 m (km, cm)

 1020 m = 1,02 km = 102 000 cm

f) 35,7 m (cm, mm)

 35,7 m = 3570 cm = 35 700 mm

	km			m			dm	cm	mm
	H	Z	E	H	Z	E			
a)			0	0	4	0	0	0	0
b)		1	5	0	0	0	0	0	0
c)						4	1	2	0
d)	7	7	8	0	0	0	0	0	0
e)			1	0	2	0	0	0	0
f)					3	5	7	0	0

2 Korrigiere die Fehler mithilfe der Einheitentabelle.

a) 200 m = 2 km = 2000 cm

 200 m = 0,2 km = 20 000 cm

b) 225 m = 225 000 dm = 0,0225 km

 225 m = 2250 dm = 0,225 km

c) 755 m = 75,5 dm = 0,755 mm

 755 m = 7550 dm = 755 000 mm

d) 3465 mm = 34 650 cm = 346 500 cm

 3465 m = 34 650 dm = 3,465 km

	km			m			dm	cm	mm
	H	Z	E	H	Z	E			
a)			0	2	0	0	0	0	0
b)			0	2	2	5	0	0	0
c)				7	5	5	0	0	0
d)			3	4	6	5	0	0	0

Größen

Einheitentabelle Längeneinheiten (Niveau 2)

1 Wandle die Längen in die vorgegebenen Einheiten um. Die Tabelle hilft dabei.

a) 32 cm (m, km)   32 cm = 0,32 m = 0,000 32 km

b) 59,03 km (dm, mm) _____

c) 620 m (km, cm) _____

d) 348,6 dm (m, cm) _____

e) 58 764 mm (km, dm) _____

f) 85 924,93 m (km, cm) _____

	km			m			dm	cm	mm
	H	Z	E	H	Z	E			
a)			0	0	0	0	3	2	0
b)									
c)									
d)									
e)									
f)									

2 Korrigiere die Fehler mithilfe der Einheitentabelle.

a) <u>958 cm</u> = 0,000 958 km = 95,8 dm _____

b) <u>35867 dm</u> = 3 586 700 mm = 35,867 m _____

c) <u>65 mm</u> = 0,065 m = 0,000 065 km _____

d) <u>258 km</u> = 2 580 000 cm = 258,00 m _____

	km			m			dm	cm	mm
	H	Z	E	H	Z	E			
a)									
b)									
c)									
d)									

Größen

Einheitentabelle Längeneinheiten (Niveau 2)

1 Wandle die Längen in die vorgegebenen Einheiten um. Die Tabelle hilft dabei.

a) 32 cm (m, km) 32 cm = 0,32 m = 0,000 32 km

b) 59,03 km (dm, mm) **59,03 km = 590 300 dm = 59 030 000 mm**

c) 620 m (km, cm) **620 m = 0,62 km = 62 000 cm**

d) 348,6 dm (m, cm) **348,6 dm = 34,86 m = 3486 cm**

e) 58 764 mm (km, dm) **58 764 mm = 0,058 764 km = 587,64 dm**

f) 85 924,93 m (km, cm) **85 924,93 m = 85,924 93 km = 8 592 493 cm**

	km H	km Z	km E	m H	m Z	m E	dm	cm	mm
a)			0	0	0	0	3	2	0
b)		5	9	0	3	0	0	0	0
c)				6	2	0	0	0	
d)					3	4	8	6	
e)			0	0	5	8	7	6	4
f)		8	5	9	2	4	9	3	

2 Korrigiere die Fehler mithilfe der Einheitentabelle.

a) 958 cm = 0,000 958 km = 95,8 dm **958 cm = 0,009 58 km = 95,8 dm**

b) 35867 dm = 3 586 700 mm = 35,867 m **35 867 dm = 3 586 700 mm = 3586,7 m**

c) 65 mm = 0,065 m = 0,000 065 km **65 mm = 0,065 m = 0,000 065 km**

d) 258 km = 2 580 000 cm = 258,00 m **258 km = 25 800 000 cm = 258 000 m**

	km H	km Z	km E	m H	m Z	m E	dm	cm	mm
a)			0	0	0	9	5	8	
b)			3	5	8	6	7	0	0
c)			0	0	0	0	0	6	5
d)	2	5	8	0	0	0	0	0	

Größen

Zeit

1 Übertrage deinen Stundenplan in die Tabelle und bestimme für jeden Tag und insgesamt in der Woche deine Unterrichtszeit sowie Pausen- und „Wartezeiten" (zum Beispiel Freistunden). Wie lange hast du in diesem Monat Unterricht in Mathematik und in Musik?

Zeit	Mo.	Di.	Mi.	Do.	Fr.

2 Nehmt euren Kalender und Stundenplan und berechnet für das Schulhalbjahr die gesamte Unterrichtszeit. Wie viel Zeit verbringst du in jedem Unterrichtsfach? Gib auch in Tagen und Stunden an.

3 Durchschnittlich verbringt jedes dreizehnjährige Kind täglich 2 h 49 min vor dem Fernseher. Notiere zehn Tage lang, wie lange du vor dem Fernseher gesessen hast, teile die Summe der Zeit durch 10 und runde sinnvoll. Vergleiche auch mit den Ergebnissen deiner Klassenkameraden.

4 Notiere eine Woche lang, wann du schlafen gehst und wann du morgens aufstehst. Wie lange schläfst du in einer Woche? Vergleiche mit der Zeit, die du in einer Woche in der Schule verbringst.

Cornelsen

Größen

Zeit

1 Übertrage deinen Stundenplan in die Tabelle und bestimme für jeden Tag und insgesamt in der Woche deine Unterrichtszeit sowie Pausen- und „Wartezeiten" (zum Beispiel Freistunden). Wie lange hast du in diesem Monat Unterricht in Mathematik und in Musik?

Zeit	Mo.	Di.	Mi.	Do.	Fr.

2 Nehmt euren Kalender und Stundenplan und berechnet für das Schulhalbjahr die gesamte Unterrichtszeit. Wie viel Zeit verbringst du in jedem Unterrichtsfach? Gib auch in Tagen und Stunden an.

allgemein 195 Unterrichtstage und 28 Wochenstunden

pro Woche (5 Tage) 21 h; im Halbjahr 819 h, also 34 Tage 3 h

3 Durchschnittlich verbringt jedes dreizehnjährige Kind täglich 2 h 49 min vor dem Fernseher. Notiere zehn Tage lang, wie lange du vor dem Fernseher gesessen hast, teile die Summe der Zeit durch 10 und runde sinnvoll. Vergleiche auch mit den Ergebnissen deiner Klassenkameraden.

zum Beispiel: 21 h 37 min; täglich ≈ 130 min, also 2 h 10 min

4 Notiere eine Woche lang, wann du schlafen gehst und wann du morgens aufstehst. Wie lange schläfst du in einer Woche? Vergleiche mit der Zeit, die du in einer Woche in der Schule verbringst.

zum Beispiel: 69 h 12 min Schlafen pro Woche

Vergleich mit den Ergebnissen von Aufgabe 1

Arbeitsblatt
Mathematik

Natürliche Zahlen

Runden von Zahlen (Niveau 1)

1 Ist Runden hier sinnvoll?

	ja	nein

a) Lisa ist 12 Jahre alt.

b) Die Telefonnummer der Schule lautet 865 214.

c) Ein ausgewachsenes Nashorn wiegt bis zu 2183 kg.

d) Paul hat bei den Bundesjugendspielen 786 Punkte erreicht.

e) Jessica wohnt auf der Hauptstraße 219.

f) Das Konzert besuchten 13 589 Jugendliche.

g) Die Postleitzahl von Bernau lautet 16 321.

h) Der Zug kommt um 13.45 Uhr.

2 Runde die Zahlen auf Zehner, Hunderter, Tausender und Zehntausender.

		Zehner	Hunderter	Tausender	Zehntausender
a)	22 222				
b)	88 888				
c)	19 191				
d)	73 737				
e)	12 321				
f)	78 675				

3 Die folgenden Angaben sind bereits gerundet.
Bestimme zunächst die Stelle, auf die gerundet wurde.
Gib dann die kleinste und die größte mögliche Ausgangszahl an.

	Stelle, auf die gerundet wurde	kleinste mögliche Ausgangszahl	größte mögliche Ausgangszahl
Einwohnerzahl Eberswalde: ca. 40 000	Zehntausender	35 000	44 999
Einwohnerzahl Dresden: ca. 500 000			
Einwohnerzahl Berlin: ca. 3 Millionen			

Natürliche Zahlen

Runden von Zahlen (Niveau 1)

1 Ist Runden hier sinnvoll?

	ja	nein
a) Lisa ist 12 Jahre alt.		X
b) Die Telefonnummer der Schule lautet 865 214.		X
c) Ein ausgewachsenes Nashorn wiegt bis zu 2183 kg.	X	
d) Paul hat bei den Bundesjugendspielen 786 Punkte erreicht.		X
e) Jessica wohnt auf der Hauptstraße 219.		X
f) Das Konzert besuchten 13 589 Jugendliche.	X	
g) Die Postleitzahl von Bernau lautet 16 321.		X
h) Der Zug kommt um 13.45 Uhr.		X

2 Runde die Zahlen auf Zehner, Hunderter, Tausender und Zehntausender.

		Zehner	Hunderter	Tausender	Zehntausender
a)	22 222	**22 220**	**22 200**	**22 000**	**20 000**
b)	88 888	**88 890**	**88 900**	**89 000**	**90 000**
c)	19 191	**19 190**	**19 200**	**19 000**	**20 000**
d)	73 737	**73 740**	**73 700**	**74 000**	**70 000**
e)	12 321	**12 320**	**12 300**	**12 000**	**10 000**
f)	78 675	**78 680**	**78 700**	**79 000**	**80 000**

3 Die folgenden Angaben sind bereits gerundet.
Bestimme zunächst die Stelle, auf die gerundet wurde.
Gib dann die kleinste und die größte mögliche Ausgangszahl an.

	Stelle, auf die gerundet wurde	kleinste mögliche Ausgangszahl	größte mögliche Ausgangszahl
Einwohnerzahl Eberswalde: ca. 40 000	Zehntausender	35 000	44 999
Einwohnerzahl Dresden: ca. 500 000	**Hunderttausender**	**450 000**	**549 999**
Einwohnerzahl Berlin: ca. 3 Millionen	**Millionen**	**2 500 000**	**3 499 999**

Natürliche Zahlen

Runden von Zahlen (Niveau 2)

1 Runde die Zahlen, bei denen es sinnvoll ist.
Begründe, warum das Runden bei den anderen Zahlen nicht sinnvoll ist.

a) Die Telefonnummer der Schule lautet 865214.

_____

b) Ein ausgewachsenes Nashorn wiegt bis zu 2183 kg.

_____

c) Jessica wohnt auf der Hauptstraße 219.

_____

d) Das Konzert besuchten 13 589 Jugendliche.

_____

2 Runde die Zahlen auf Zehner, Hunderter, Tausender und Zehntausender.

		Zehner	Hunderter	Tausender	Zehntausender
a)	17 378				
b)	23 512				
c)	36 709				
d)	84 491				
e)	99 999				
f)	124 032				

3 Die folgenden Angaben sind bereits gerundet.
Bestimme zunächst die Stelle, auf die gerundet wurde.
Gib dann die kleinste und die größte mögliche Ausgangszahl an.

	Stelle, auf die gerundet wurde	kleinste mögliche Ausgangszahl	größte mögliche Ausgangszahl
Australien hat eine Fläche von ca. 7 700 000 km^2.			
In Australien leben ca. 20 000 000 Menschen.			
Ca. 431 000 Einwohner Australiens sind Aboriginis.			

43

Natürliche Zahlen

Runden von Zahlen (Niveau 2)

1 Runde die Zahlen, bei denen es sinnvoll ist.
Begründe, warum das Runden bei den anderen Zahlen nicht sinnvoll ist.

a) Die Telefonnummer der Schule lautet 865214.

Unter der gerundeten Nummer wäre die Schule nicht erreichbar.

b) Ein ausgewachsenes Nashorn wiegt bis zu 2183 kg.

Ein ausgewachsenes Nashorn wiegt bis zu 2200 kg.

c) Jessica wohnt auf der Hauptstraße 219.

Man könnte das Haus nicht finden.

d) Das Konzert besuchten 13 589 Jugendliche.

Rund 13 600 Jugendliche besuchten das Konzert.

2 Runde die Zahlen auf Zehner, Hunderter, Tausender und Zehntausender.

		Zehner	Hunderter	Tausender	Zehntausender
a)	17 378	**17 380**	**17 400**	**17 000**	**20 000**
b)	23 512	**23 510**	**23 500**	**24 000**	**20 000**
c)	36 709	**36 710**	**36 700**	**37 000**	**40 000**
d)	84 491	**84 490**	**84 500**	**84 000**	**80 000**
e)	99 999	**100 000**	**100 000**	**100 000**	**100 000**
f)	124 032	**124 030**	**124 000**	**124 000**	**120 000**

3 Die folgenden Angaben sind bereits gerundet.
Bestimme zunächst die Stelle, auf die gerundet wurde.
Gib dann die kleinste und die größte mögliche Ausgangszahl an.

	Stelle, auf die gerundet wurde	kleinste mögliche Ausgangszahl	größte mögliche Ausgangszahl
Australien hat eine Fläche von ca. 7 700 000 km².	**Hunderttausender**	**7 650 000**	**7 749 999**
In Australien leben ca. 20 000 000 Menschen.	**Zehn Millionen**	**15 000 000**	**24 999 999**
Ca. 431 000 Einwohner Australiens sind Aboriginis.	**Tausender**	**430 500**	**431 499**

Natürliche Zahlen

Runden rückwärts (Niveau 1)

1 Finde jeweils die kleinste und die größte Zahl, die die angegebene Zahl ergibt.

a) 90 (gerundet auf Zehner):   Kleinste Zahl: _____ bis größte Zahl: _____

b) 150 (gerundet auf Zehner):   Kleinste Zahl: _____ bis größte Zahl: _____

c) 900 (gerundet auf Hunderter):   Kleinste Zahl: _____ bis größte Zahl: _____

d) 1500 (gerundet auf Hunderter): Kleinste Zahl: _____ bis größte Zahl: _____

2 Alle Einwohnerzahlen der Tabelle wurden auf denselben Stellenwert gerundet.

Leipzig	544 000
Hamburg	1 710 000
Cottbus	100 000
Köln	1 050 000
Potsdam	164 000
Berlin	3 470 000

a) Auf welchen Stellenwert wurden die Einwohnerzahlen gerundet?
     Begründe.

     _____

     _____

     _____

b) Wie hoch könnten die ungerundeten Einwohnerzahlen dieser Städte sein?

     Leipzig: 543 500 bis _____

     Hamburg: _____ bis 1 710 499

     Cottbus: 99 500 bis _____

     Köln: _____ bis 1 050 499

     Potsdam: 163 500 bis _____

     Berlin: _____ bis 3 470 499

Natürliche Zahlen

Runden rückwärts (Niveau 1)

1 Finde jeweils die kleinste und die größte Zahl, die die angegebene Zahl ergibt.

a) 90 (gerundet auf Zehner):   Kleinste Zahl: __**85**__ bis größte Zahl: __**94**__

b) 150 (gerundet auf Zehner):   Kleinste Zahl: __**145**__ bis größte Zahl: __**154**__

c) 900 (gerundet auf Hunderter):   Kleinste Zahl: __**850**__ bis größte Zahl: __**949**__

d) 1500 (gerundet auf Hunderter):   Kleinste Zahl: __**1450**__ bis größte Zahl: __**1549**__

2 Alle Einwohnerzahlen der Tabelle wurden auf denselben Stellenwert gerundet.

Leipzig	544 000
Hamburg	1 710 000
Cottbus	100 000
Köln	1 050 000
Potsdam	164 000
Berlin	3 470 000

a) Auf welchen Stellenwert wurden die Einwohnerzahlen gerundet?
Begründe.

Die Einwohnerzahlen wurden auf Tausender gerundet.

Begründung: Alle Zahlen haben entweder mindestens oder genau drei

Nullen am Ende, also an der Hunderter-, Zehner- und Einerstelle.

b) Wie hoch könnten die ungerundeten Einwohnerzahlen dieser Städte sein?

Leipzig: 543 500 bis   **544 499**

Hamburg: **1 709 500**   bis 1 710 499

Cottbus: 99 500 bis   **100 499**

Köln: **1 049 500**   bis 1 050 499

Potsdam: 163 500 bis   **164 499**

Berlin: **3 469 500**   bis 3 470 499

© 2016 Cornelsen Schulverlage GmbH, Berlin.
Alle Rechte vorbehalten.

Natürliche Zahlen

Runden rückwärts (Niveau 2)

1 Finde jeweils die kleinste und die größte Zahl, die - gerundet auf Tausender - die angegebene Zahl ergibt.

a) 7000: _____

b) 23 000: _____

c) 136 000: _____

d) 200 000: _____

2 Alle Einwohnerzahlen der Tabelle wurden auf denselben Stellenwert gerundet.

Leipzig	544 000
Hamburg	1 710 000
Cottbus	100 000
Köln	1 050 000
Potsdam	164 000
Berlin	3 470 000

a) Auf welchen Stellenwert wurden die Einwohnerzahlen gerundet?
   Begründe.

   _____

   _____

   _____

b) Wie hoch könnten die ungerundeten Einwohnerzahlen dieser Städte sein?

   Leipzig: 543 500 bis _____

   Hamburg: _____

   Cottbus: _____

   Köln: _____

   Potsdam: _____

   Berlin: _____

Natürliche Zahlen

Runden rückwärts (Niveau 2)

1 Finde jeweils die kleinste und die größte Zahl, die - gerundet auf Tausender - die angegebene Zahl ergibt.

		Kleinste Zahl:		bis	**größte Zahl:**	
a)	7000:	6500		bis		7499
b)	23 000:	22 500		bis		23 499
c)	136 000:	135 500		bis		136 499
d)	200 000:	199 500		bis		200 499

2 Alle Einwohnerzahlen der Tabelle wurden auf denselben Stellenwert gerundet.

Leipzig	544 000
Hamburg	1 710 000
Cottbus	100 000
Köln	1 050 000
Potsdam	164 000
Berlin	3 470 000

a) Auf welchen Stellenwert wurden die Einwohnerzahlen gerundet? Begründe.

Die Einwohnerzahlen wurden auf Tausender gerundet.

Begründung: Alle Zahlen haben entweder mindestens oder genau drei

Nullen am Ende, also an der Hunderter-, Zehner- und Einerstelle.

b) Wie hoch könnten die ungerundeten Einwohnerzahlen dieser Städte sein?

Leipzig:	543 500 bis	**544 499**
Hamburg:	**1 709 500 bis**	1 710 499
Cottbus:	**99 500 bis**	100 499
Köln:	**1 049 500 bis**	1 050 499
Potsdam:	**163 500 bis**	164 499
Berlin:	**3 469 500 bis**	3 470 499

Rechnen mit natürlichen Zahlen

Aufgaben mit Worten − Addition und Subtraktion (Niveau 1)

1 Schreibe jeweils die passende Aufgabe und löse sie im Kopf.

a) Ein Summand ist 34, der andere Summand ist 8. Wie groß ist der Wert der Summe?

_____

b) Der Minuend ist 20, der Subtrahend 15. Wie groß ist der Wert der Differenz?

_____

c) Bilde die Summe aus 8 und 80. Wie groß ist der Wert der Summe?

_____

d) Bilde die Differenz aus 22 und 3. Wie groß ist der Wert der Differenz?

_____

e) Der Wert der Summe zweier Zahlen ist 50. Ein Summand ist 40.

_____

2 Löse die Aufgaben und beschreibe sie mit Worten.

a) $60 + 30 =$ _____   Ein Summand ist _____. Der andere Summand ist _____.

Der Wert der Summe der beiden Zahlen ist _____.

b) $25 - 15 =$ _____   Der Minuend ist _____. Der Subtrahend ist _____.

Der Wert der Differenz der beiden Zahlen ist _____.

c) $12 + 8 =$ _____   _____

_____

d) $400 - 60 =$ _____   _____

_____

e) $400 +$ ____ $= 450$ _____

_____

Rechnen mit natürlichen Zahlen

Aufgaben mit Worten – Addition und Subtraktion (Niveau 1)

1 Schreibe jeweils die passende Aufgabe und löse sie im Kopf.

a) Ein Summand ist 34, der andere Summand ist 8. Wie groß ist der Wert der Summe?

34 + 8 = 42

b) Der Minuend ist 20, der Subtrahend 15. Wie groß ist der Wert der Differenz?

20 – 15 = 5

c) Bilde die Summe aus 8 und 80. Wie groß ist der Wert der Summe?

8 + 80 = 88

d) Bilde die Differenz aus 22 und 3. Wie groß ist der Wert der Differenz?

22 – 3 = 19

e) Der Wert der Summe zweier Zahlen ist 50. Ein Summand ist 40.

40 + 10 = 50

2 Löse die Aufgaben und beschreibe sie mit Worten.

a) 60 + 30 = **90**   Ein Summand ist **60**. Der andere Summand ist **30**.

Der Wert der Summe der beiden Zahlen ist **90**.

b) 25 – 15 = **10**   Der Minuend ist **25**. Der Subtrahend ist **15**.

Der Wert der Differenz der beiden Zahlen ist **10**.

c) 12 + 8 = **20**   **Ein Summand ist 12. Der zweite Summand ist 8.**

Der Wert der Summe der beiden Zahlen beträgt 20.

d) 400 – 60 = **340**   **Der Minuend ist 400. Der Subtrahend ist 60.**

Der Wert der Differenz der beiden Zahlen ist 340.

e) 400 + **50** = 450   **Der Wert der Summe zweier Zahlen beträgt 450.**

Ein Summand ist 400. Der zweite Summand ist 50.

Rechnen mit natürlichen Zahlen

Aufgaben mit Worten − Addition und Subtraktion (Niveau 2)

1   Schreibe jeweils die passende Aufgabe und löse sie im Kopf.

a)   Der Wert der Summe zweier Zahlen ist 53. Ein Summand ist die Zahl 18.

_____

b)   Der Wert der Differenz zweier Zahlen beträgt 39. Der Subtrahend ist 61.

_____

c)   Der Minuend ist 270, der Subtrahend 105. Wie groß ist der Wert der Differenz?

_____

d)   Bilde die Summe aus 26 und 94. Wie groß ist der Wert der Summe?

_____

e)   Bilde die Differenz aus 228 und 70. Wie groß ist der Wert der Differenz?

_____

2   Löse die Aufgaben und beschreibe sie mit Worten.

a) $51 + \underline{\hspace{1cm}} = 80$ Der Wert der Summe zweier Zahlen ist ____ . Ein Summand ist ___ .

  Der andere Summand ist ____ .

b) $99 - \underline{\hspace{1cm}} = 15$ _____

  _____

c) $400 - 27 = \underline{\hspace{1cm}}$ _____

  _____

d) $509 + 92 = \underline{\hspace{1cm}}$ _____

  _____

e) $\underline{\hspace{1cm}} - 222 = 111$ _____

  _____

Rechnen mit natürlichen Zahlen

Aufgaben mit Worten – Addition und Subtraktion (Niveau 2)

1 Schreibe jeweils die passende Aufgabe und löse sie im Kopf.

a) Der Wert der Summe zweier Zahlen ist 53. Ein Summand ist die Zahl 18.

18 + 35 = 53

b) Der Wert der Differenz zweier Zahlen beträgt 39. Der Subtrahend ist 61.

100 – 61 = 39

c) Der Minuend ist 270, der Subtrahend 105. Wie groß ist der Wert der Differenz?

270 – 105 = 165

d) Bilde die Summe aus 26 und 94. Wie groß ist der Wert der Summe?

26 + 94 = 120

e) Bilde die Differenz aus 228 und 70. Wie groß ist der Wert der Differenz?

228 – 70 = 158

2 Löse die Aufgaben und beschreibe sie mit Worten.

a) 51 + **29** = 80   Der Wert der Summe zweier Zahlen ist **80** . Ein Summand ist **51** .

Der andere Summand ist **29** .

b) 99 – **84** = 15   **Der Wert der Differenz zweier Zahlen beträgt 15.**

Der Minuend ist 99. Der Subtrahend ist 84.

c) 400 – 27 = **373**   **Der Minuend ist 400. Der Subtrahend ist 27.**

Der Wert der Differenz der beiden Zahlen ist 373.

d) 509 + 92 = **601**   **Ein Summand ist 509. Der zweite Summand ist 92.**

Der Wert der Summe der beiden Zahlen beträgt 601.

e) **333** – 222 = 111   **Der Wert der Differenz zweier Zahlen ist 111.**

Der Minuend ist 333. Der Subtrahend ist 222.

Arbeitsblatt
Mathematik

Natürliche Zahlen

Addieren – schriftlich oder im Kopf? (Niveau 1)

1 Addiere die Zahlen, aber rechne nur die Aufgaben schriftlich, die du nicht im Kopf lösen kannst.

a) 1260 + 30 = _____

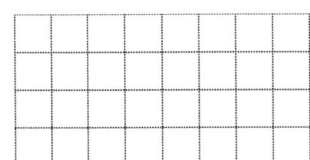

b) 1267 + 30 = _____

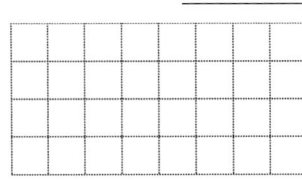

c) 1267 + 39 = _____

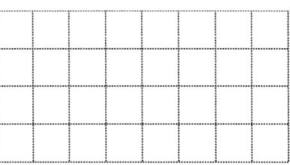

d) 600 + 463 = _____

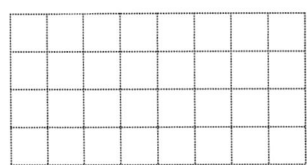

e) 610 + 463 = _____

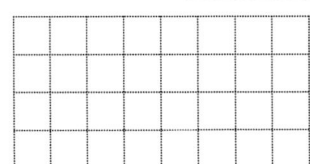

f) 618 + 463 = _____

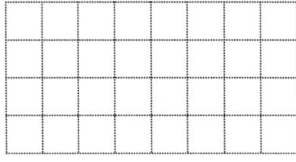

g) 236 + 542 = _____

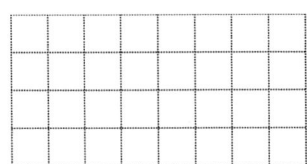

h) 745 + 155 = _____

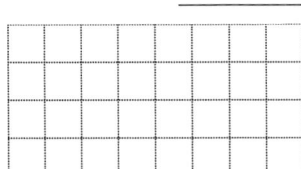

i) 527 + 391 = _____

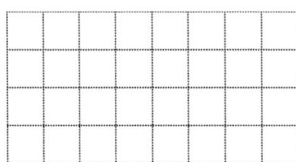

j) 1090 + 507 = _____

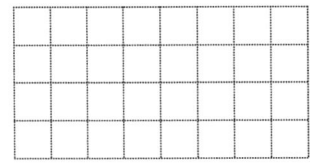

k) 2507 + 3070 = _____

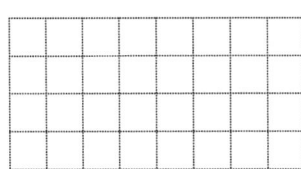

l) 1264 + 2325 = _____

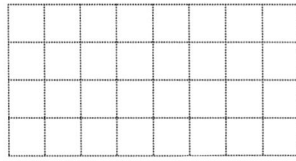

2 Wie viele Aufgaben hast du im Kopf gelöst, wie viele schriftlich?

im Kopf: _____ ; schriftlich: _____

3 Beschreibe, welche Aufgaben du im Kopf lösen kannst.

_____

_____

_____

_____

Natürliche Zahlen

Addieren – schriftlich oder im Kopf? (Niveau 1)

1 Addiere die Zahlen, aber rechne nur die Aufgaben schriftlich, die du nicht im Kopf lösen kannst.

a) 1260 + 30 = **1290**

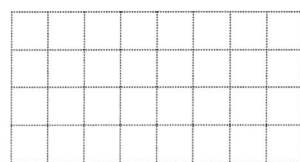

b) 1267 + 30 = **1297**

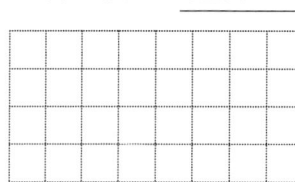

c) 1267 + 39 = **1306**

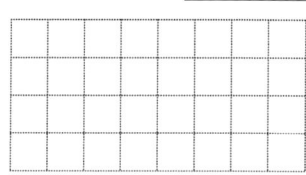

d) 600 + 463 = **1063**

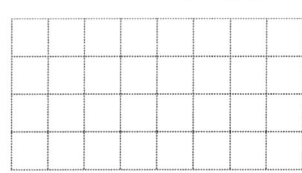

e) 610 + 463 = **1073**

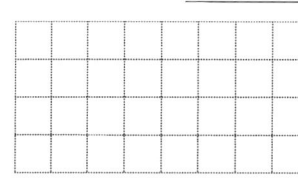

f) 618 + 463 = **1081**

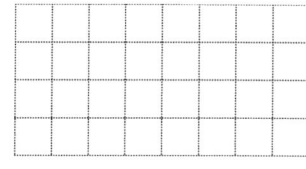

g) 236 + 542 = **778**

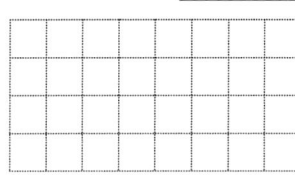

h) 745 + 155 = **900**

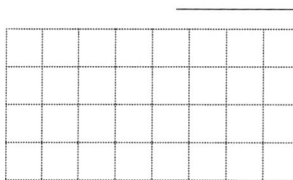

i) 527 + 391 = **918**

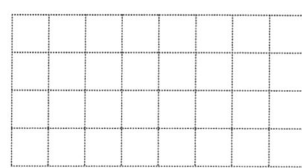

j) 1090 + 507 = **1597**

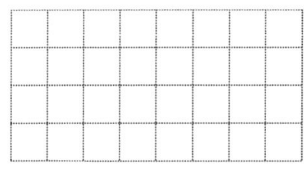

k) 2507 + 3070 = **5577**

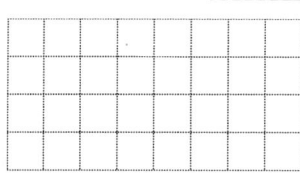

l) 1264 + 2325 = **3589**

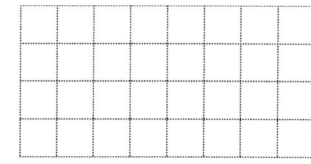

2 Wie viele Aufgaben hast du im Kopf gelöst, wie viele schriftlich?

im Kopf: **individuell** ; schriftlich: **individuell**

3 Beschreibe, welche Aufgaben du im Kopf lösen kannst.

individuelle Lösung

Cornelsen

Natürliche Zahlen

Addieren – schriftlich oder im Kopf? (Niveau 2)

1 Addiere die Zahlen, aber rechne nur die Aufgaben schriftlich, die du nicht im Kopf lösen kannst.

a) 2775 + 26 = _____

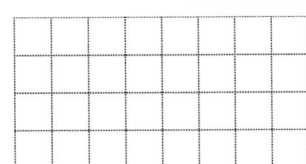

b) 3486 + 6475 = _____

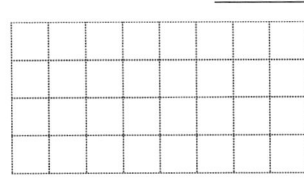

c) 703 + 8056 = _____

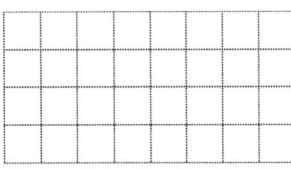

d) 4088 + 4800 = _____

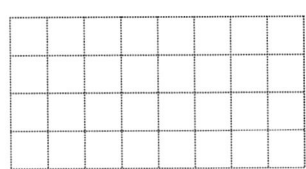

e) 2799 + 2569 = _____

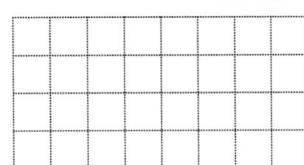

f) 9267 + 4361 = _____

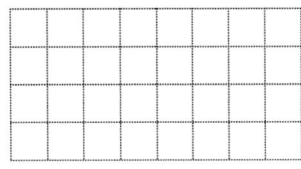

g) 6171 + 3806 = _____

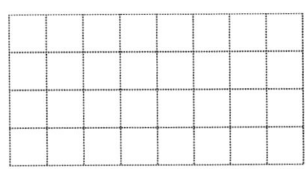

h) 6020 + 3114 = _____

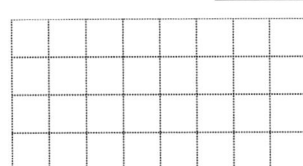

i) 308 + 6365 = _____

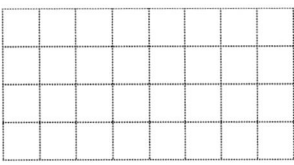

j) 987 + 3574 = _____

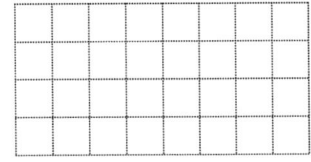

k) 8753 + 5024 = _____

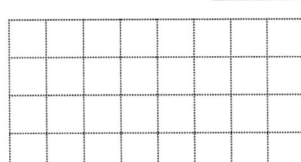

l) 7206 + 4805 = _____

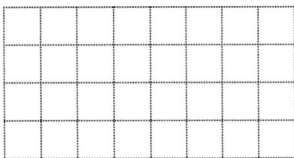

2 Wie viele Aufgaben hast du im Kopf gelöst, wie viele schriftlich?

im Kopf: _____ ; schriftlich: _____

3 Beschreibe, welche Aufgaben du im Kopf lösen kannst.

_____

_____

_____

_____

Natürliche Zahlen

Addieren – schriftlich oder im Kopf? (Niveau 2)

1 Addiere die Zahlen, aber rechne nur die Aufgaben schriftlich, die du nicht im Kopf lösen kannst.

a) $2775 + 26 =$ **2801**

b) $3486 + 6475 =$ **9961**

c) $703 + 8056 =$ **8759**

 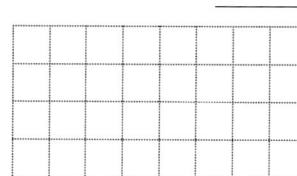 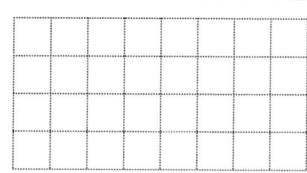

d) $4088 + 4800 =$ **8888**

e) $2799 + 2569 =$ **5368**

f) $9267 + 4361 =$ **13628**

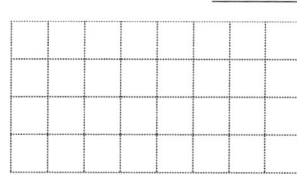 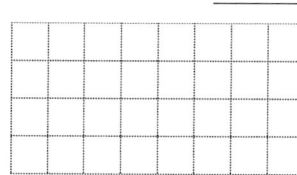 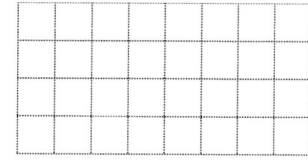

g) $6171 + 3806 =$ **9977**

h) $6020 + 3114 =$ **9134**

i) $308 + 6365 =$ **6673**

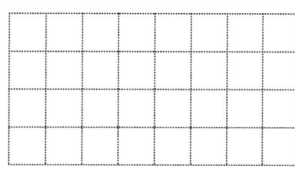 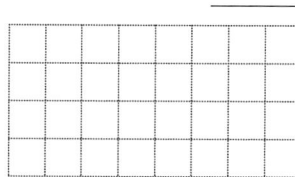 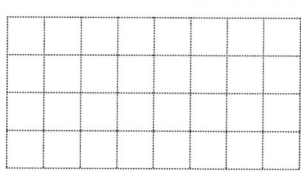

j) $987 + 3574 =$ **4561**

k) $8753 + 5024 =$ **13777**

l) $7206 + 4805 =$ **12011**

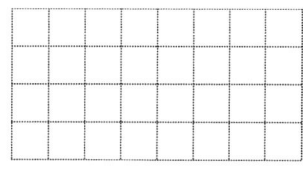 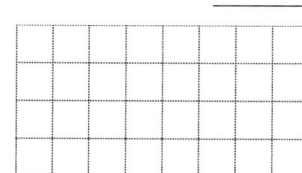 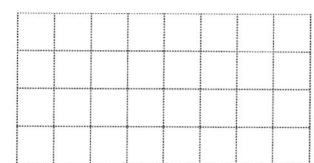

2 Wie viele Aufgaben hast du im Kopf gelöst, wie viele schriftlich?

im Kopf: **individuell** ; schriftlich: **individuell**

3 Beschreibe, welche Aufgaben du im Kopf lösen kannst.

individuelle Lösung

Cornelsen

Name:		
Klasse:	Datum:	

Natürliche Zahlen

Schriftliche Addition mit Lücken (Niveau 1)

1 Ergänze die fehlenden Zahlen so, dass die Aufgaben stimmen.
Hinweis: Die Aufgaben enthalten keinen Übertrag.

a)

	1	2		2
+	2		4	5
		8	7	

b)

	3	3		3
+		1	3	
	5		6	7

c)

		6		1
+	7		0	
	8	9	5	2

d)

	1	2	3	4
+		3	2	
	5			5

e)

	4	2		2
+	3		1	3
		3	5	

f)

			1	3
+	5	1		
	7	7	1	4

g)

	9		6	
+		7	3	6
		9	9	

h)

	7	1	5	3
+	1		1	5
		6		

i)

			0	1
+	4	0	2	
	5	0		5

2 Ergänze so, dass richtig gelöste Aufgaben entstehen.

a)

	1	5	2	1
+	3	6	7	0
Ü:				

b)

	1	2	1	9
+				
Ü:				
	7	7	3	2

c)

+		7	3	2
Ü:				
	2	5	8	4

d)

	1	5	2	7
+				4
Ü:				
		6	4	

e)

			3	4
+	5	0		
Ü:				
	7	7	7	7

f)

				2
+		3	1	2
Ü:				
			2	3

Natürliche Zahlen

Schriftliche Addition mit Lücken (Niveau 1)

1 Ergänze die fehlenden Zahlen so, dass die Aufgaben stimmen.
Hinweis: Die Aufgaben enthalten keinen Übertrag.

a)
	1	2	**3**	2
+	2	**6**	4	5
	3	8	7	**7**

b)
	3	3	**3**	3
+	**2**	1	3	**4**
	5	4	6	7

c)
1	6	**5**	1
+ 7	**3**	0	1
8	9	5	2

d)
	1	2	3	4
+	**4**	3	2	1
	5	**5**	**5**	5

e)
4	2	**4**	2
+ 3	**1**	1	3
7	3	5	5

f)
2	**6**	1	3
+ 5	1	**0**	1
7	7	1	4

g)
9	**2**	6	**3**
+		7	3	6
9	9	**9**	9

h)
7	1	5	3
+ 1	**5**	1	5
8	6	**6**	**8**

i)
1	**0**	0	1
+ 4	0	2	**4**
5	0	**2**	5

2 Ergänze so, dass richtig gelöste Aufgaben entstehen.

a)
	1	5	2	1
+	3	6	7	0
Ü:	1			
	5	**1**	**9**	**1**

b)
	1	2	1	9
+	**6**	**5**	**1**	3
Ü:			1	
	7	7	3	2

c)
1	**8**	**5**	**2**
+	7	3	2
Ü: 1			
2	5	8	4

d)
	1	5	2	7
+		**1**	**1**	4
Ü:			**1**	
	1	6	4	**1**

e)
2	**7**	3	4
+ 5	0	**4**	3
Ü:			
7	7	7	7

f)
	9	**2**	2
+	3	1	2
Ü: 1			
1	2	3	**4**

Arbeitsblatt
Mathematik

Natürliche Zahlen

Schriftliche Addition mit Lücken (Niveau 2)

1 Ergänze die fehlenden Zahlen so, dass die Aufgaben stimmen.
Achtung: In Teilaufgabe d) sind mehrere Lösungen möglich.

a)

	4	5		7
+	2		7	5
Ü:				
		5	1	

b)

	3	3		3
+		8	3	
Ü:				
	9		9	8

c)

		6		7
+	7		8	
Ü:				
	6	5	4	5

d)

	4		8	
+		3	1	
Ü:				
	3	2		7

e)

	3	3		5
+	9		5	4
Ü:				
1		0	2	

f)

			3	6
+	4	2		
Ü:				
1	0	0	0	0

2 Ergänze so, dass richtig gelöste Aufgaben entstehen.
Achtung: In Teilaufgabe d) sind mehrere Lösungen möglich.

a)

		4		3
+	2		1	6
Ü:				
	2	3	1	

b)

	3		8	
+		3		5
Ü:				
	4	9	0	2

c)

	1	2		0
+			4	3
Ü:				
		4	0	

d)

		7	5	
+	1		3	2
Ü:				
		8	8	

e)

			8	1
+		5		
Ü:				
	5	2	9	7

f)

	7	7		2
+	1		7	8
Ü:				
		5	5	

Natürliche Zahlen

Schriftliche Addition mit Lücken (Niveau 2)

1 Ergänze die fehlenden Zahlen so, dass die Aufgaben stimmen.
Achtung: In Teilaufgabe d) sind mehrere Lösungen möglich.

a)

		4	5	**3**	7
+		2	**9**	7	5
Ü:	1	1	1		
		7	5	1	**2**

b)

		3	3	**6**	3
+		**5**	8	3	**5**
Ü:	1				
		9	**1**	9	8

c)

		8	6	**5**	7
+		7	**8**	8	**8**
Ü:	1	1	1	1	
	1	6	5	4	5

d)

		4	**9**	8	**6**
+		**8**	3	1	**1**
Ü:	1	1			
	1	3	2	**9**	7

e)

		3	3	**7**	5
+		9	**6**	5	4
Ü:		1	1		
	1	**3**	0	2	**9**

f)

		5	**7**	3	6
+		4	2	**6**	**4**
Ü:	1	1	1	1	
	1	0	0	0	0

2 Ergänze so, dass richtig gelöste Aufgaben entstehen.
Achtung: In Teilaufgabe d) sind mehrere Lösungen möglich.

a)

		9	4	**0**	3
+		2	**9**	1	6
Ü:	1	1			
	1	2	3	1	**9**

b)

		3	**5**	8	**7**
+		**1**	3	**1**	5
Ü:			1	1	
		4	9	0	2

c)

		1	2	**6**	0
+			**1**	4	3
Ü:			1		
		1	4	0	**3**

d)

			7	5	**6**
+		1	**1**	3	2
Ü:					
		1	8	8	**8**

e)

		4	**7**	8	1
+			5	**1**	6
Ü:		1			
		5	2	9	7

f)

		7	7	**7**	2
+		1	**7**	7	8
Ü:		1	1	1	
		9	5	5	**0**

Cornelsen

Name:		
Klasse:	Datum:	

Rechnen mit natürlichen Zahlen

Rechenmauern zur Addition (Niveau 1)

1 Ergänze die Zahlenmauern.

a)
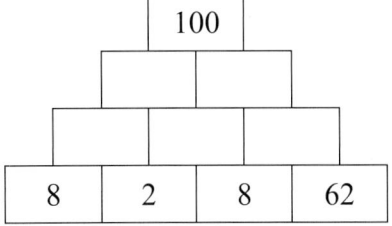

b)
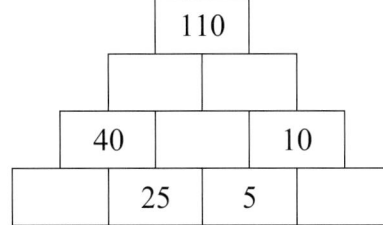

c)
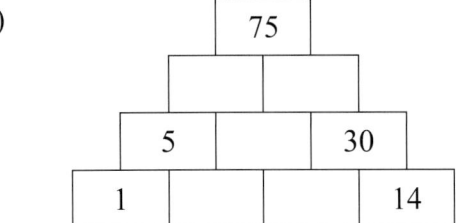

d)
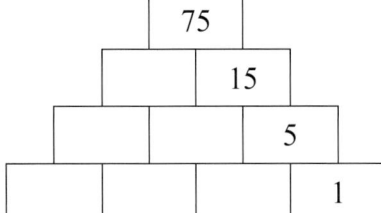

e)
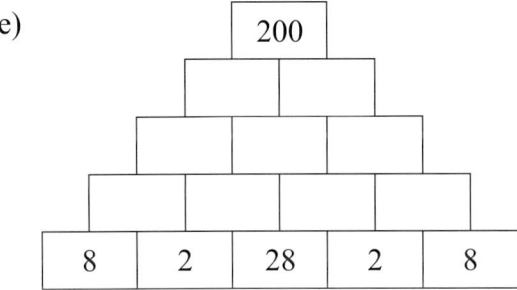

f)
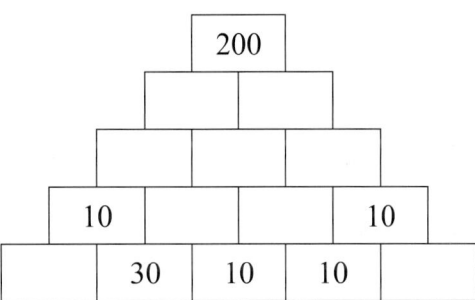

2 Bilde verschiedene Zahlenmauern, an deren Spitze die Zahl 1000 steht.

a)
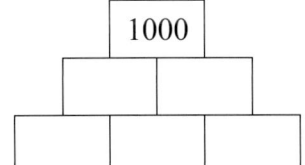

b)
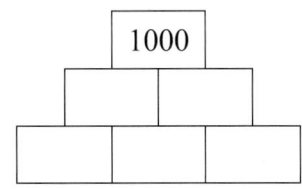

c)
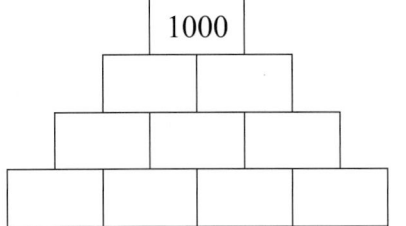

d)
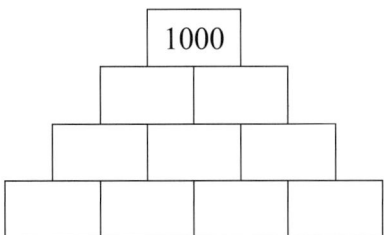

Cornelsen

Rechnen mit natürlichen Zahlen

Rechenmauern zur Addition (Niveau 1)

1 Ergänze die Zahlenmauern.

a)

	100		
	20	**80**	
10	**10**	**70**	
8	2	8	62

b)

	110		
	70	**40**	
40	**30**	10	
15	25	5	**5**

c)

	75		
	25	**50**	
5	**20**	30	
1	**4**	**16**	14

d)

	75		
	60	15	
50	**10**	5	
44	**6**	**4**	1

e)

	200			
	100	**100**		
	40	**60**	**40**	
10	**30**	**30**	**10**	
8	2	28	2	8

f)

	200			
	110	**90**		
	50	**60**	**30**	
10	**40**	**20**	10	
20	30	10	10	**0**

2 Bilde verschiedene Zahlenmauern, an deren Spitze die Zahl 1000 steht.
Z.B.:

a)

	1000	
	500	**500**
250	**250**	**250**

b)

	1000	
	600	**400**
400	**200**	**200**

c)

	1000		
	550	**450**	
350	**200**	**250**	
250	**100**	**100**	**150**

d)

	1000		
	489	**511**	
242	**247**	**264**	
118	**124**	**123**	**141**

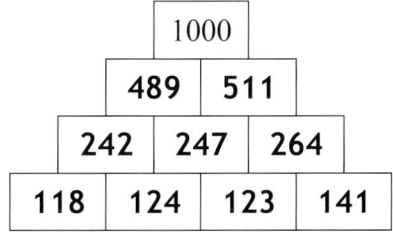

Rechnen mit natürlichen Zahlen

Rechenmauern zur Addition (Niveau 2)

1 Ergänze die Zahlenmauern.

a)
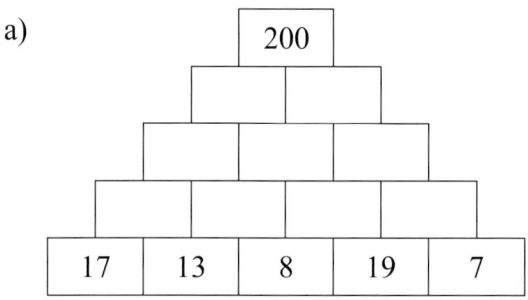

b)
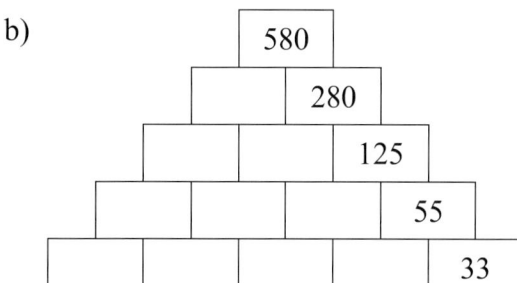

c)
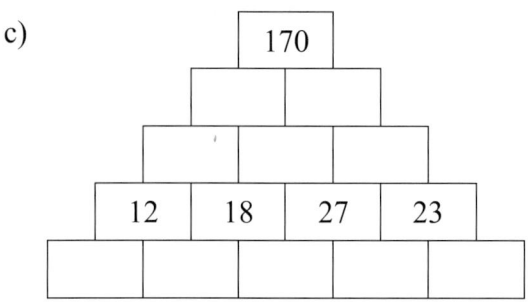

d)
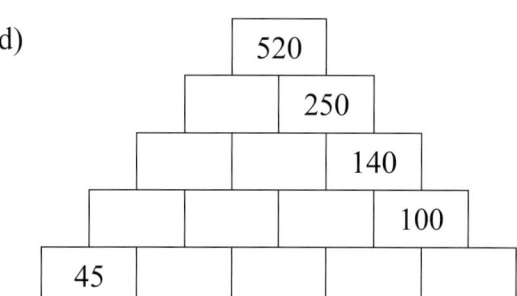

2 Bilde verschiedene Zahlenmauern, an deren Spitze die Zahl 1000 steht.

a)
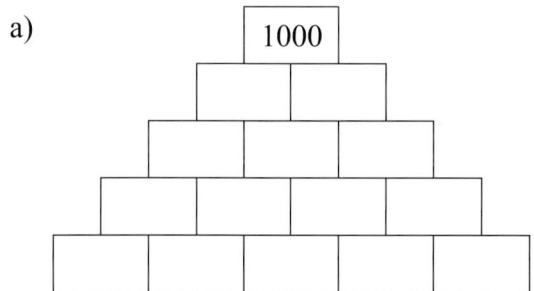

b)
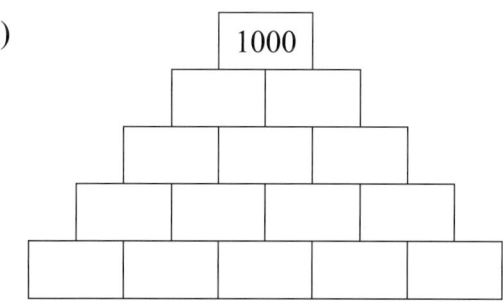

c)
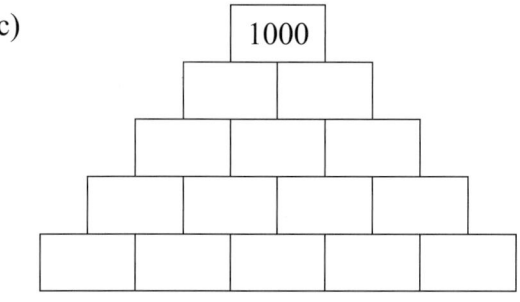

d)
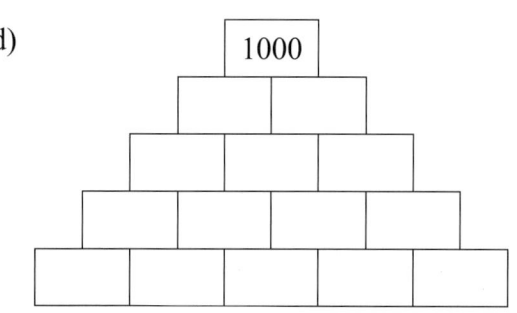

Rechnen mit natürlichen Zahlen

Rechenmauern zur Addition (Niveau 2)

1 Ergänze die Zahlenmauern.

a)
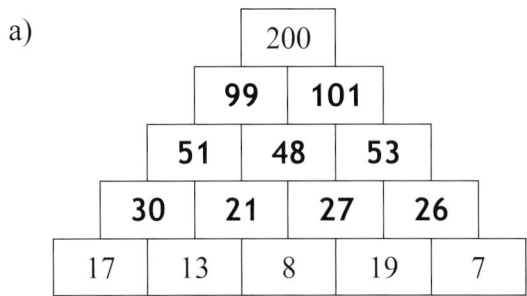

b)
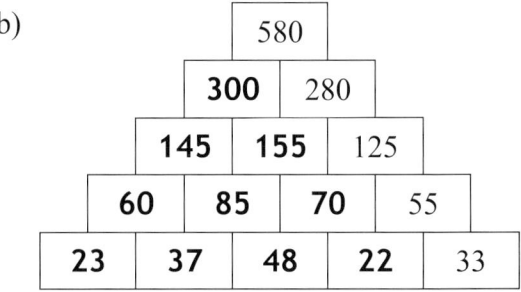

c)
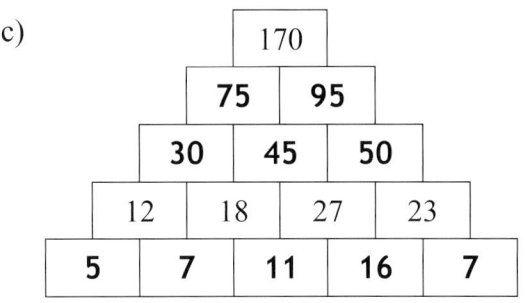

d)
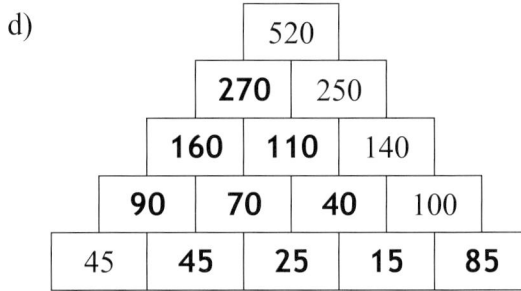

In Aufgabe c) sind in der letzten Zeile mehrere Lösungen möglich.

2 Bilde verschiedene Zahlenmauern, an deren Spitze die Zahl 1000 steht.
Z.B.:

a)
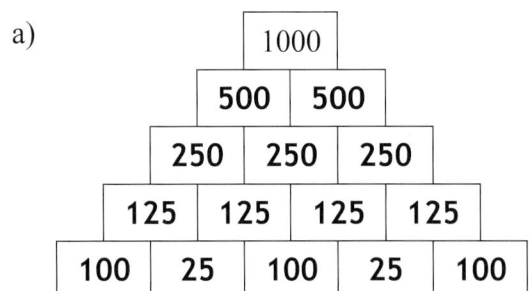

b)
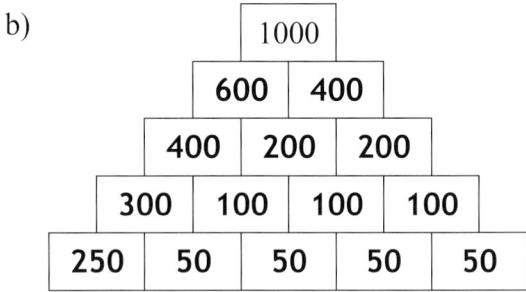

c)
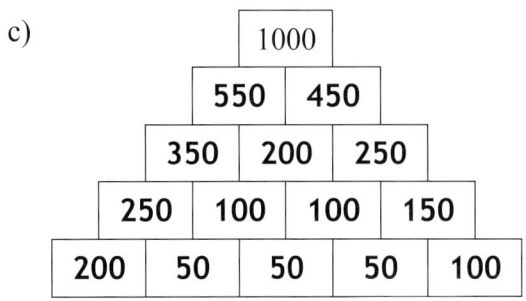

d)
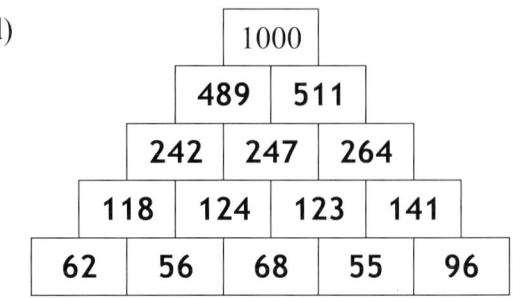

Rechnen mit natürlichen Zahlen

Subtrahieren – schriftlich oder im Kopf? (Niveau 1)

1 Löse die Aufgaben.
Rechne nur die Aufgaben schriftlich, die du nicht im Kopf lösen kannst.

a) 2222 − 1111 = _____

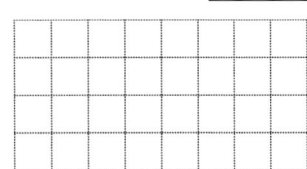

b) 6050 − 3020 = _____

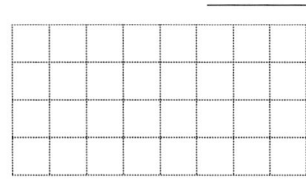

c) 8765 − 4321 = _____

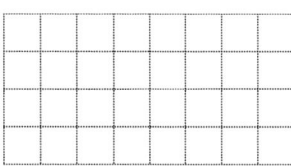

d) 4500 − 2400 = _____

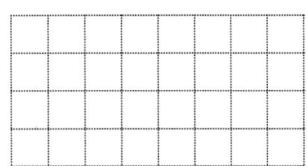

e) 4925 − 3711 = _____

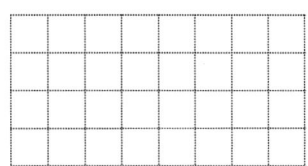

f) 9787 − 2023 = _____

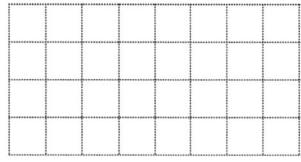

g) 4602 − 2400 = _____

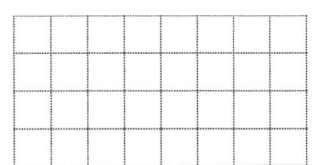

h) 3709 − 1508 = _____

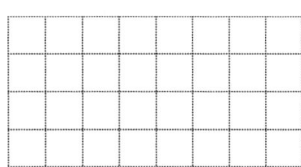

i) 9999 − 8765 = _____

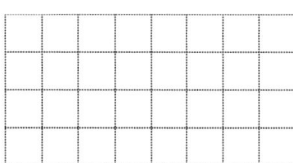

j) 427 − 93 = _____

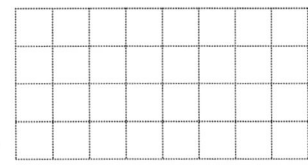

k) 856 − 484 = _____

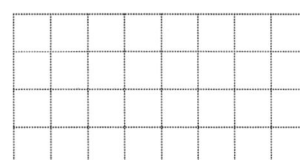

l) 510 − 457 = _____

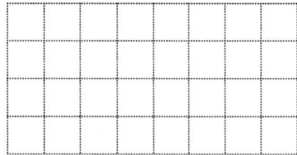

Wie viele Aufgaben hast du im Kopf gelöst, wie viele schriftlich?

im Kopf: _____   schriftlich: _____

Beschreibe, welche Aufgaben du im Kopf lösen kannst.

_____

_____

_____

_____

_____

Rechnen mit natürlichen Zahlen

Subtrahieren − schriftlich oder im Kopf? (Niveau 1)

1 Löse die Aufgaben.
Rechne nur die Aufgaben schriftlich, die du nicht im Kopf lösen kannst.

a) 2222 − 1111 = **1111**

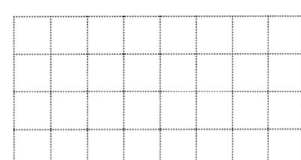

b) 6050 − 3020 = **3030**

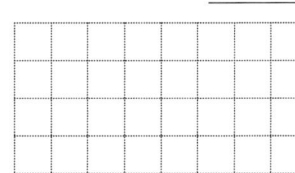

c) 8765 − 4321 = **4444**

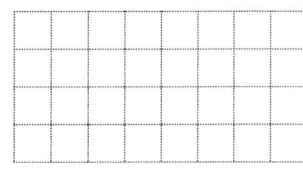

d) 4500 − 2400 = **2100**

e) 4925 − 3711 = **1214**

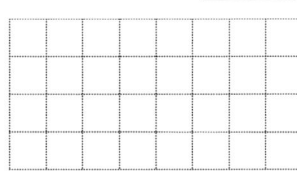

f) 9787 − 2023 = **7764**

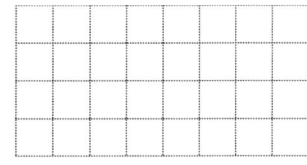

g) 4602 − 2400 = **2202**

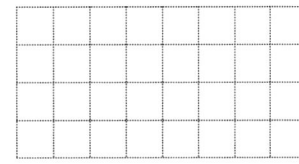

h) 3709 − 1508 = **2201**

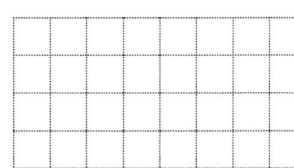

i) 9999 − 8765 = **1234**

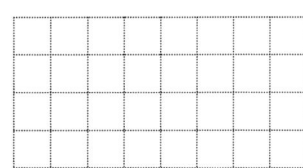

j) 427 − 93 = **334**

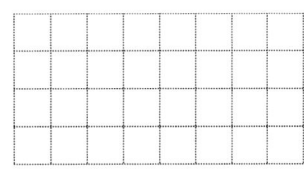

k) 856 − 484 = **372**

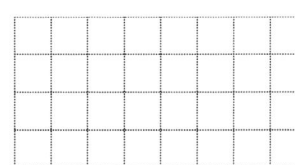

l) 510 − 457 = **53**

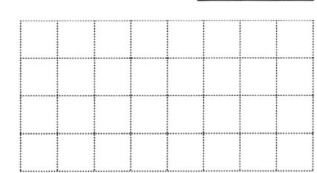

Wie viele Aufgaben hast du im Kopf gelöst, wie viele schriftlich?

im Kopf: **individuell**   schriftlich: **individuell**

Beschreibe, welche Aufgaben du im Kopf lösen kannst.

individuelle Lösung

Rechnen mit natürlichen Zahlen

Subtrahieren – schriftlich oder im Kopf? (Niveau 2)

1 Löse die Aufgaben.
Rechne nur die Aufgaben schriftlich, die du nicht im Kopf lösen kannst.

a) 5619 – 2154 = _____

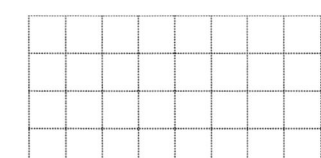

b) 3000 – 1788 = _____

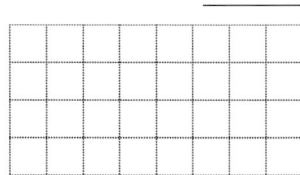

c) 7805 – 7320 = _____

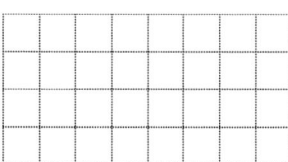

d) 6209 – 4784 = _____

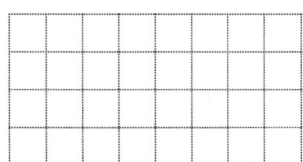

e) 2799 – 2569 = _____

f) 6425 – 5023 = _____

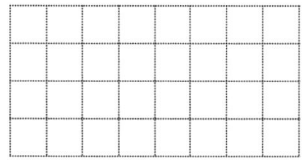

g) 5556 – 2559 = _____

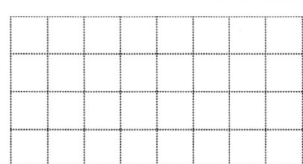

h) 625 – 98 = _____

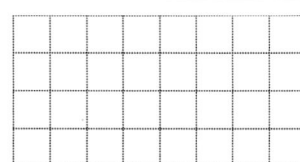

i) 9045 – 6137 = _____

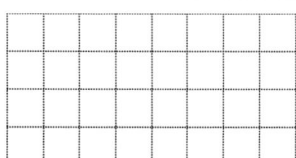

j) 7136 – 788 = _____

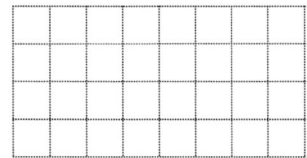

k) 8564 – 3411 = _____

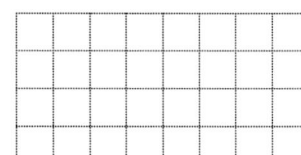

l) 6526 – 2040 = _____

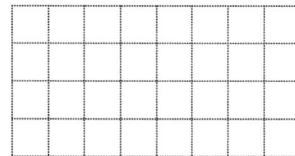

Wie viele Aufgaben hast du im Kopf gelöst, wie viele schriftlich?

im Kopf: _____   schriftlich: _____

Beschreibe, welche Aufgaben du im Kopf lösen kannst.

_____

_____

_____

_____

Cornelsen

Rechnen mit natürlichen Zahlen

Subtrahieren – schriftlich oder im Kopf? (Niveau 2)

1 Löse die Aufgaben.
Rechne nur die Aufgaben schriftlich, die du nicht im Kopf lösen kannst.

a) 5619 − 2154 = **3465**

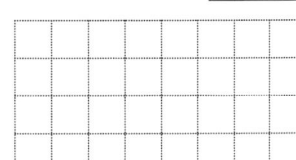

b) 3000 − 1788 = **1212**

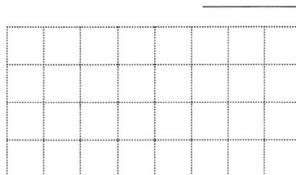

c) 7805 − 7320 = **485**

d) 6209 − 4784 = **1425**

e) 2799 − 2569 = **230**

f) 6425 − 5023 = **1402**

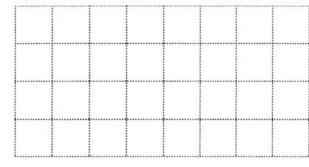

g) 5556 − 2559 = **2997**

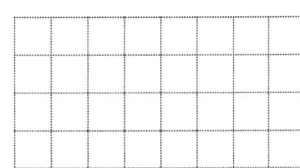

h) 625 − 98 = **527**

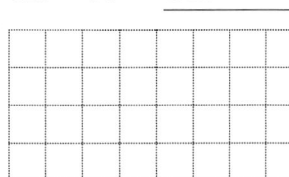

i) 9045 − 6137 = **2908**

j) 7136 − 788 = **6348**

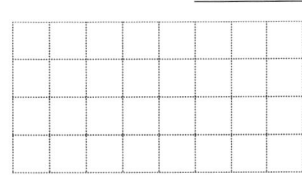

k) 8564 − 3411 = **5153**

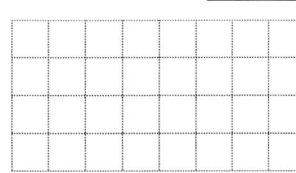

l) 6526 − 2040 = **4486**

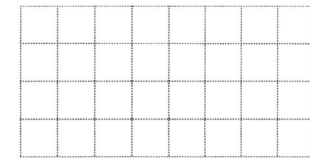

Wie viele Aufgaben hast du im Kopf gelöst, wie viele schriftlich?

im Kopf: **individuell**   schriftlich: **individuell**

Beschreibe, welche Aufgaben du im Kopf lösen kannst.

individuelle Lösung

© 2016 Cornelsen Schulverlage GmbH, Berlin. Alle Rechte vorbehalten.

Name:	
Klasse:	Datum:

Natürliche Zahlen

Rechenzaubertricks

1 Bilde aus drei unterschiedlichen Ziffern (ohne die Null) die kleinste und die größte dreistellige Zahl. Subtrahiere sie voneinander.

Beispiele: a) 3; 7; 6.

$$\begin{array}{r} 763 \\ -\ 367 \\ \hline 396 \end{array}$$

b) 8; 2; 8.

$$\begin{array}{r} 982 \\ -\ 289 \\ \hline 693 \end{array}$$

a) Probiere 8-mal mit verschiedenen Ziffernkombinationen.

b) Was fällt dir an den Ergebnissen auf?

_____

_____

_____

c) Stelle eine Vermutung auf: Welche Ergebnisse kann man erreichen?

_____

d) Zum Knobeln

Ein Magier führt mit einem Zuschauer einen Zaubertrick vor:

Denke dir drei unterschiedliche Ziffern.
Bilde nun aus diesen die größte und die kleinste dreistellige Zahl und ziehe sie voneinander ab. Verrate noch nichts!
Addiere jetzt zu deinem Ergebnis diejenige Zahl, die durch Vertauschen der Einer und Hunderter entsteht. Fertig?
Abrakadabra. In deinen Gedanken lese ich dein Ergebnis. Es ist ..."

Was ist das Ergebnis? Erkennst du den Trick?

_____

_____

_____

Cornelsen

Natürliche Zahlen

Rechenzaubertricks

1 Bilde aus drei unterschiedlichen Ziffern (ohne die Null) die kleinste und die größte
   dreistellige Zahl. Subtrahiere sie voneinander.

Beispiele: a) 3; 7; 6.   763   b) 8; 2; 8.   982
                               − 367   − 289
                                396   693

a) Probiere 8-mal mit verschiedenen Ziffernkombinationen.

individuelle Lösung

b) Was fällt dir an den Ergebnissen auf?

An der Zehnerstelle steht immer die Ziffer 9.

Addiert man Einer- und Hunderterstelle des Ergebnisses, so erhält man

9.

c) Stelle eine Vermutung auf: Welche Ergebnisse kann man erreichen?

198, 297, 396, 495, 594, 693, 792, 891

d) Zum Knobeln
    Ein Magier führt mit einem Zuschauer einen Zaubertrick vor:

    Denke dir drei unterschiedliche Ziffern.
    Bilde nun aus diesen die größte und die kleinste dreistellige Zahl und ziehe sie
    voneinander ab. Verrate noch nichts!
    Addiere jetzt zu deinem Ergebnis diejenige Zahl, die durch Vertauschen der Einer und
    Hunderter entsteht. Fertig?
    Abrakadabra. In deinen Gedanken lese ich dein Ergebnis. Es ist ...”

    Was ist das Ergebnis? Erkennst du den Trick?

Das Ergebnis ist immer 1089. Einer und Hunderterstellen ergeben

addiert jeweils 9 und die Zehnerstelle ist 9 (diese muss zweimal

gerechnet werden). 900 + 9 + 2·90 = 1089

Name:		
Klasse:	Datum:	

Natürliche Zahlen

Rechenkette

1 Schneide die Teile aus und füge sie zu einer Rechenkette zusammen.

575	798 − 312		379	42 760 − 39 850
4695	628 − 249		486	7815 − 3120
2910	2404 − 1919		3317	956 − 381
18 070	342 − 96		485	1419 − 716
703	27 450 − 9380		246	4732 − 1415

2 Beschrifte die leeren Teile so mit Aufgaben, dass du die Rechenkette aus Aufgabe 1 verlängern und zu einem Kreis zusammenlegen kannst.
Schneide die Teile anschließend aus, mische sie und lasse sie von einem Mitschüler oder einer Mitschülerin wieder zusammenlegen.

Natürliche Zahlen addieren und subtrahieren

Rechenkette

1 Schneide die Teile aus und füge sie zu einer Rechenkette zusammen.

575	798 – 312	486	7815 – 3120	4695	628 – 249

Left column (top to bottom): 956 – 381 | 3317 | 4732 – 1415 | 246

Right column (top to bottom): 379 | 42 760 – 39 850 | 2910 | 2404 – 1919

Bottom row (left to right): 342 – 96 | 18 070 | 27 450 – 9380 | 703 | 1419 – 716 | 485

2 Beschrifte die leeren Teile so mit Aufgaben, dass du die Rechenkette aus Aufgabe 1 verlängern und zu einem Kreis zusammenlegen kannst.
Schneide die Teile anschließend aus, mische sie und lasse sie von einem Mitschüler oder einer Mitschülerin wieder zusammenlegen.

Individuelle Lösung

© 2016 Cornelsen Schulverlage GmbH, Berlin. Alle Rechte vorbehalten.

Daten

Strichlisten und Häufigkeitstabellen (Niveau 1)

Fertige zunächst eine Strichliste an und erstelle eine Häufigkeitstabelle.

a) 1 1 1 0 0 0 0 1 1 1 1 0 0 0 0 0

Zahl	Strichliste	Häufigkeit
1		
0		

b) ☺ ☹ ☺ ☺ 😐 😐 ☺ ☹ 😐 ☹ ☺ 😐 ☺ ☹ 😐 😐 😐 ☺

Smiley	Strichliste	Häufigkeit
☺		
😐		
☹		

c) ♥ ♦ ♣ ♠ ♦ ♠ ♣ ♣ ♣ ♥ ♦ ♥ ♠ ♥ ♦
♥ ♣ ♠ ♦ ♥ ♠ ♦ ♣ ♣ ♥ ♣ ♠ ♦ ♥ ♥

Farbe von Spielkarten		Strichliste	Häufigkeit
Herz	♥		
Karo	♦		
Kreuz	♣		
Pik	♠		

Daten

Strichlisten und Häufigkeitstabellen (Niveau 1)

Fertige zunächst eine Strichliste an und erstelle eine Häufigkeitstabelle.

a)   1   1   1   0   0   0   0   1   1   1   1   0   0   0   0   0

Zahl	Strichliste	Häufigkeit
1	卌 II	7
0	卌 IIII	9

b)   ☺ ☹ ☺ ☺ 😐 😐 ☺ ☹ 😐 ☹ ☺ 😐 ☺ ☹ 😐 😐 😐 ☺

Smiley	Strichliste	Häufigkeit
☺	卌 II	7
😐	卌 II	7
☹	IIII	4

c)   ♥ ♦ ♣ ♠ ♦ ♠ ♣ ♣ ♣ ♥ ♦ ♥ ♠ ♥ ♦
     ♥ ♣ ♠ ♦ ♥ ♠ ♦ ♣ ♣ ♥ ♣ ♠ ♦ ♥ ♥

Farbe von Spielkarten		Strichliste	Häufigkeit
Herz	♥	卌 IIII	9
Karo	♦	卌 II	7
Kreuz	♣	卌 III	8
Pik	♠	卌 I	6

Statistik

Strichlisten und Häufigkeitstabellen (Niveau 2)

Fertige zunächst eine Strichliste an und erstelle eine Häufigkeitstabelle.

a)

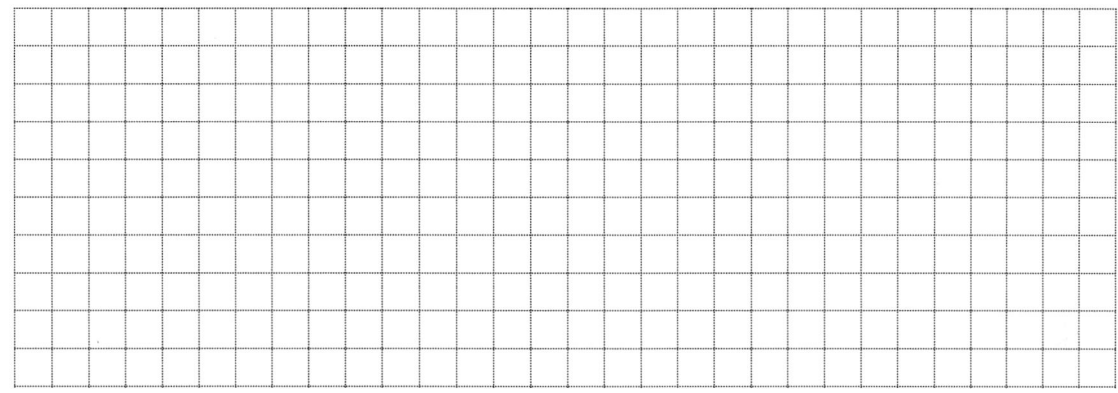

b)

Sternzeichen		
Widder	♈	
Stier	♉	
Waage	♎	
Jungfrau	♍	
Löwe	♌	
Krebs	♋	
Zwillinge	♊	
Schütze	♐	
Skorpion	♏	
Wassermann	♒	
Fische	♓	
Steinbock	♑	

Statistik

Strichlisten und Häufigkeitstabellen (Niveau 2)

Fertige zunächst eine Strichliste an und erstelle eine Häufigkeitstabelle.

a) ☺ ☺ ☺ ☺ ☺ ☺ ☺ ☹ ☺ ☹ ☺ ☺ ☺ ☹ ☺ ☺
☹ ☺ ☺ ☺ ☹ ☺ ☺ ☺ ☹ ☺ ☹ ☺ ☹ ☺ ☺

Smiley	Strichliste	Anzahl
☺	‖‖‖‖ ‖‖‖‖	11
☺	‖‖‖‖ ‖‖‖‖ ‖‖	12
☹	‖‖‖‖ ‖‖‖‖	8

b)

Sternzeichen		Strichliste	Anzahl
Widder	♈	|||	3
Stier	♉	|||	3
Waage	♎	|||	3
Jungfrau	♍	|||	3
Löwe	♌	|||	3
Krebs	♋	|||	3
Zwillinge	♊	||	2
Schütze	♐	||||	4
Skorpion	♏	|||	3
Wassermann	♒	|	1
Fische	♓	||	2
Steinbock	♑	||	2

Daten

Auswertung einer Umfrage

Die Schülerinnen und Schüler der Klasse 5e haben den folgenden Fragebogen erstellt und eine Umfrage zum Thema „Was machst du in deiner Freizeit?" durchgeführt.

Fragebogen: „Was machst du in deiner Freizeit?"

1 Wie alt bist du (in Jahren)? _____
2 Welches Geschlecht hast du?
   ☐ Junge   ☐ Mädchen
3 Wie viele Personen wohnen bei dir zu Hause? _____
4 Wie viele Geschwister leben dort? _____
5 Kreuze an, was du zusammen mit deinen Freunden und Freundinnen unternimmst (mehrere Antworten sind möglich):
   ☐ Einkaufen gehen ☐ Musik hören   ☐ Spielen
   ☐ Computerspiele   ☐ Party/Disco   ☐ Sport
   ☐ Fernsehen/DVD   ☐ Kino   ☐ Sonstiges
6 Wie viele Stunden pro Woche spielst du am Computer? _____

1 Die Strichliste zeigt das Ergebnis der ersten Frage.
   Ergänze die Häufigkeiten und die Säulen mithilfe der Tabelle.

Alter	Strichliste	Häufigkeit
10	⊬⊬⊬ I	
11	⊬⊬⊬ ⊬⊬⊬	
12	⊬⊬⊬ III	

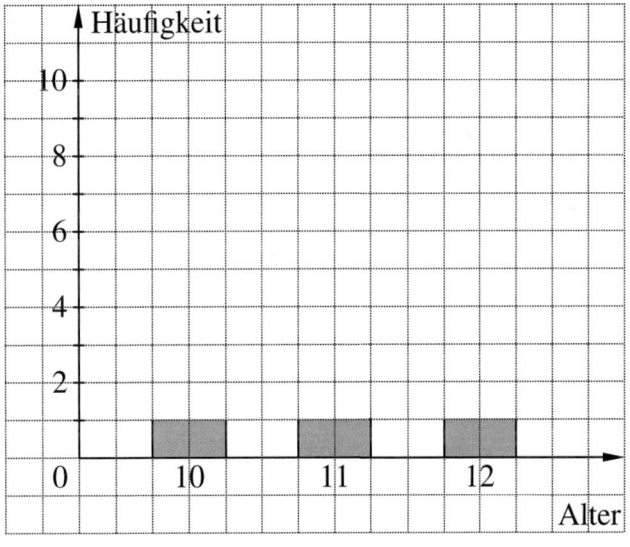

2 Führt die Umfrage in eurer Klasse durch oder erstellt einen eigenen Fragebogen.
   Wertet die Ergebnisse der Umfrage aus.

Daten

Auswertung einer Umfrage

Die Schülerinnen und Schüler der Klasse 5e haben den folgenden Fragebogen erstellt und eine Umfrage zum Thema „Was machst du in deiner Freizeit?" durchgeführt.

Fragebogen: „Was machst du in deiner Freizeit?"

1 Wie alt bist du (in Jahren)? _____
2 Welches Geschlecht hast du?
  ☐ Junge ☐ Mädchen
3 Wie viele Personen wohnen bei dir zu Hause? _____
4 Wie viele Geschwister leben dort? _____
5 Kreuze an, was du zusammen mit deinen Freunden und Freundinnen unternimmst (mehrere Antworten sind möglich):
  ☐ Einkaufen gehen ☐ Musik hören ☐ Spielen
  ☐ Computerspiele ☐ Party/Disco ☐ Sport
  ☐ Fernsehen/DVD ☐ Kino ☐ Sonstiges
6 Wie viele Stunden pro Woche spielst du am Computer? _____

---

1 Die Strichliste zeigt das Ergebnis der ersten Frage.
Ergänze die Häufigkeiten und die Säulen mithilfe der Tabelle.

Alter	Strichliste	Häufigkeit
10	卌 I	**6**
11	卌 卌	**10**
12	卌 III	**8**

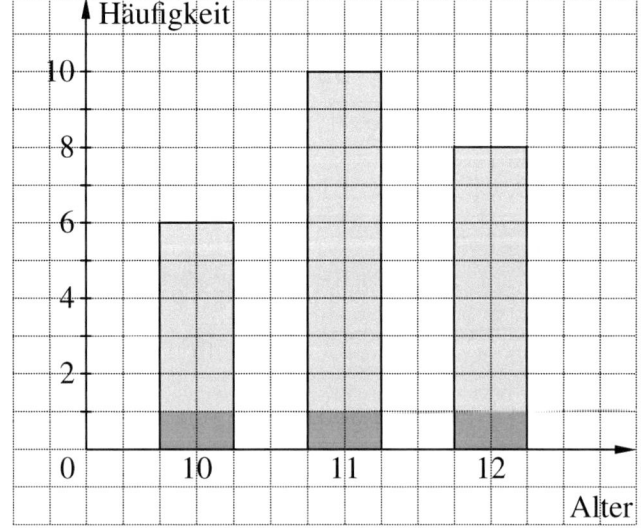

2 Führt die Umfrage in eurer Klasse durch oder erstellt einen eigenen Fragebogen.
Wertet die Ergebnisse der Umfrage aus.

Daten

Diagramme zeichnen

1 Eine Umfrage zur „Anzahl von Haustieren" ergab folgende Ergebnisse:

1 2 0 0 0 0 3 1 0 4 1 0 0 3 1 2

Fertige zu den Ergebnissen eine Strichliste an und vervollständige das Säulendiagramm.

Anzahl der Haustiere	Strich-liste	Häufig-keit
0		
1		
2		
3		
4		

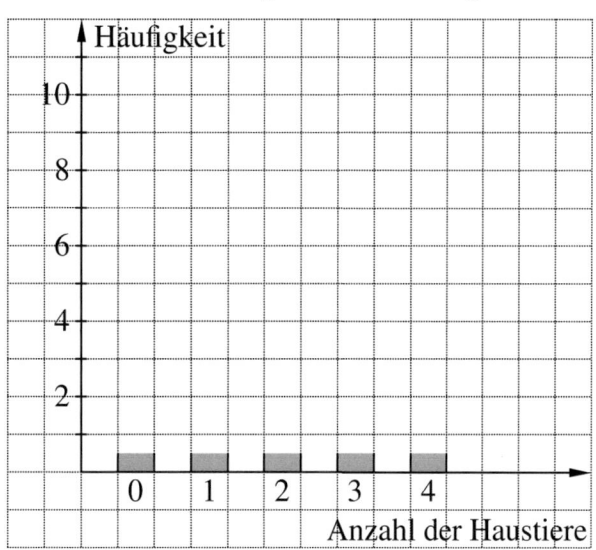

2 Die Ergebnisse einer Umfrage zur Schuhgröße wurden in der Tabelle zusammengefasst. Stelle die Ergebnisse in einem Diagramm deiner Wahl dar.

Schuhgröße	35	36	37	38	39	40
Häufigkeit	2	2	4	6	4	2

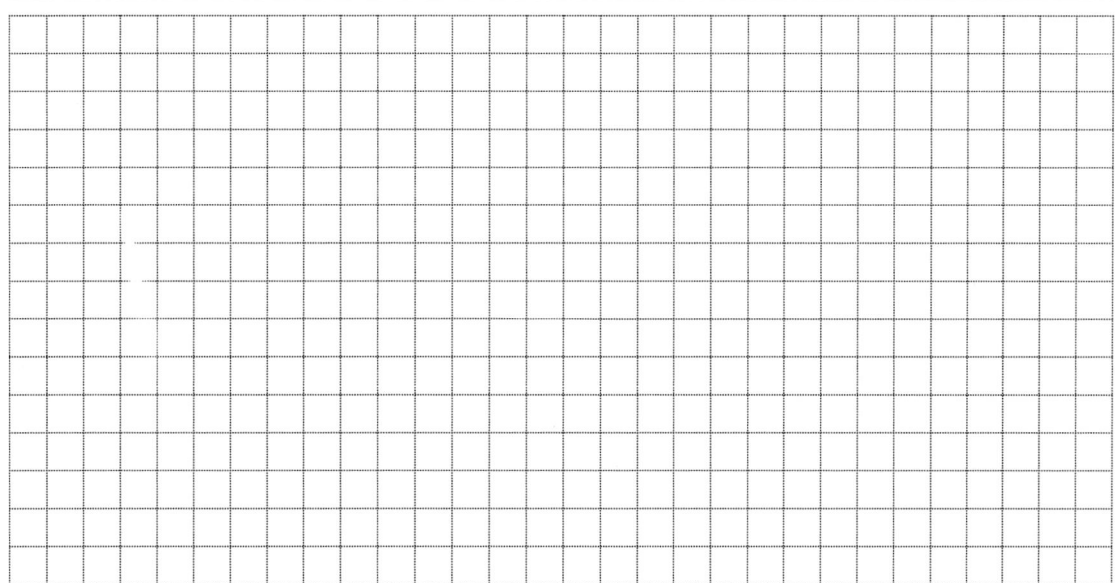

Daten

Diagramme zeichnen

1 Eine Umfrage zur „Anzahl von Haustieren" ergab folgende Ergebnisse:

1   2   0   0   0   0   3   1   0   4   1   0   0   3   1   2

Fertige zu den Ergebnissen eine Strichliste an und vervollständige das Säulendiagramm.

Anzahl der Haustiere	Strich-liste	Häufig-keit
0	‖‖‖ ‖‖	7
1	‖‖‖‖	4
2	‖‖	2
3	‖‖	2
4	‖	1

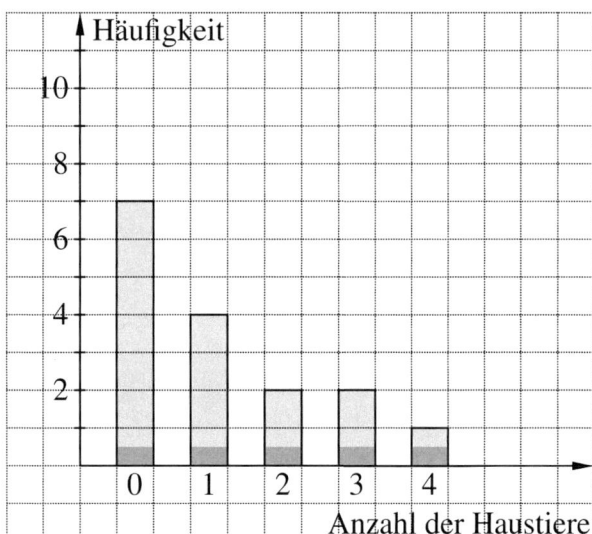

2 Die Ergebnisse einer Umfrage zur Schuhgröße wurden in der Tabelle zusammengefasst. Stelle die Ergebnisse in einem Diagramm deiner Wahl dar.

Schuhgröße	35	36	37	38	39	40
Häufigkeit	2	2	4	6	4	2

<table>
<tr><td>Name:</td><td></td></tr>
<tr><td>Klasse:</td><td>Datum:</td></tr>
</table>

Natürliche Zahlen

Aufgaben mit Worten − Multiplikation und Division (Niveau 1)

1 Schreibe jeweils eine passende Aufgabe und löse sie schriftlich.

a) Multipliziere 7900 mit 9.

b) Dividiere 228 durch 12.

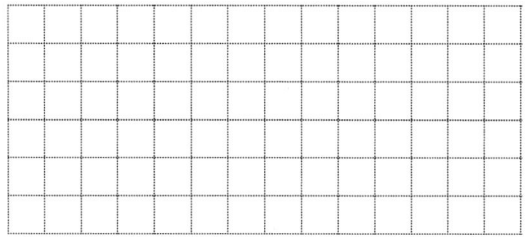
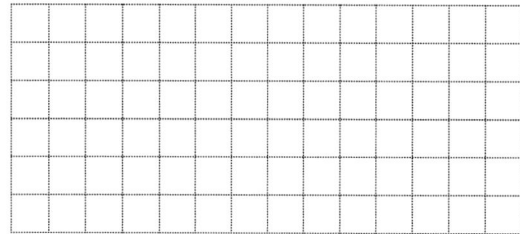

c) Der erste Faktor ist 157, der zweite Faktor 47. Wie groß ist das Produkt?

d) Der Divisor ist 11, der Dividend 605. Wie groß ist der Quotient?

e) Berechne das Produkt aus 8 106 und 31.

f) Bilde den Quotienten aus 336 und 7.

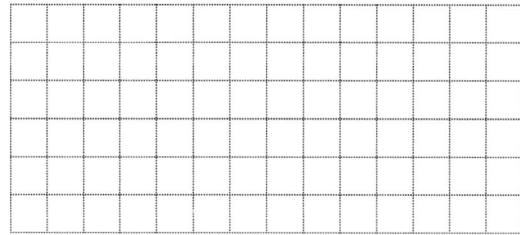

2 Bei den Wörtern haben sich Fehler eingeschlichen.
Streiche die falschen Wörter durch und korrigiere sie in der Schreibzeile darunter.

a) Der erste Faktor ist 12, der zweite 9. Die Summe beträgt 108.

_____

b) Der Divisor ist 88, der Dividend 11. Die Differenz beträgt 8.

_____

c) Der erste Summand ist 9, der zweite Summand ist 15. Das Produkt ist 135.

_____

d) Der Divisor ist 75, der Dividend ist 25. Der Quotient ist 3.

_____

Natürliche Zahlen

Aufgaben mit Worten – Multiplikation und Division (Niveau 1)

1 Schreibe jeweils eine passende Aufgabe und löse sie schriftlich.

a) Multipliziere 7900 mit 9.

$$7900 \cdot 9$$
$$71\,100$$

b) Dividiere 228 durch 12.

$$228 : 12 = 19$$
$$\underline{12}$$
$$108$$
$$\underline{108}$$
$$0$$

c) Der erste Faktor ist 157, der zweite Faktor 47. Wie groß ist das Produkt?

$$157 \cdot 47$$
$$628$$
$$\underline{1099}$$
$$7379$$

d) Der Divisor ist 11, der Dividend 605. Wie groß ist der Quotient?

$$605 : 11 = 55$$
$$\underline{55}$$
$$55$$
$$\underline{55}$$
$$0$$

e) Berechne das Produkt aus 8106 und 31.

$$8106 \cdot 31$$
$$24318$$
$$\underline{8106}$$
$$251286$$

f) Bilde den Quotienten aus 336 und 7.

$$336 : 7 = 48$$
$$\underline{28}$$
$$56$$
$$\underline{56}$$
$$0$$

2 Bei den Wörtern haben sich Fehler eingeschlichen.
Streiche die falschen Wörter durch und korrigiere sie in der Schreibzeile darunter.

a) Der erste Faktor ist 12, der zweite 9. ~~Die Summe~~ beträgt 108.

Das Produkt beträgt 108.

b) Der Dividend ist 88, der Divisor 11. ~~Die Differenz~~ beträgt 8.

Der Quotient beträgt 8.

c) ~~Der erste Summand~~ ist 9, ~~der zweite Summand~~ ist 15. Das Produkt ist 135.

Der erste Faktor ist 9, der zweite Faktor ist 15.

d) ~~Der Divisor~~ ist 75, ~~der Dividend~~ ist 25. Der Quotient ist 3.

Der Dividend ist 75, der Divisor ist 25.

Natürliche Zahlen

Aufgaben mit Worten − Multiplikation und Division (Niveau 2)

1 Finde jeweils die passende Aufgabe und löse sie.
Tipp: Denke an die Umkehraufgaben.

a) Das Produkt zweier Zahlen ist 1320, der erste Faktor ist 12.

_____

b) Der Divisor ist 17, der Quotient ist 13.

_____

c) Das Produkt zweier Zahlen ist 403 848, der zweite Faktor ist 711.

_____

d) Der Dividend ist 357 742, der Quotient ist 506.

_____

e) Das Produkt dreier Zahlen ist 15 300 der zweite Faktor ist 17, der dritte 36.

_____

f) Der Divisor ist 39, der Quotient ist 4005.

_____

2 Beschreibe die Aufgaben.
Löse sie schriftlich und beschreibe auch die fehlenden Zahlen mit Worten.

a) $7315 : \underline{\hspace{1.5cm}} = 77$ Der Dividend ist $\underline{\hspace{1.5cm}}$. Der Quotient ist $\underline{\hspace{1cm}}$.

Der Divisor ist $\underline{\hspace{1cm}}$.

b) $\underline{\hspace{2cm}} \cdot 63 = 882$ _____

_____

c) $972 : 27 = \underline{\hspace{2cm}}$ _____

_____

d) $13 \cdot \underline{\hspace{2cm}} \cdot 7 = 728$ _____

_____

e) $\underline{\hspace{2cm}} : 75 = 27$ _____

_____

Natürliche Zahlen

Aufgaben mit Worten − Multiplikation und Division (Niveau 2)

1 Finde jeweils die passende Aufgabe und löse sie.
Tipp: Denke an die Umkehraufgaben.

a) Das Produkt zweier Zahlen ist 1320, der erste Faktor ist 12.

$$12 \cdot 110 = 1320$$

b) Der Divisor ist 17, der Quotient ist 13.

$$221 : 17 = 13$$

c) Das Produkt zweier Zahlen ist 403 848, der zweite Faktor ist 711.

$$568 \cdot 711 = 403\,848$$

d) Der Dividend ist 357 742, der Quotient ist 506.

$$357\,742 : 707 = 506$$

e) Das Produkt dreier Zahlen ist 15 300 der zweite Faktor ist 17, der dritte 36.

$$25 \cdot 17 \cdot 36 = 15\,300$$

f) Der Divisor ist 39, der Quotient ist 4005.

$$156\,195 : 39 = 4005$$

2 Beschreibe die Aufgaben.
Löse sie schriftlich und beschreibe auch die fehlenden Zahlen mit Worten.

a) $7315 : \underline{\textbf{95}} = 77$ Der Dividend ist **7315**. Der Quotient ist **77**.

Der Divisor ist **95**.

b) $\underline{\textbf{14}} \cdot 63 = 882$ **Der zweite Faktor ist 63. Das Produkt ist 882.**

Der erste Faktor ist 14.

c) $972 : 27 = \underline{\textbf{36}}$ **Der Dividend ist 972. Der Divisor ist 27.**

Der Quotient ist 36.

d) $13 \cdot \underline{\textbf{8}} \cdot 7 = 728$ **Das Produkt ist 728. Der erste Faktor ist 13,**

der zweite Faktor 8 und der dritte Faktor 7.

e) $\underline{\textbf{2025}} : 75 = 27$ **Der Divisor ist 75. Der Quotient ist 27.**

Der Dividend ist 2025.

Natürliche Zahlen

Schriftliche Multiplikation mit Lücken (Niveau 1)

1 Rechne schriftlich.

a)

1	2	3	4	·	1	2

b)

1	0	2	5	·	3	1

c)

4	7	2	·	1	1	1

d)

2	1	4	·	1	0	5

2 Ergänze die fehlenden Zahlen so, dass die Aufgaben stimmen.

a)
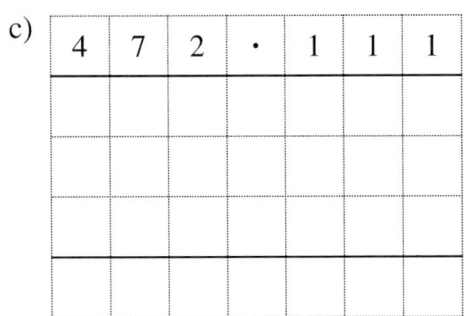

b)
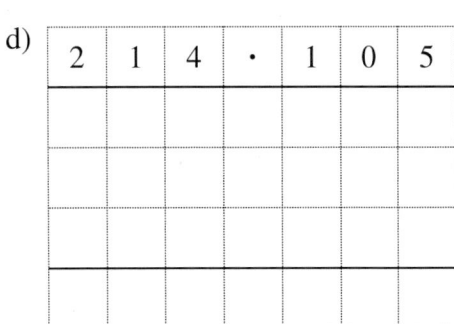

c)

		2	4	·	3		3
		3	7				
			3	7	2		
+				3		2	
		4		2	9		

d)

	4	4	·	2	2	
		8		8		
		8			8	
+				8	8	8
		9		5		8

Natürliche Zahlen

Schriftliche Multiplikation mit Lücken (Niveau 1)

1 Rechne schriftlich.

a)

1	2	3	4	·	1	2
		1	2	3	4	
			2	4	6	8
		1	4	8	0	8

b)

1	0	2	5	·	3	1
		3	0	7	5	
			1	0	2	5
		3	1	7	7	5

c)

4	7	2	·	1	1	1
		4	7	2		
			4	7	2	
				4	7	2
		5	2	3	9	2

d)

2	1	4	·	1	0	5
		2	1	4		
			0	0	0	
			1	0	7	0
		2	2	4	7	0

2 Ergänze die fehlenden Zahlen so, dass die Aufgaben stimmen.

a)

	2	0	1	·	1	4
			2	0	1	
+				8	**0**	**4**
			2	**8**	1	4

b)

		3	7	0	·	**2**	5
				7	4	0	
+				1	8	**5**	0
				9	**2**	5	0

c)

1	2	4	·	3	**3**	3
		3	7	**2**		
			3	7	2	
+				3	**7**	2
		4	**1**	2	9	**2**

d)

4	4	4	·	2	2	**2**
		8	**8**	8		
			8	**8**	8	
+				8	8	8
		9	**8**	5	**6**	8

Cornelsen

Name:	
Klasse:	Datum:

Natürliche Zahlen

Schriftliche Multiplikation mit Lücken (Niveau 2)

1 Rechne schriftlich.

a)

6	8	2	1	·	2	1

b)

4	6	8	0	·	3	5

c)

1	2	3	·	4	5	6

d)

3	0	7	·	5	6	7

2 Ergänze die fehlenden Zahlen so, dass die Aufgaben stimmen.

a)

2		0	8	·		5
		6	0	2	4	
+			0	0		0
		7	0		8	0

b)

		4	3	9	·		7
			1	7	5	6	
+				3		7	3
			2		6	3	3

c)

7	1	6	·	4	3	2
	2	8	6			
		2		4	8	
+			1	4		2
	3	0		3	1	

d)

4		4	·	1		1
		4	1	4		
		1	6	5		
+				4	1	4

Natürliche Zahlen

Schriftliche Multiplikation mit Lücken (Niveau 2)

1 Rechne schriftlich.

a)

6	8	2	1	·	2	1
	1	**3**	**6**	**4**	**2**	
			6	**8**	**2**	**1**
	1	**4**	**3**	**2**	**4**	**1**

b)

4	6	8	0	·	3	5
	1	**4**	**0**	**4**	**0**	
		2	**3**	**4**	**0**	**0**
	1	**6**	**3**	**8**	**0**	**0**

c)

1	2	3	·	4	5	6
		4	**9**	**2**		
			6	**1**	**5**	
				7	**3**	**8**
		5	**6**	**0**	**8**	**8**

d)

3	0	7	·	5	6	7
		1	**5**	**3**	**5**	
			1	**8**	**4**	**2**
			2	**1**	**4**	**9**
		1	**7**	**4**	**0**	**6**	**9**

2 Ergänze die fehlenden Zahlen so, dass die Aufgaben stimmen.

a)

2	**0**	0	8	·	**3**	5
		6	0	2	4	
+		**1**	0	0	**4**	0
		7	0	**2**	8	0

b)

	4	3	9	·	**4**	7
		1	7	5	6	
+			3	**0**	7	3
		2	**0**	6	3	3

c)

7	1	6	·	4	3	2
	2	8	6	**4**		
		2	**1**	4	8	
+			1	4	**3**	2
	3	0	**9**	3	1	**2**

d)

4	**1**	4	·	1	**4**	1
		4	1	4		
		1	6	5	**6**	
+			4	1	4	
	5	**8**	**3**	7	**4**	

Cornelsen

Natürliche Zahlen

Schriftliche Division (Niveau 1)

1 Überschlage zuerst und berechne anschließend schriftlich.

a) 3128 : 8

Überschlag: _____

b) 11 100 : 12

Überschlag: _____

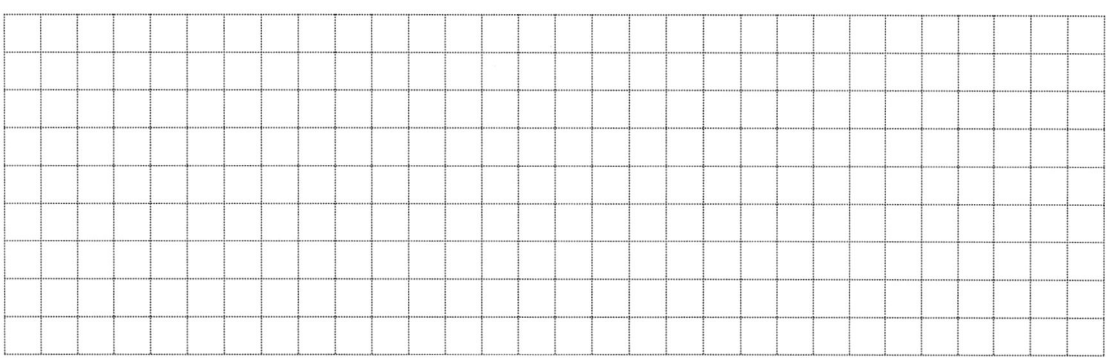

c) 32 010 : 15

Überschlag: _____

d) 86 352 : 21

Überschlag: _____

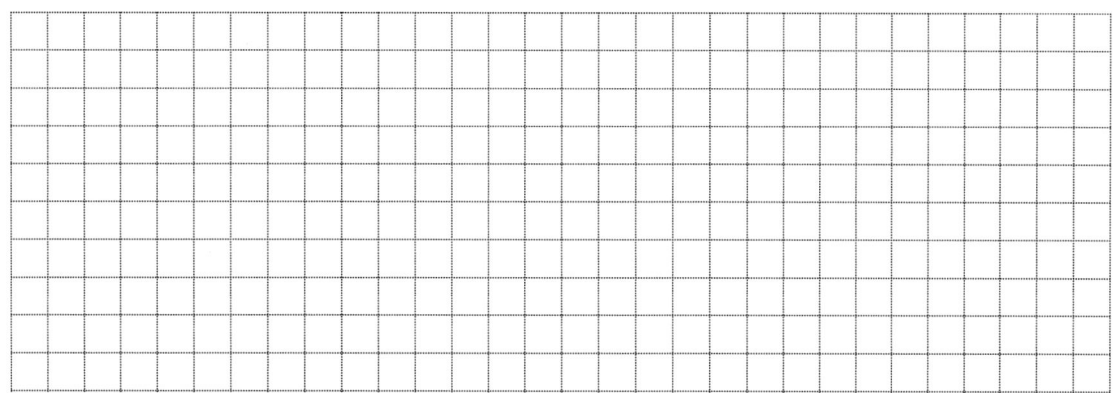

2 Dividiere mit Rest.

a) 25 407 : 7

b) 68 469 : 22

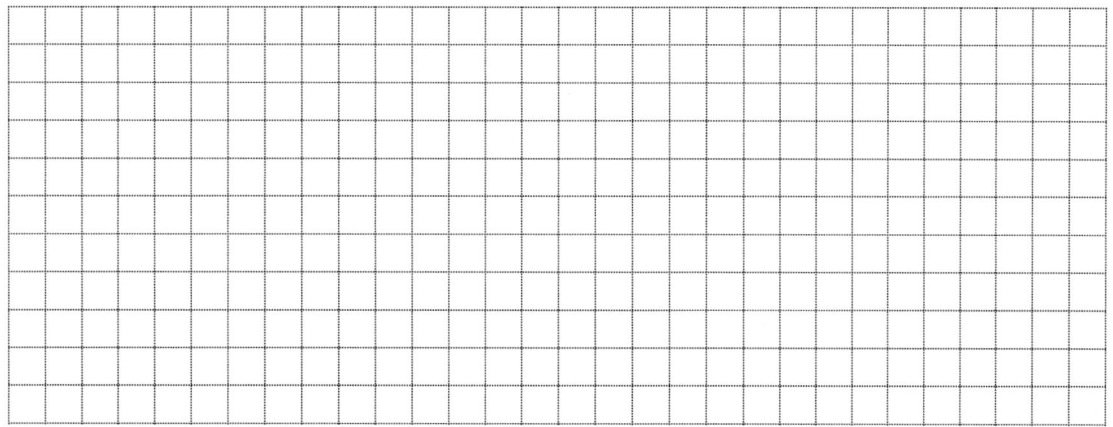

Natürliche Zahlen

Schriftliche Division (Niveau 1)

1 Überschlage zuerst und berechne anschließend schriftlich.

a) $3128 : 8$

Überschlag: **z.B.: 3200 : 8 = 400**

```
 3128 : 8 = 391
-24
  72
 -72
  08
 -08
   1
```

b) $11\,100 : 12$

Überschlag: **z.B. 12000 : 12 = 1000**

```
 11100 : 12 = 925
-108
  30
 -24
  60
 -60
   0
```

c) $32\,010 : 15$

Überschlag: **z.B.: 30000 : 15 = 2000**

```
 32010 : 15 = 2134
-30
 20
-15
 51
-45
 60
-60
  0
```

d) $86\,352 : 21$

Überschlag: **z.B. 80000 : 20 = 4000**

```
 86352 : 21 = 4112
-84
 23
-21
 25
-21
 42
-42
  0
```

2 Dividiere mit Rest.

a) $25\,407 : 7$

```
 25407 : 7 = 3629 R 4
-21
 44
-42
 20
-14
 67
-63
  4
```

b) $68\,469 : 22$

```
 68469 : 22 = 3112 R 5
-66
 24
-22
 26
-22
 49
-44
  5
```

Arbeitsblatt
Mathematik

Natürliche Zahlen

Schriftliche Division (Niveau 2)

1 Überschlage zuerst und berechne anschließend schriftlich.

a) 15 672 : 24

Überschlag: _____

b) 28 795 : 65

Überschlag: _____

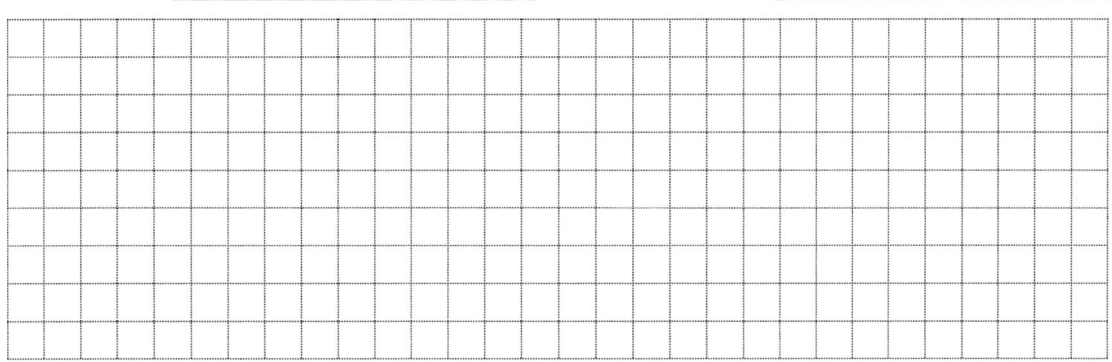

c) 44 100 : 45

Überschlag: _____

d) 104 144 : 16

Überschlag: _____

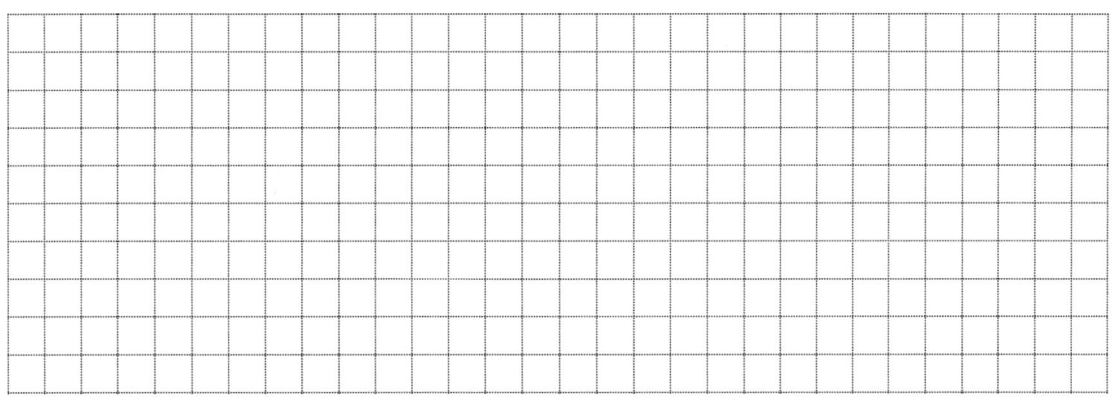

2 Dividiere mit Rest.

a) 51 116 : 36

b) 83 660 : 99

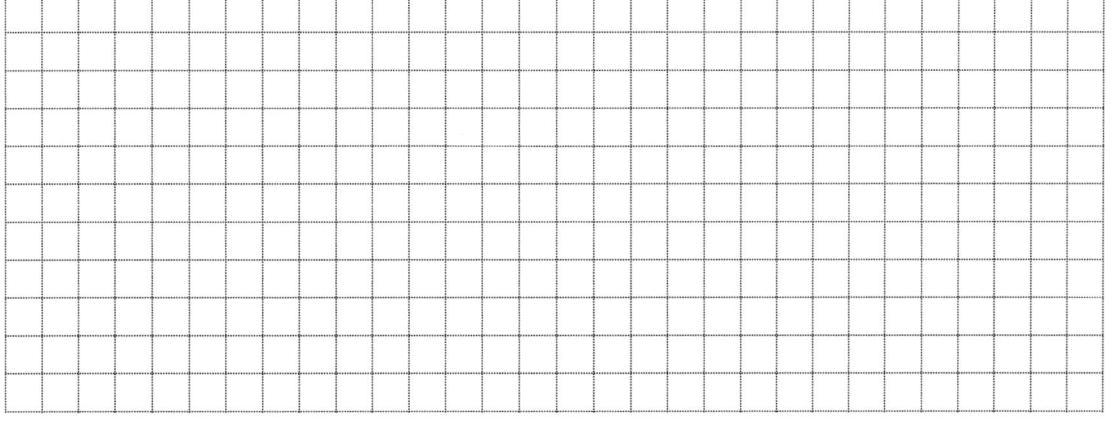

Natürliche Zahlen

Schriftliche Division (Niveau 2)

1 Überschlage zuerst und berechne anschließend schriftlich.

a) $15\,672 : 24$

Überschlag: **z.B.: 15 000 : 25 = 600**

```
15672 : 24 = 653
-144
 127
-120
  72
 -72
   0
```

b) $28\,795 : 65$

Überschlag: **z.B. 28 000 : 70 = 400**

```
28795 : 65 = 443
-260
 279
-260
 195
-195
   0
```

c) $44\,100 : 45$

Überschlag: **z.B.: 44 000 : 44 = 1000**

```
44100 : 45 = 980
-405
 360
-360
  00
 - 0
   0
```

d) $104\,144 : 16$

Überschlag: **z.B. 100 000 : 20 = 5000**

```
104144 : 16 = 6509
 -96
  81
 -80
  14
 - 0
 144
-144
   0
```

2 Dividiere mit Rest.

a) $51\,116 : 36$

```
51116 : 36 = 1419 R 32
-36
 151
-144
  71
 -36
 356
-324
  32
```

b) $83\,660 : 99$

```
83660 : 99 = 845 R 5
-792
 446
-396
 500
-495
   5
```

Cornelsen

Name:		
Klasse:	Datum:	

Rechnen mit natürlichen Zahlen

Schriftliche Division mit Lücken (Niveau 1)

Ergänze die fehlenden Zahlen so, dass die Aufgaben stimmen.

a)

	1	8	7	2	:	1	2	−						
−	1	2												
		6												
	−													
			7	2										
		−												

b)

	3	0	2	4	:	1		=	2		6			
−	2	8												
		2												
	−	1	4											
		−												

c)

			8	6	:		2	=	2					
−	4	4												
		2	8											
	−													
	−													
			0											

Rechnen mit natürlichen Zahlen

Schriftliche Division mit Lücken (Niveau 1)

Ergänze die fehlenden Zahlen so, dass die Aufgaben stimmen.

a)

	1	8	7	2	:	1	2	=	**1**	**5**	**6**
−	1	2									
		6	**7**								
	−	**6**	**0**								
			7	2							
		−	**7**	**2**							
				0							

b)

	3	0	2	4	:	1	**4**	=	2	**1**	6
−	2	8									
		2	**2**								
	−	1	4								
			8	**4**							
		−	**8**	**4**							
				0							

c)

	4	**6**	8	6	:	**2**	2	=	2	**1**	**3**
−	4	4									
		2	8								
	−	**2**	**2**								
			6	**6**							
		−	**6**	**6**							
				0							

Cornelsen

Rechnen mit natürlichen Zahlen

Schriftliche Division mit Lücken (Niveau 2)

Ergänze die fehlenden Zahlen so, dass die Aufgaben stimmen.

a)

	3		6		:	1	3	=		3			
−	2	6											
		4											
	−												
			7	8									
		−											

b)

		6		2	:	1		=	1		6		
−													
		9	5										
	−	8	5										
	−												

c)

			7	0	1	:	2	3	=	9			
−													
		2	0										
	−												
	−												

Rechnen mit natürlichen Zahlen

Schriftliche Division mit Lücken (Niveau 2)

Ergänze die fehlenden Zahlen so, dass die Aufgaben stimmen.

a)

```
  3 0 6 8 : 1 3 = 2 3 6
- 2 6
  4 6
- 3 9
    7 8
  - 7 8
      0
```

b)

```
  2 6 5 2 : 1 7 = 1 5 6
- 1 7
    9 5
  - 8 5
    1 0 2
  - 1 0 2
        0
```

c)

```
  2 2 7 0 1 : 2 3 = 9 8 7
- 2 0 7
    2 0 0
  - 1 8 4
      1 6 1
    - 1 6 1
          0
```

Cornelsen

Rechnen mit natürlichen Zahlen

Klammern, Punkt und Strich (Niveau 1)

1 Berechne schrittweise im Kopf.
Beachte dabei alle Rechenregeln.

a) $15 + 5 \cdot 14 : (10 - 5) = \underline{29}$

$15 + 70 : 5$

$15 + 14 = 29$

b) $10 + 6 \cdot 3 : (10 - 1) =$ _____

c) $30 : (15 - 10) =$ _____

d) $21 : 7 - 2 =$ _____

e) $20 - 18 : 6 =$ _____

f) $(8 - 3) : (1 + 4) =$ _____

g) $50 - (13 + 17) =$ _____

h) $25 : (10 - 5) \cdot 2 =$ _____

i) $30 - 60 : 20 + 3 =$ _____

j) $(8 - 2) \cdot (2 + 3) =$ _____

k) $3 \cdot 4 - (5 + 2) =$ _____

l) $100 : (3 + 8 + 9) =$ _____

Rechnen mit natürlichen Zahlen

Klammern, Punkt und Strich (Niveau 1)

1 Berechne schrittweise im Kopf.
Beachte dabei alle Rechenregeln.

a) $15 + 5 \cdot 14 : (10 - 5) =$ <u>29</u>

$15 + 70 : 5$

$15 + 14 = 29$

b) $10 + 6 \cdot 3 : (10 - 1) =$ **12**

10 + 18 : 9

10 + 2 = 12

c) $30 : (15 - 10) =$ **6**

30 : 5 = 6

d) $21 : 7 - 2 =$ **1**

3 - 2 = 1

e) $20 - 18 : 6 =$ **17**

20 - 3 = 17

f) $(8 - 3) : (1 + 4) =$ **1**

5 : 5 = 1

g) $50 - (13 + 17) =$ **20**

50 - 30 = 20

h) $25 : (10 - 5) \cdot 2 =$ **10**

25 : 5 · 2

5 · 2 = 10

i) $30 - 60 : 20 + 3 =$ **30**

30 - 3 + 3

27 + 3 = 30

j) $(8 - 2) \cdot (2 + 3) =$ **30**

6 · 5 = 30

k) $3 \cdot 4 - (5 + 2) =$ **5**

12 - 7 = 5

l) $100 : (3 + 8 + 9) =$ **5**

100 : 20 = 5

Cornelsen

Rechnen mit natürlichen Zahlen

Klammern, Punkt und Strich (Niveau 2)

1 Berechne schrittweise im Kopf.
Beachte dabei alle Rechenregeln.

a) $15 + 5 \cdot 14 : (10 - 5) =$ _____

b) $15 + 5 \cdot 14 : 10 - 5 =$ _____

c) $63 : (9 - 2) \cdot 3 =$ _____

d) $63 : 9 - 2 \cdot 3 =$ _____

e) $90 - 18 : 6 + 3 =$ _____

f) $(90 - 18) : (6 + 3) =$ _____

g) $5086 - (196 + 106 \cdot 2) =$ _____

h) $(5086 - 186 + 104) \cdot 2 =$ _____

i) $7200 - 6309 : 3 + 6 =$ _____

j) $(7200 - 6309) : (3 + 6) =$ _____

k) $1248 : 12 - (46 + 58) =$ _____

l) $1248 : (12 - 46 + 58) =$ _____

Rechnen mit natürlichen Zahlen

Klammern, Punkt und Strich (Niveau 2)

1 Berechne schrittweise im Kopf.
Beachte dabei alle Rechenregeln.

a) $15 + 5 \cdot 14 : (10 - 5) =$ **29**

15 + 70 : 5

15 + 14 = 29

b) $15 + 5 \cdot 14 : 10 - 5 =$ **17**

15 + 70 : 10 – 5

15 + 7 – 5 = 17

c) $63 : (9 - 2) \cdot 3 =$ **27**

63 : 7·3

9·3 = 27

d) $63 : 9 - 2 \cdot 3 =$ **1**

7 – 6 = 1

e) $90 - 18 : 6 + 3 =$ **90**

90 – 3 + 3 = 90

f) $(90 - 18) : (6 + 3) =$ **8**

72 : 9 = 8

g) $5086 - (196 + 106 \cdot 2) =$ **4678**

5086 – (196 + 212)

5086 – 408 = 4678

h) $(5086 - 186 + 104) \cdot 2 =$ **10 008**

(4900 + 104)·2

5004·2 = 10 008

i) $7200 - 6309 : 3 + 6 =$ **5103**

7200 – 2103 + 6

5097 + 6 = 5103

j) $(7200 - 6309) : (3 + 6) =$ **99**

891 : 9 = 99

k) $1248 : 12 - (46 + 58) =$ **0**

104 – 104 = 0

l) $1248 : (12 - 46 + 58) =$ **52**

1248 : (70 – 46)

1248 : 24 = 52

Cornelsen

Name:	
Klasse:	Datum:

Geometrische Grundbegriffe

Zeichnen im Koordinatensystem (Niveau 1)

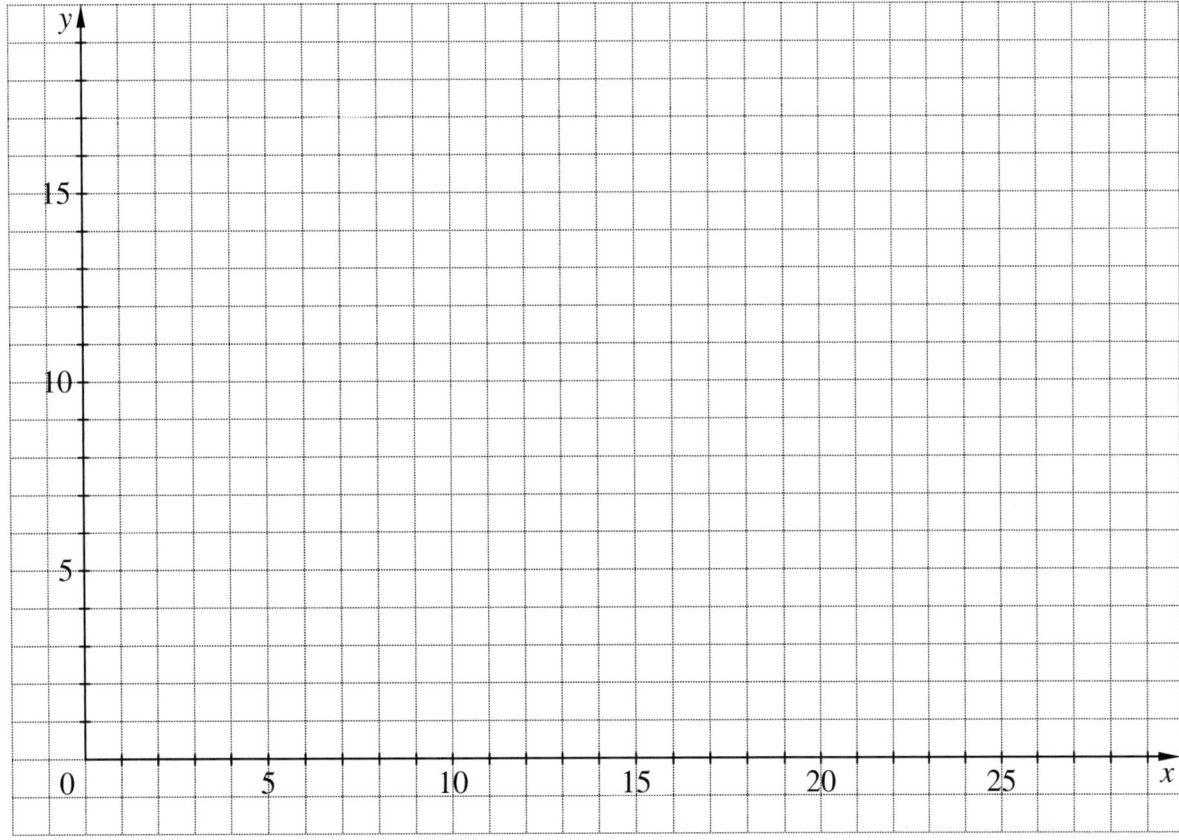

1 Trage folgende Punkte in das Koordinatensystem ein.

$A\,(0\mid0)$; $B\,(0\mid10)$; $C\,(5\mid15)$; $D\,(10\mid10)$;
$E\,(10\mid8)$; $F\,(15\mid8)$; $G\,(5\mid0)$

2 Verbinde die Punkte aus Aufgabe 1 der Reihe nach.

3 Trage jeweils die Punkte in das Koordinatensystem ein und verbinde sie.

a) $H\,(2\mid0)$; $I\,(2\mid5)$; $J\,(5\mid5)$; $K\,(5\mid0)$ und verbinde J mit G

b) $L\,(2\mid7)$; $M\,(2\mid10)$; $N\,(4\mid10)$; $O\,(4\mid7)$ und verbinde K mit N

4 Zeichne ein weiteres Fenster ein und gib die Koordinaten ihrer Ecken an.

_____

_____

_____

_____

Geometrische Grundbegriffe

Zeichnen im Koordinatensystem (Niveau 1)

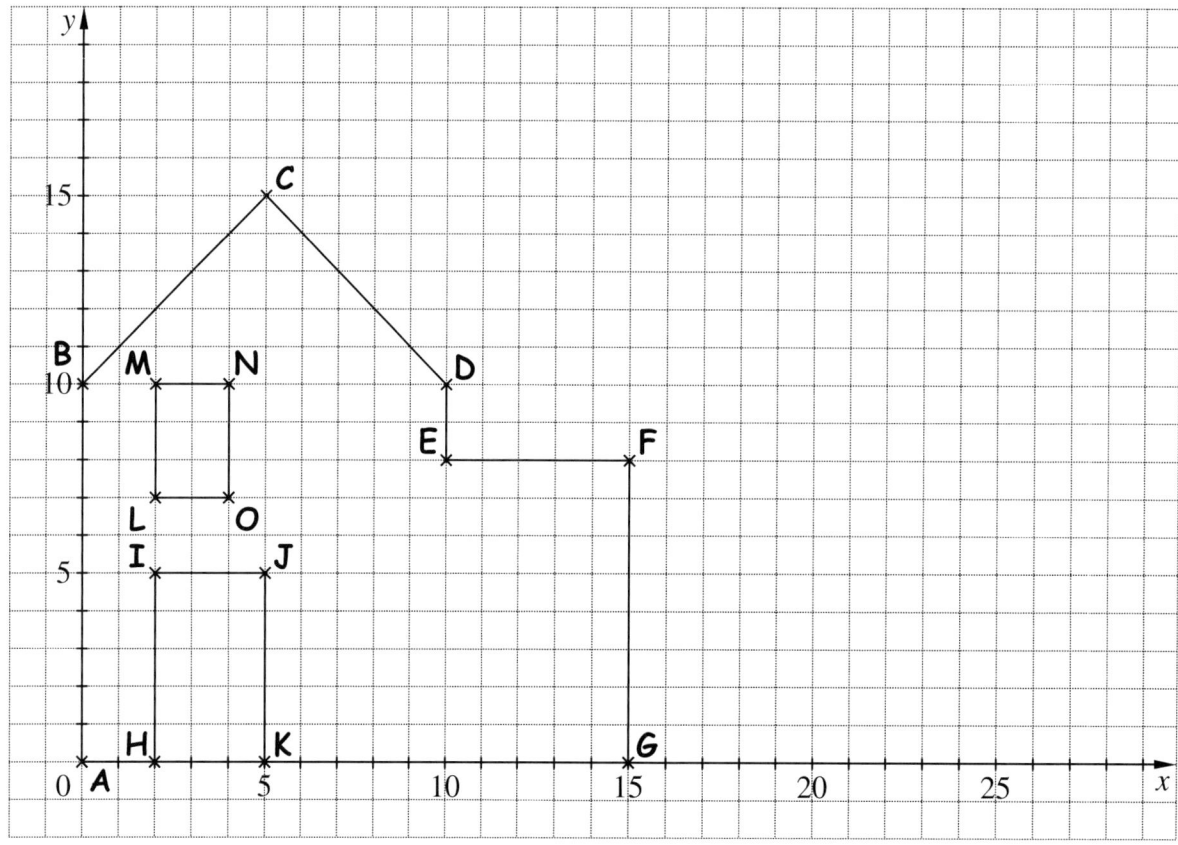

1 Trage folgende Punkte in das Koordinatensystem ein.

$A\,(0 \mid 0)$; $B\,(0 \mid 10)$; $C\,(5 \mid 15)$; $D\,(10 \mid 10)$;

$E\,(10 \mid 8)$; $F\,(15 \mid 8)$; $G\,(15 \mid 0)$

2 Verbinde die Punkte aus Aufgabe 1 der Reihe nach.

3 Trage jeweils die Punkte in das Koordinatensystem ein und verbinde sie.

a) $H\,(2 \mid 0)$; $I\,(2 \mid 5)$; $J\,(5 \mid 5)$; $K\,(5 \mid 0)$ und verbinde K mit H

b) $L\,(2 \mid 7)$; $M\,(2 \mid 10)$; $N\,(4 \mid 10)$; $O\,(4 \mid 7)$ und verbinde O mit L

4 Zeichne ein weiteres Fenster ein und gib die Koordinaten ihrer Ecken an.

individuelle Lösung

Geometrische Grundbegriffe

Zeichnen im Koordinatensystem (Niveau 2)

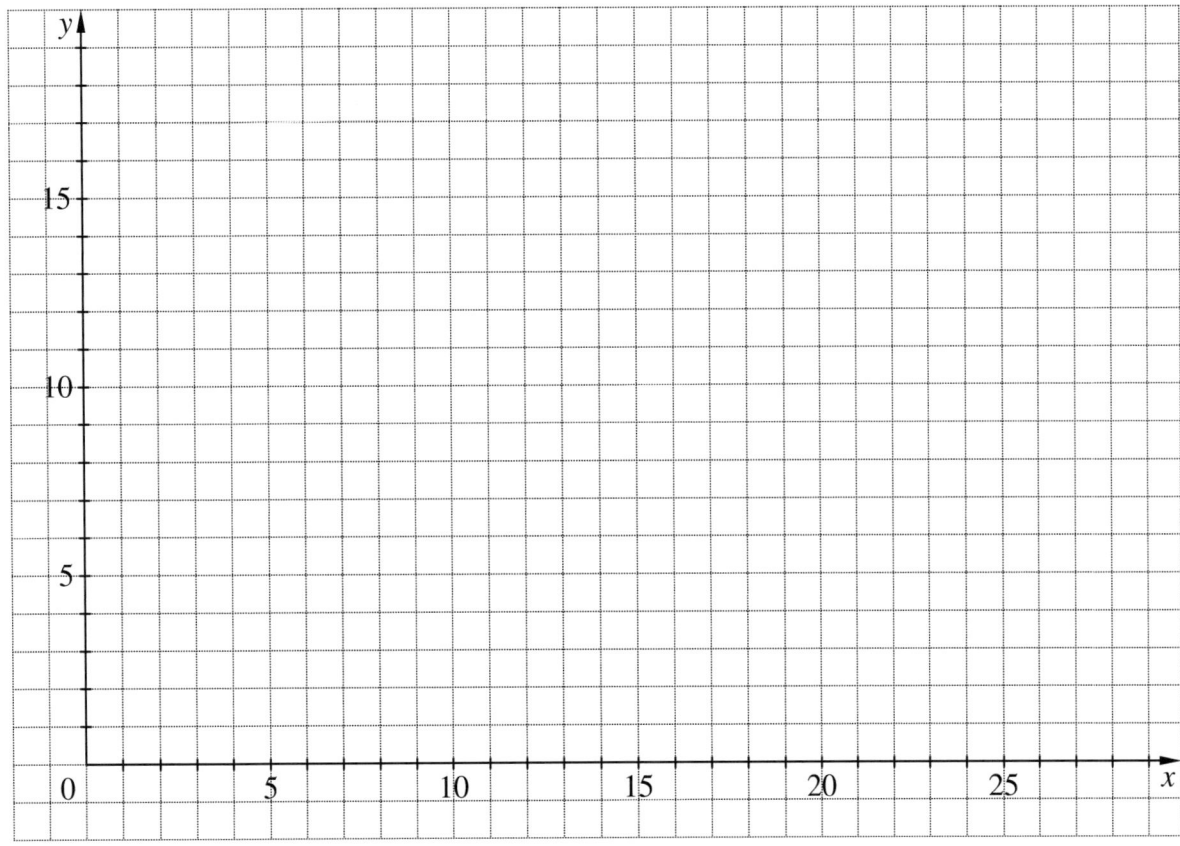

1 Trage folgende Punkte in das Koordinatensystem ein.

$A\,(0\mid 0)$; $B\,(0\mid 4)$; $C\,(4\mid 7)$; $D\,(4\mid 13)$; $E\,(6\mid 19)$;
$F\,(8\mid 13)$; $G\,(8\mid 10)$; $H\,(26\mid 10)$; $I\,(29\mid 8)$; $J\,(29\mid 0)$

2 Verbinde die Punkte aus Aufgabe 1 der Reihe nach.

3 Trage jeweils die Punkte in das Koordinatensystem ein und verbinde sie.

a) $K\,(9\mid 8)$; $L\,(11\mid 8)$; $M\,(11\mid 3)$; $N\,(9\mid 3)$ und verbinde N mit K

b) $O\,(7\mid 13)$; $P\,(6\mid 13)$; $Q\,(6\mid 12)$; $R\,(7\mid 12)$ und verbinde R mit O

4 Zeichne zwei weitere Kirchenfenster ein und gib die Koordinaten ihrer Ecken an.

_____

_____

_____

_____

Geometrische Grundbegriffe

Zeichnen im Koordinatensystem (Niveau 2)

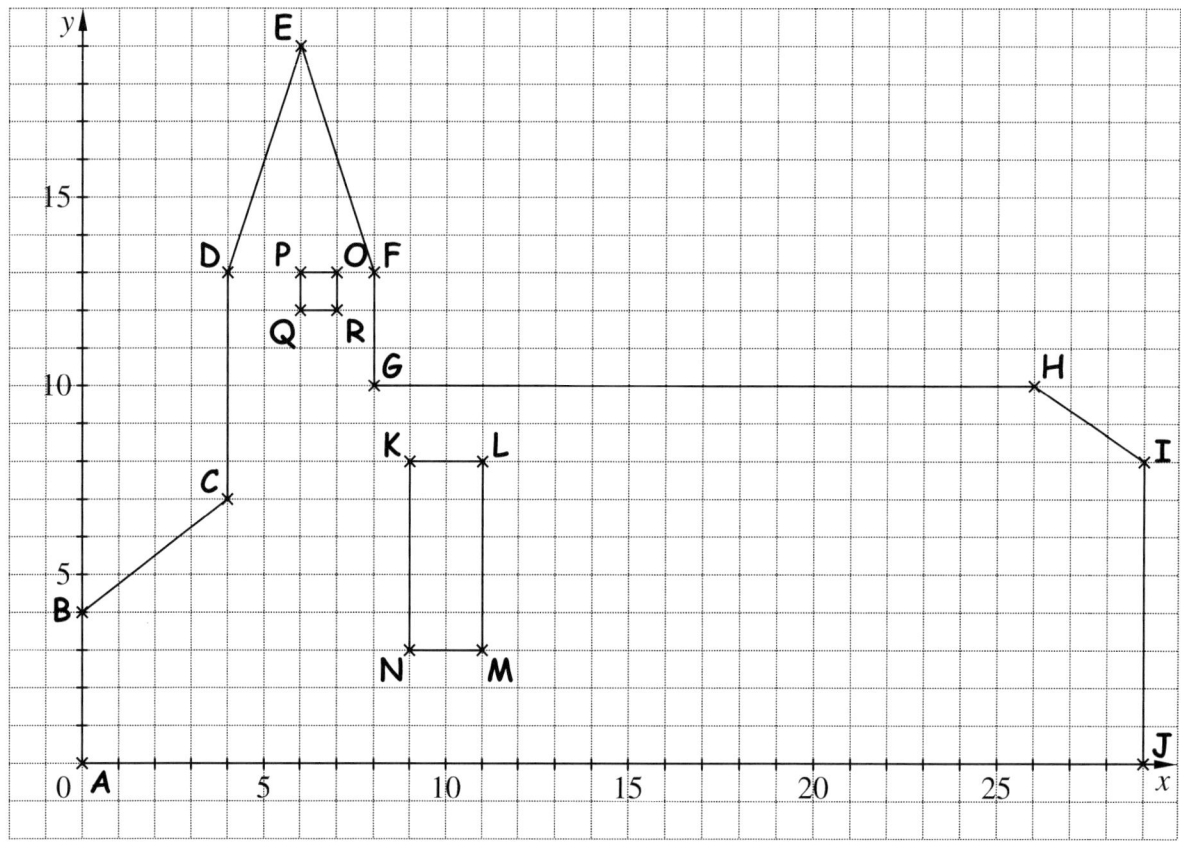

1 Trage folgende Punkte in das Koordinatensystem ein.

A (0 | 0); $\quad$ B (0 | 4); $\quad$ C (4 | 7); $\quad$ D (4 | 13); $\quad$ E (6 | 19);

F (8 | 13); $\quad$ G (8 | 10); $\quad$ H (26 | 10); $\quad$ I (29 | 8); $\quad$ J (29 | 0)

2 Verbinde die Punkte aus Aufgabe 1 der Reihe nach.

3 Trage jeweils die Punkte in das Koordinatensystem ein und verbinde sie.

a) K (9 | 8); $\quad$ L (11 | 8); $\quad$ M (11 | 3); $\quad$ N (9 | 3) $\quad$ und verbinde N mit K

b) O (7 | 13); $\quad$ P (6 | 13); $\quad$ Q (6 | 12); $\quad$ R (7 | 12) $\quad$ und verbinde R mit O

4 Zeichne zwei weitere Kirchenfenster ein und gib die Koordinaten ihrer Ecken an.

individuelle Lösung

_____

_____

_____

_____

Name:		
Klasse:	Datum:	

Geometrische Grundbegriffe

Parallele Geraden

1 Miss den Abstand zwischen den Parallelen und fülle die Tabelle aus.

zwischen	Abstand
g und h	mm
m und n	cm

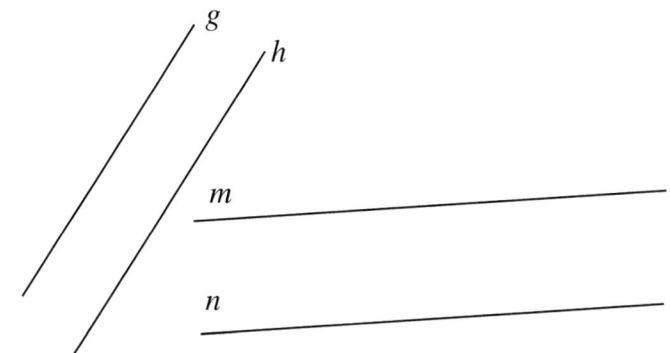

2 Zeichne die Parallele zur Geraden g durch den Punkt P.

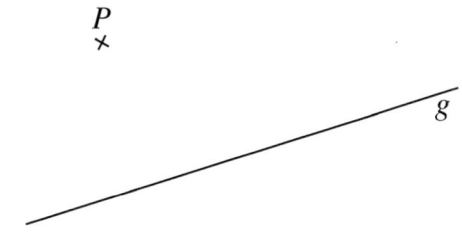

3 Färbe zueinander parallele Geraden mit der gleichen Farbe ein.

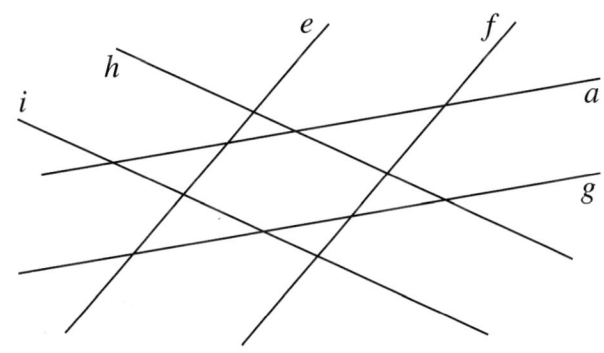

4 Zeichne oberhalb der Geraden g und unterhalb der Geraden h jeweils 4 Parallelen durch die Striche.
Male die Vierecke zu einem Muster aus.

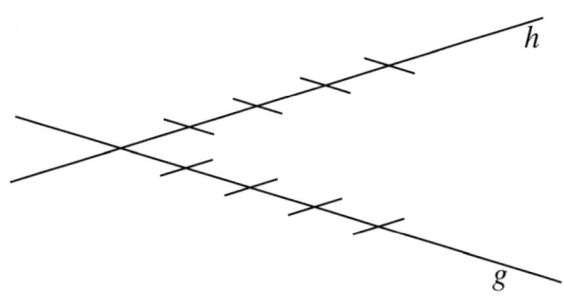

Cornelsen

Geometrische Grundbegriffe

Parallele Geraden

1 Miss den Abstand zwischen den Parallelen und fülle die Tabelle aus.

zwischen	Abstand
g und h	**10** mm
m und n	**1,5** cm

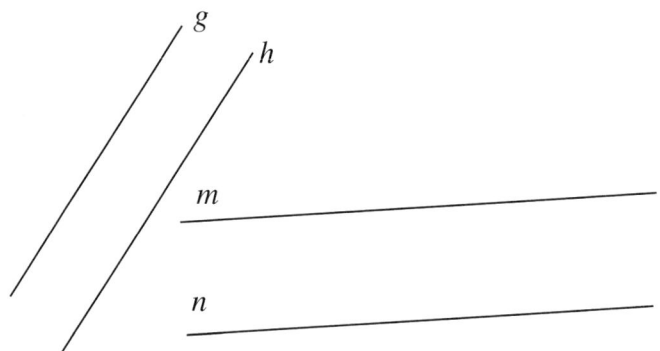

2 Zeichne die Parallelen zur Geraden g durch den Punkt P.

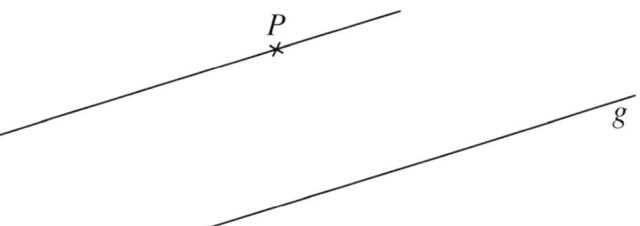

3 Färbe zueinander parallele Geraden mit der gleichen Farbe ein.

**e und f sind parallel;
h und i sind parallel;
g und a sind parallel**

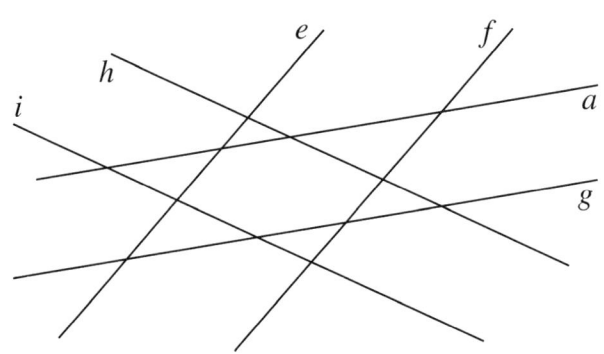

4 Zeichne oberhalb der Geraden g und unterhalb der Geraden h jeweils 4 Parallelen durch die Striche.
Male die Vierecke zu einem Muster aus.

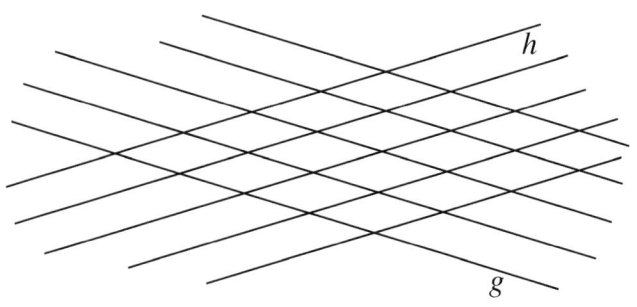

Geometrische Grundbegriffe

Senkrechte Geraden

1 Zeichne zu jeder Geraden eine senkrechte Gerade.

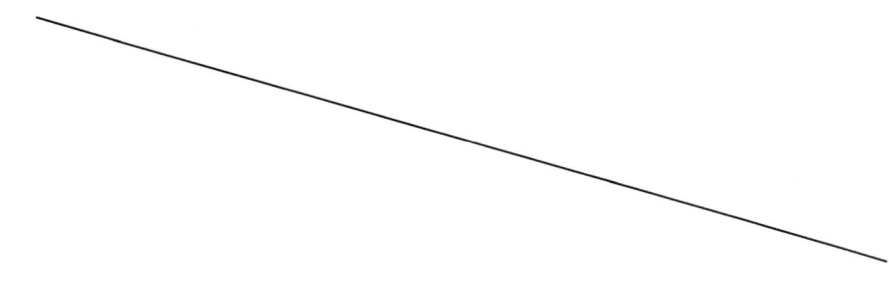

2 Zeichne zu den Geraden g und h jeweils 6 Senkrechte durch die markierten Stellen.

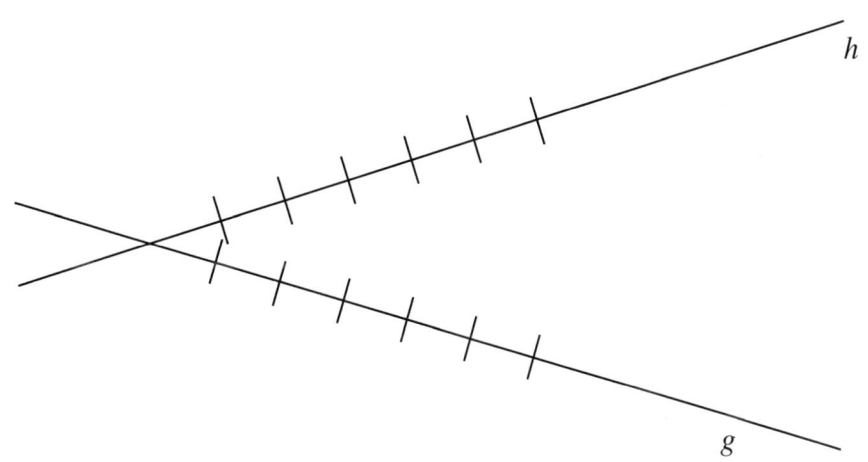

3 Zeichne zu den beiden Geraden jeweils eine senkrechte Gerade durch den Punkt Q.

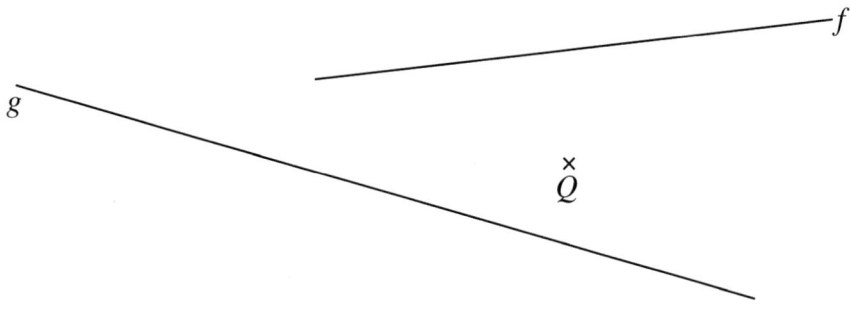

Geometrische Grundbegriffe

Senkrechte Geraden

1 Zeichne zu jeder Geraden eine senkrechte Gerade.

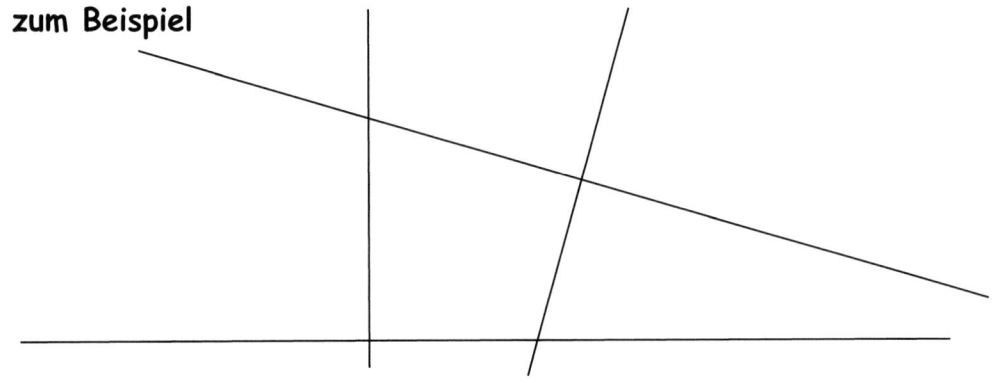

2 Zeichne zu den Geraden *g* und *h* jeweils 6 Senkrechte durch die markierten Stellen.

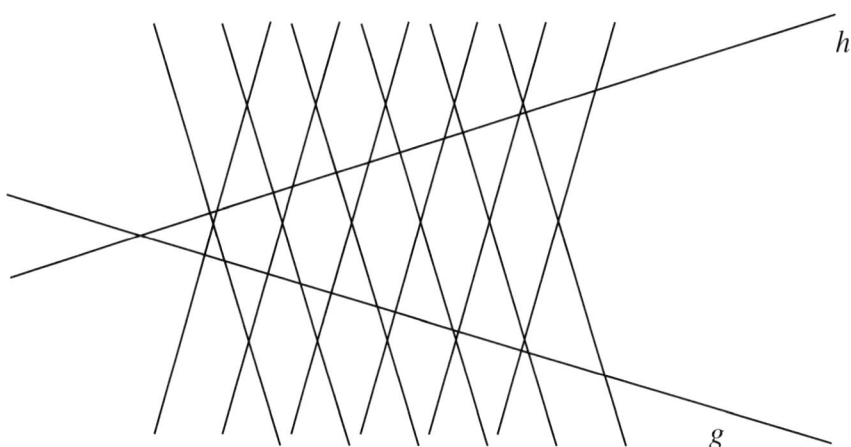

3 Zeichne zu den beiden Geraden jeweils eine senkrechte Gerade durch den Punkt *Q*.

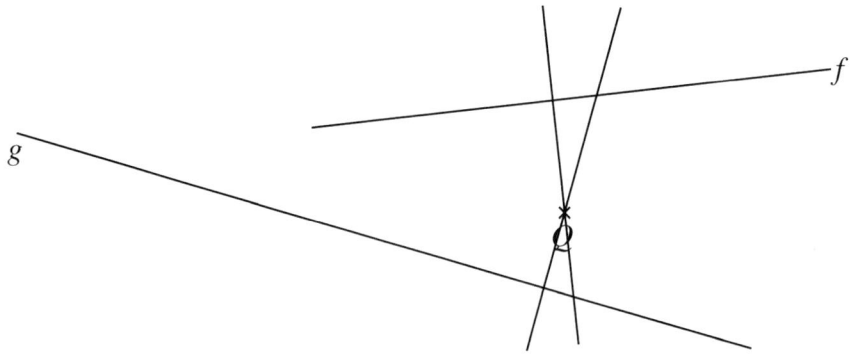

Geometrische Grundbegriffe

Viereck im Koordinatensystem ergänzen (Niveau 1)

Beschrifte das Koordinatensystem. Trage die Punkte (6 | 9) und (6 | 1) in das Koordinatensystem ein.

Finde für jede der Teilaufgaben zwei weitere Punkte, mit denen ein entsprechendes Viereck *ABCD* entsteht.

Zeichne die Vierecke mit verschiedenen Farben in das Koordinatensystem und gib jeweils die Koordinaten aller Punkte an.

a) Rechteck *A* (___ | ___)
        B (___ | ___)
        C (___ | ___)
        D (___ | ___)

b) Rechteck *A* (___ | ___)
        B (___ | ___)
        C (___ | ___)
        D (___ | ___)

c) Quadrat *A* (___ | ___)
        B (___ | ___)
        C (___ | ___)
        D (___ | ___)

d) Quadrat *A* (___ | ___)
        B (___ | ___)
        C (___ | ___)
        D (___ | ___)

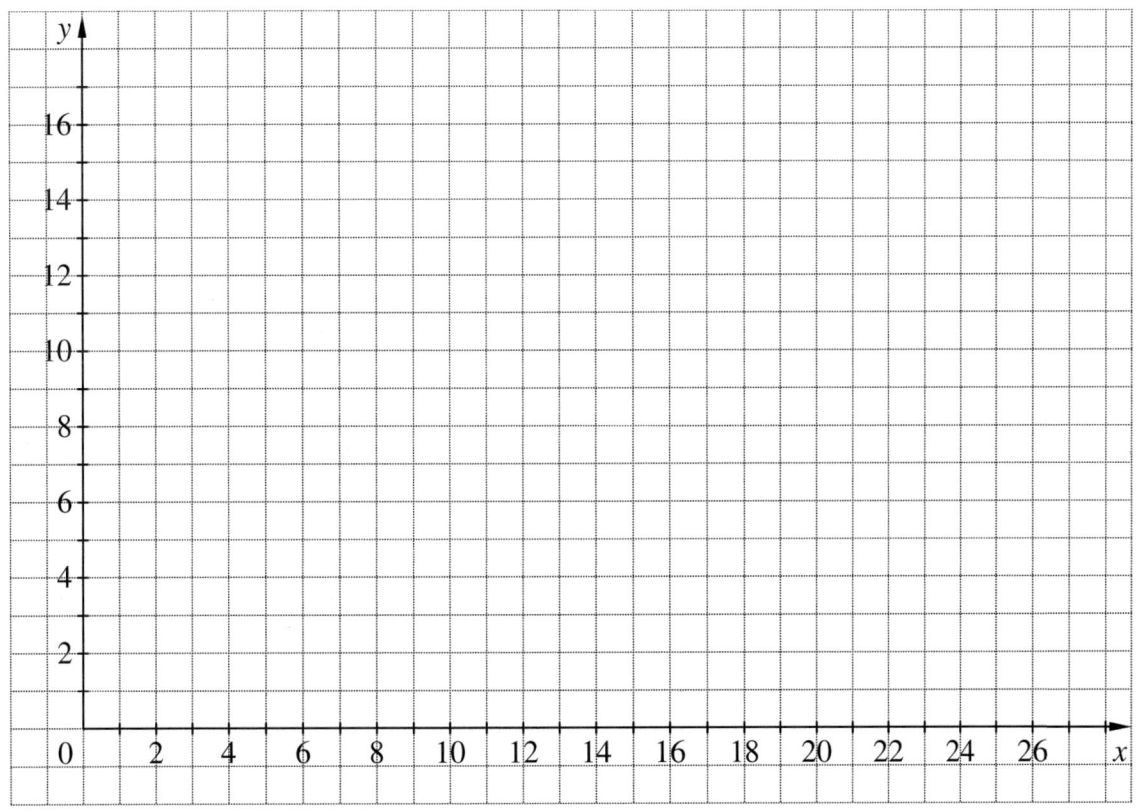

Geometrische Grundbegriffe

Vierecke im Koordinatensystem ergänzen (Niveau 1)

Beschrifte das Koordinatensystem. Trage die Punkte (6 | 9) und (6 | 1) in das Koordinatensystem ein.

Finde für jede der Teilaufgaben zwei weitere Punkte, mit denen ein entsprechendes Viereck *ABCD* entsteht.

Zeichne die Vierecke mit verschiedenen Farben in das Koordinatensystem und gib jeweils die Koordinaten aller Punkte an.

a) Rechteck A (__6__ | __1__)
    z.B. B (__9__ | __1__)
               C (__9__ | __9__)
               D (__6__ | __9__)

b) Rechteck A (__1__ | __1__)
    z.B. B (__6__ | __1__)
               C (__6__ | __9__)
               D (__1__ | __9__)

c) Quadrat A (__6__ | __1__)
               B (__10__ | __5__)
               C (__6__ | __9__)
               D (__2__ | __5__)

d) Quadrat A (__6__ | __1__)
               B (__14__ | __1__)
               C (__14__ | __9__)
               D (__6__ | __9__)

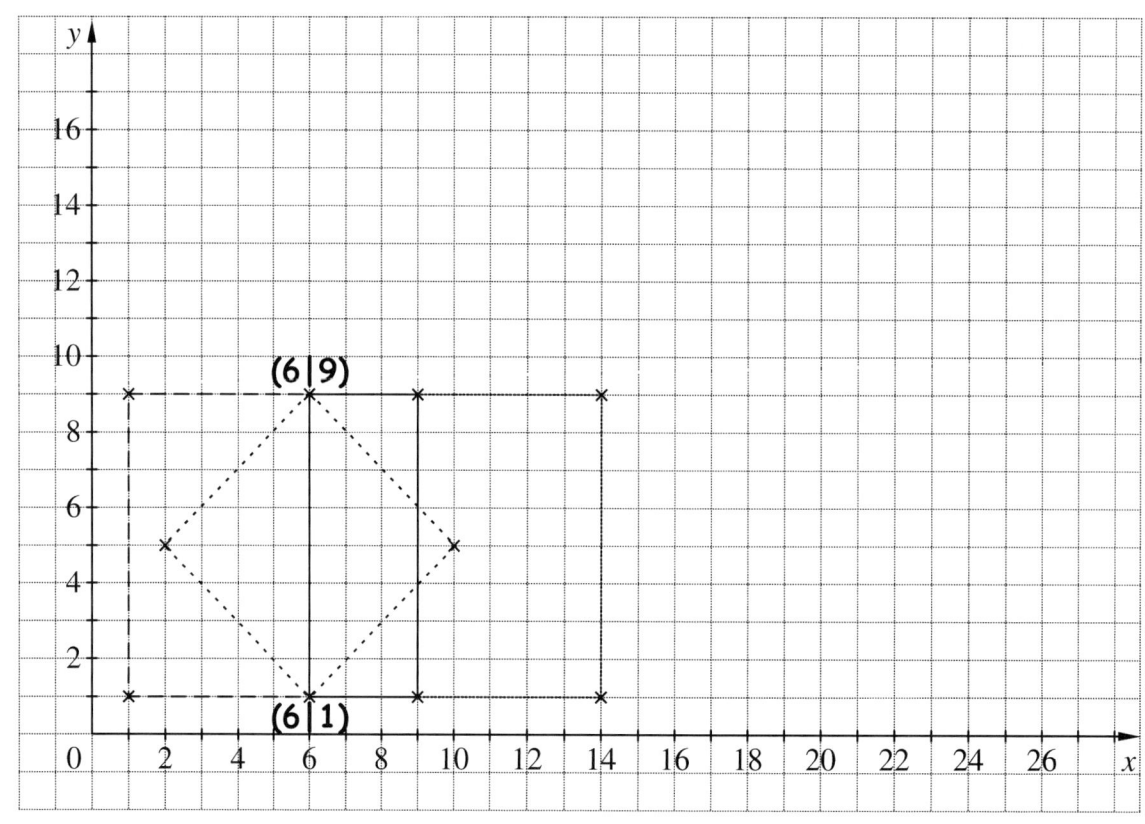

Geometrische Grundbegriffe

Vierecke im Koordinatensystem ergänzen (Niveau 2)

Beschrifte das Koordinatensystem. Trage die Punkte (6 | 9) und (6 | 1) in das Koordinatensystem ein.

Finde für jede der Teilaufgaben zwei weitere Punkte, mit denen ein entsprechendes Viereck *ABCD* entsteht.

Zeichne die Vierecke mit verschiedenen Farben in das Koordinatensystem und gib jeweils die Koordinaten aller Punkte an.

a) Rechteck   *A* (___ | ___)
                B (___ | ___)
                C (___ | ___)
                D (___ | ___)

b) Quadrat   *A* (___ | ___)
                B (___ | ___)
                C (___ | ___)
                D (___ | ___)

c) Parallelogramm   *A* (___ | ___)
                B (___ | ___)
                C (___ | ___)
                D (___ | ___)

d) Raute   *A* (___ | ___)
                B (___ | ___)
                C (___ | ___)
                D (___ | ___)

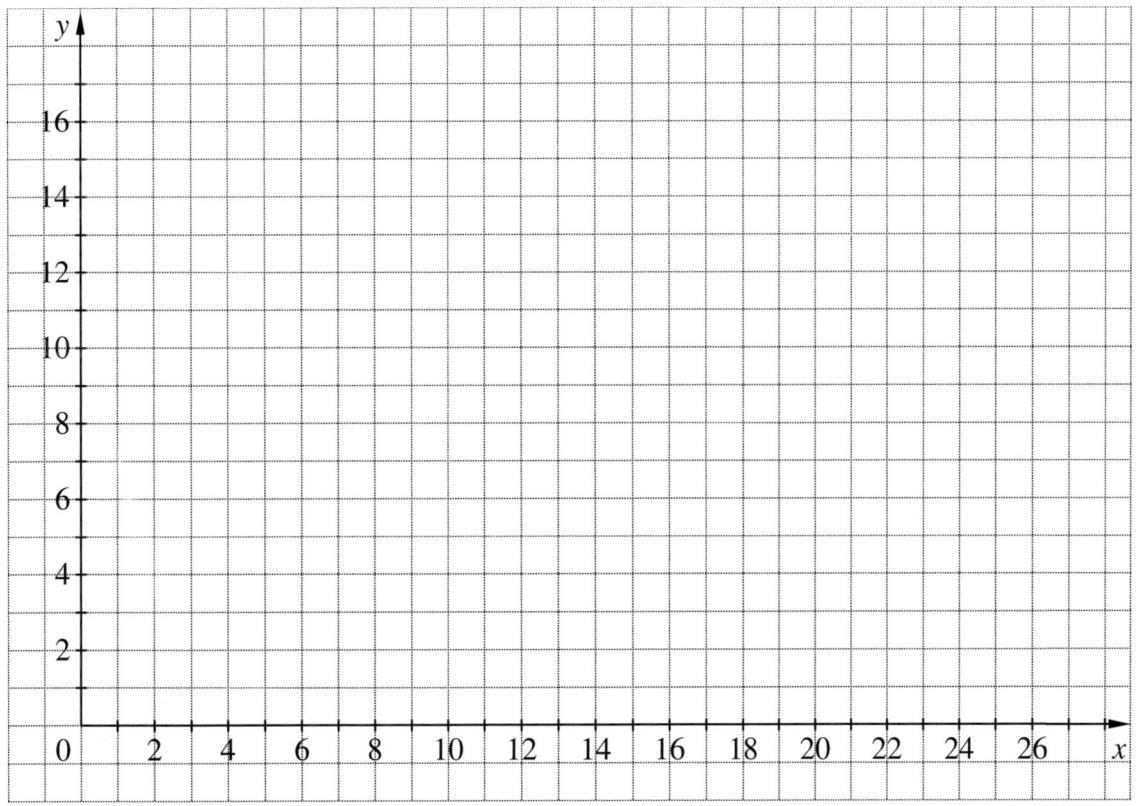

Geometrische Grundbegriffe

Vierecke im Koordinatensystem ergänzen (Niveau 2)

Beschrifte das Koordinatensystem. Trage die Punkte (6 | 9) und (6 | 1) in das Koordinatensystem ein.

Finde für jede der Teilaufgaben zwei weitere Punkte, mit denen ein entsprechendes Viereck *ABCD* entsteht.

Zeichne die Vierecke mit verschiedenen Farben in das Koordinatensystem und gib jeweils die Koordinaten aller Punkte an.

a) Rechteck A (__6__ | __1__)   b) Quadrat A (__6__ | __1__)
   z. B. B (__9__ | __1__)   z. B. B (__10__ | __5__)
              C (__9__ | __9__) C (__6__ | __9__)
              D (__6__ | __9__) D (__2__ | __5__)

c) Parallelogramm A (__6__ | __1__)   d) Raute A (__6__ | __1__)
   z. B. B (__12__ | __2__)   z. B. B (__11__ | __5__)
                   C (__12__ | __10__) C (__6__ | __9__)
                   D (__6__ | __9__) D (__1__ | __5__)

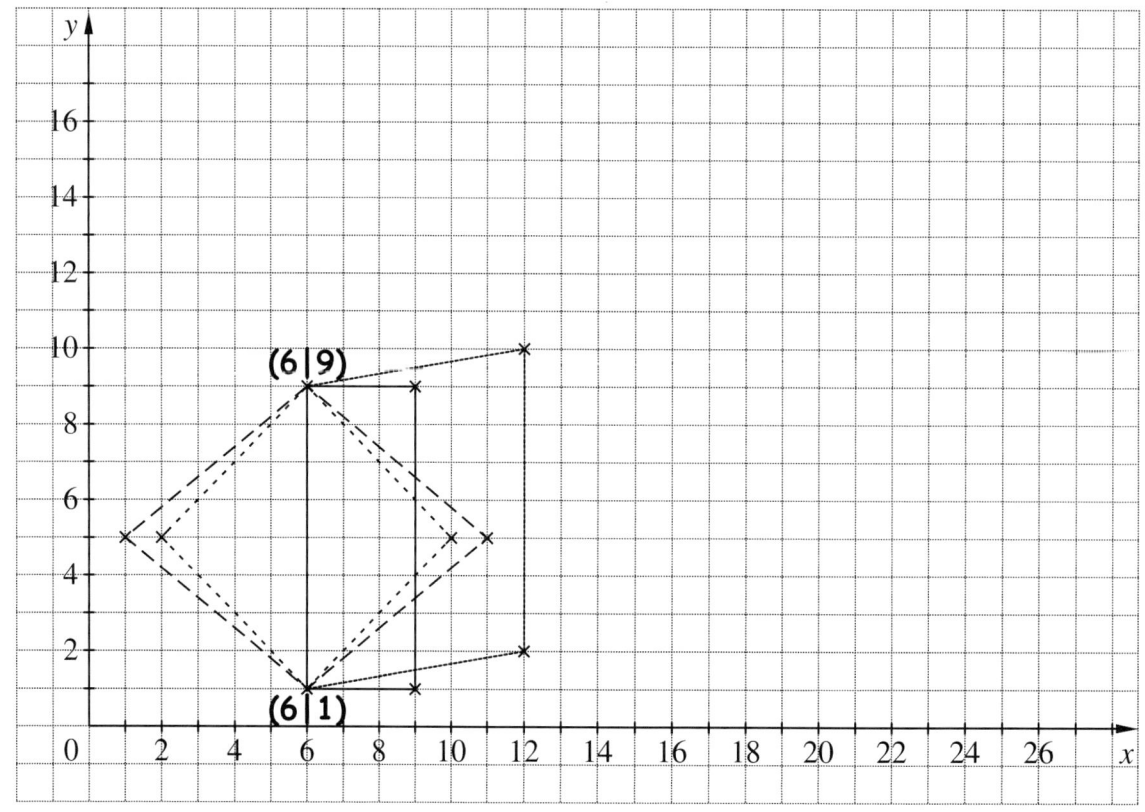

Name:	
Klasse:	Datum:

Brüche

Anteile erkennen und färben (Niveau 1)

1 Welcher Teil der Figur ist gefärbt?
Notiere das Ergebnis unter der Figur.

a) 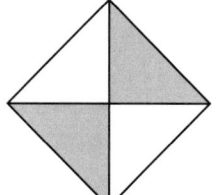   b)    c) 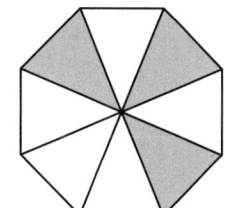   d)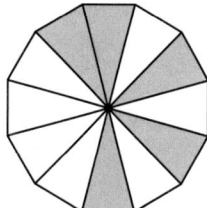

_____   _____   _____   _____

2 Färbe jeweils $\frac{1}{5}$ der Figur blau.

a) 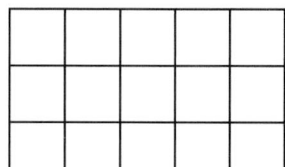   b) 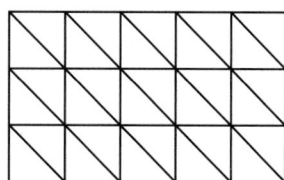   c)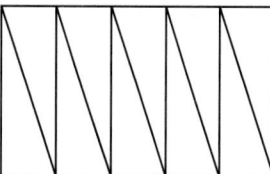

d) 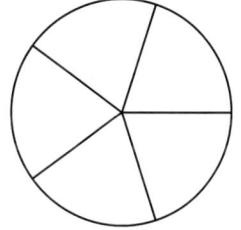   e) 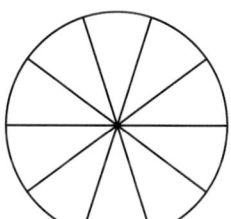   f)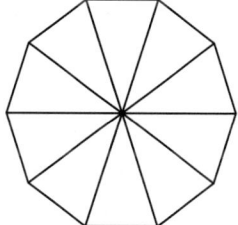

3 Färbe jeweils die Hälfte der Steine blau und ein Viertel der Steine gelb.

a) 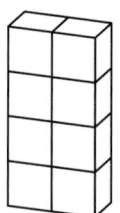   b) 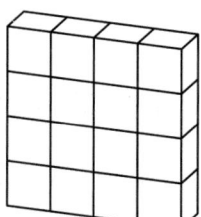   c) 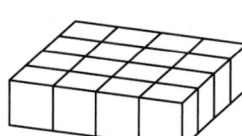   d)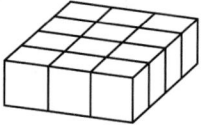

Brüche

Anteile erkennen und färben (Niveau 1)

1 Welcher Teil der Figur ist gefärbt?
Notiere das Ergebnis unter der Figur.

a)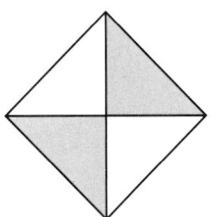

$$\frac{2}{4} = \frac{1}{2}$$

b)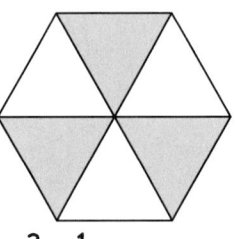

$$\frac{3}{6} = \frac{1}{2}$$

c)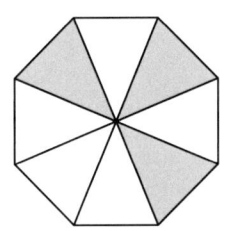

$$\frac{3}{8}$$

d)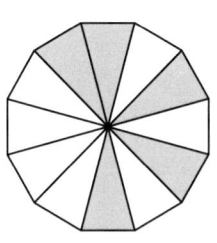

$$\frac{5}{12}$$

2 Färbe jeweils $\frac{1}{5}$ der Figur blau. Lösungen sind beispielhaft.

a)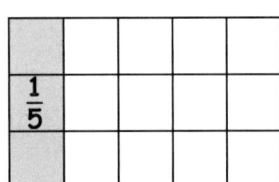

b)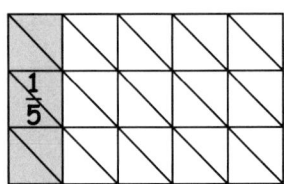

c)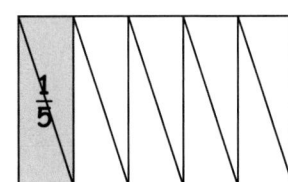

d)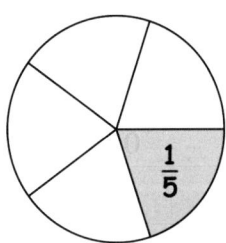

e)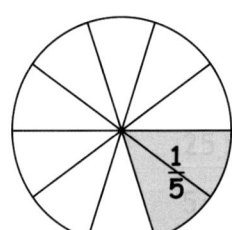

f)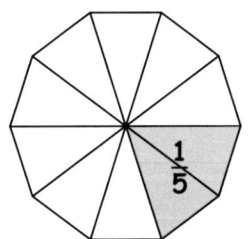

3 Färbe jeweils die Hälfte der Steine blau und ein Viertel der Steine gelb.
Lösungen sind beispielhaft.

a)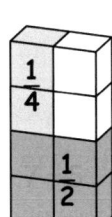

b)

c)

d)

Brüche

Anteile erkennen und färben (Niveau 2)

1 Welcher Teil der Figur ist gefärbt?
Notiere das Ergebnis unter der Figur.

a) 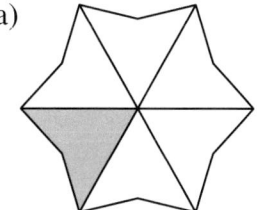 b) 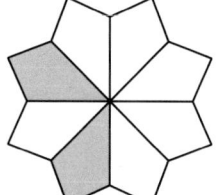 c)  d)

_____ _____ _____ _____

2 Färbe jeweils $\frac{3}{5}$ der Figur blau und $\frac{1}{5}$ in einer anderen Farbe.

a) 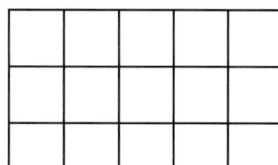 b) 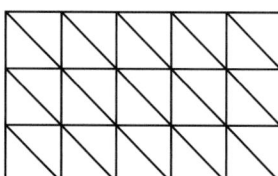 c)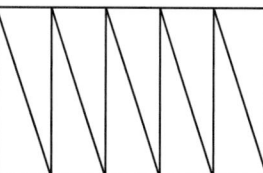

d) 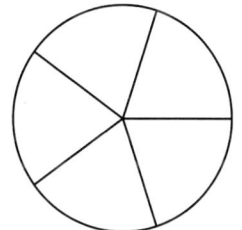 e) 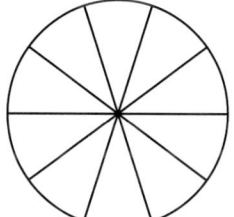 f)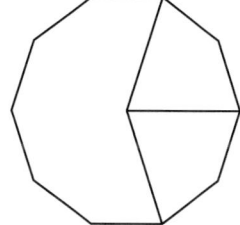

3 Färbe jeweils die Hälfte der Steine blau und ein Viertel der Steine gelb.

a) 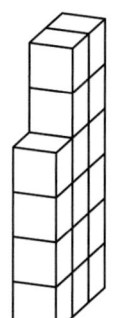 b) 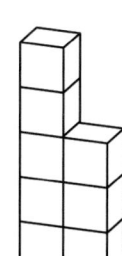 c) 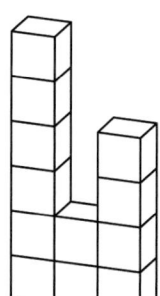 d)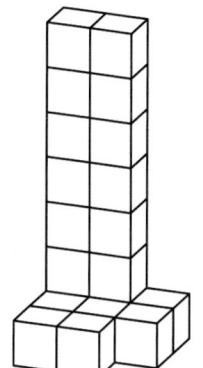

Brüche

Anteile erkennen und färben (Niveau 2)

1 Welcher Teil der Figur ist gefärbt?
Notiere das Ergebnis unter der Figur.

a)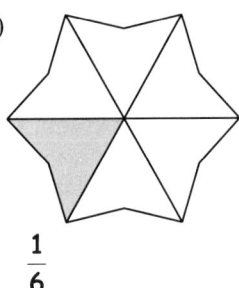

$$\frac{1}{6}$$

b)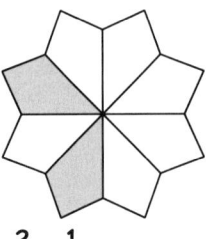

$$\frac{2}{8} = \frac{1}{4}$$

c)

$$\frac{6}{12} = \frac{1}{2}$$

d)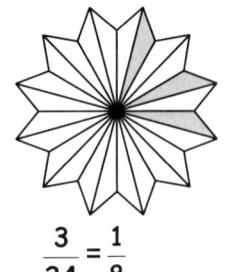

$$\frac{3}{24} = \frac{1}{8}$$

2 Färbe jeweils $\frac{3}{5}$ der Figur blau und $\frac{1}{5}$ in einer anderen Farbe. Lösungen sind beispielhaft.

a)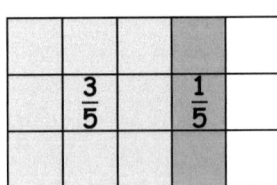

b)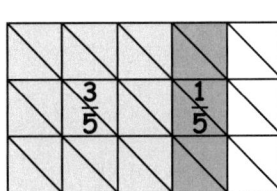

c)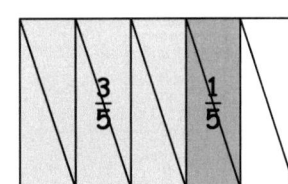

d)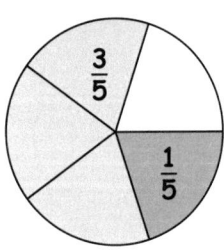

e)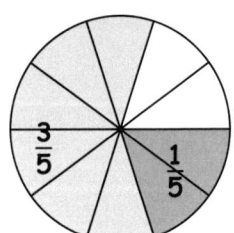

f)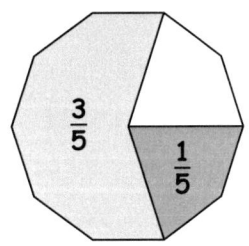

3 Färbe jeweils die Hälfte der Steine blau und ein Viertel der Steine gelb.
Lösungen sind beispielhaft.

a)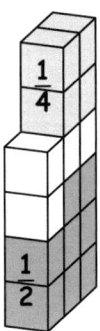

b)

c)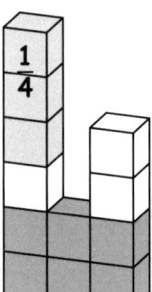

d)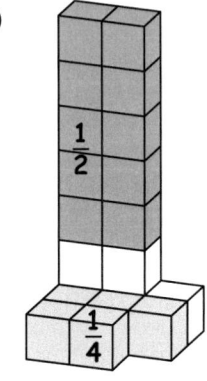

Cornelsen

Brüche

Bruchteile von Größen (Niveau 1)

1 Der Minutenzeiger hat sich gedreht. Wie viel Zeit ist verstrichen?
Gib die Zeit als Bruchteil einer Stunde an.

a) 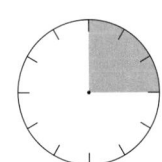 _____

b) 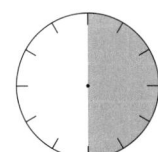 _____

c)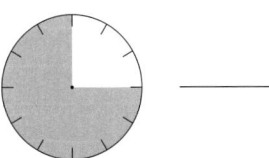

2 Zeichne die neue Zeigerstellung.
Die Stellung des Stundenzeigers muss nur ungefähr stimmen.

a)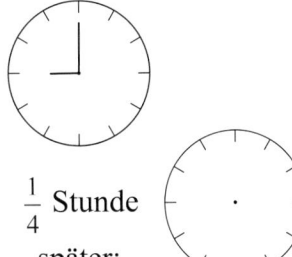
$\frac{1}{4}$ Stunde
später:

b)
$\frac{1}{2}$ Stunde
früher:

c)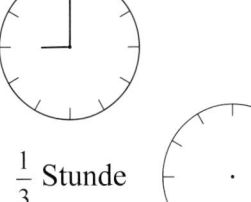
$\frac{1}{3}$ Stunde
später:

3 Ergänze.

a) $\frac{1}{2}$ Jahr = ___ Monate $\frac{1}{3}$ Jahr = ___ Monate $\frac{1}{6}$ Jahr = ___ Monate

12 Monate = ___ Jahr   3 Monate = ___ Jahr   1 Monat = ___ Jahr

b) 1 h = ___ min $\frac{1}{4}$ h = ___ min $\frac{1}{6}$ h = ___ min $\frac{1}{3}$ h = ___ min

30 min = ___ h   45 min = ___ h   5 min = ___ h   1 min = ___ h

4 Wandle um.

a) Berechne den Inhalt eines Gefäßes in ml. Beachte: 1 l = 1000 ml.

$\frac{1}{4}$ l = _____ $\frac{2}{4}$ l = _____ $\frac{3}{4}$ l = _____

$\frac{1}{2}$ l = _____ $\frac{1}{5}$ l = _____ $\frac{1}{1000}$ l = _____

b) Schreibe als Bruchteil in l.

200 ml = _____   400 ml = _____   600 ml = _____

500 ml = _____   250 ml = _____   125 ml = _____

Cornelsen

Brüche

Bruchteile von Größen (Niveau 1)

1 Der Minutenzeiger hat sich gedreht. Wie viel Zeit ist verstrichen?
Gib die Zeit als Bruchteil einer Stunde an.

a) 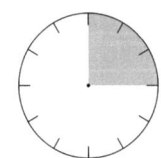 $\frac{1}{4}$ h b) 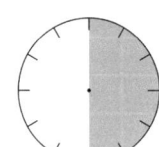 $\frac{1}{2}$ h c) 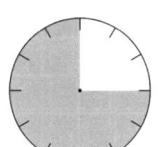 $\frac{3}{4}$ h

2 Zeichne die neue Zeigerstellung.
Die Stellung des Stundenzeigers muss nur ungefähr stimmen.

a) 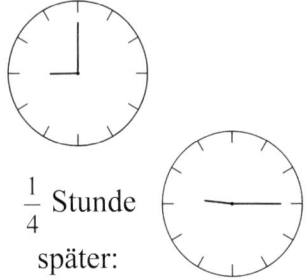 $\frac{1}{4}$ Stunde später:

b)   $\frac{1}{2}$ Stunde früher:

c)   $\frac{1}{3}$ Stunde später:

3 Ergänze.

a) $\frac{1}{2}$ Jahr = **6** Monate $\frac{1}{3}$ Jahr = **4** Monate $\frac{1}{6}$ Jahr = **2** Monate

12 Monate = **1** Jahr   3 Monate = **$\frac{1}{4}$** Jahr   1 Monat = **$\frac{1}{12}$** Jahr

b) 1 h = **60** min $\frac{1}{4}$ h = **15** min $\frac{1}{6}$ h = **10** min $\frac{1}{3}$ h = **20** min

30 min = **$\frac{1}{2}$** h   45 min = **$\frac{3}{4}$** h   5 min = **$\frac{1}{12}$** h   1 min = **$\frac{1}{60}$** h

4 Wandle um.

a) Berechne den Inhalt eines Gefäßes in ml. Beachte: 1 l = 1000 ml.

$\frac{1}{4}$ l = **250 ml** $\frac{2}{4}$ l = **500 ml** $\frac{3}{4}$ l = **750 ml**

$\frac{1}{2}$ l = **500 ml** $\frac{1}{5}$ l = **200 ml** $\frac{1}{1000}$ l = **1 ml**

b) Schreibe als Bruchteil in l.

200 ml = **$\frac{1}{5}$ l**   400 ml = **$\frac{2}{5}$ l**   600 ml = **$\frac{3}{5}$ l**

500 ml = **$\frac{1}{2}$ l**   250 ml = **$\frac{1}{4}$ l**   125 ml = **$\frac{1}{8}$ l**

Cornelsen

Brüche

Bruchteile von Größen (Niveau 2)

1 Der Minutenzeiger hat sich gedreht. Wie viel Zeit ist verstrichen?
Gib die Zeit als Bruchteil einer Stunde an.

a) 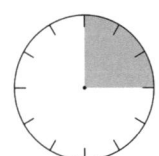 _____

b) 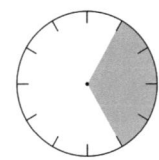 _____

c) 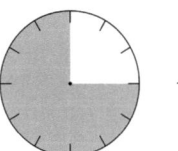 _____

2 Zeichne die neue Zeigerstellung.
Die Stellung des Stundenzeigers muss nur ungefähr stimmen.

a)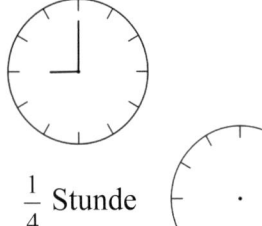

$\frac{1}{4}$ Stunde

später:

b)

$\frac{3}{4}$ Stunde

früher:

c)

$\frac{1}{12}$ Stunde

später:

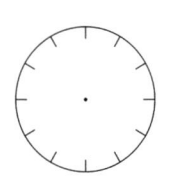

3 Ergänze.

a) $\frac{1}{4}$ Jahr = ____ Monate $\frac{7}{12}$ Jahr = ____ Monate $\frac{3}{4}$ Jahr = ____ Monate

6 Monate = ____ Jahr   4 Monate = ____ Jahr   2 Monate = ____ Jahr

b) $\frac{1}{2}$ h = ____ min $\frac{3}{4}$ h = ____ min $\frac{5}{12}$ h = ____ min $\frac{2}{3}$ h = ____ min

15 min = ____ h   50 min = ____ h   12 min = ____ h   1 min = ____ h

4 Wandle um.

a) Berechne den Inhalt eines Gefäßes in ml.

$\frac{1}{2}$ l = _____ $\frac{1}{4}$ l = _____ $\frac{1}{8}$ l = _____

$\frac{3}{4}$ l = _____ $\frac{3}{8}$ l = _____ $\frac{5}{8}$ l = _____

b) Schreibe als Bruchteil in l.

750 ml = _____   125 ml = _____   375 ml = _____

875 ml = _____   200 ml = _____   600 ml = _____

Brüche

Bruchteile von Größen (Niveau 2)

1 Der Minutenzeiger hat sich gedreht. Wie viel Zeit ist verstrichen?
Gib die Zeit als Bruchteil einer Stunde an.

a) 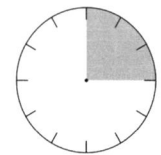 $\frac{1}{4}$ h   b) 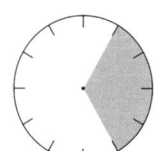 $\frac{1}{3}$ h   c) 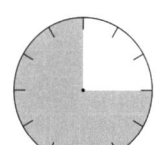 $\frac{3}{4}$ h

2 Zeichne die neue Zeigerstellung.
Die Stellung des Stundenzeigers muss nur ungefähr stimmen.

a)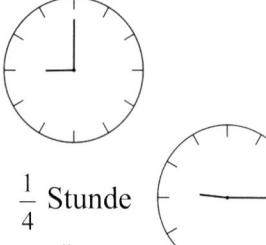

$\frac{1}{4}$ Stunde
später:

b)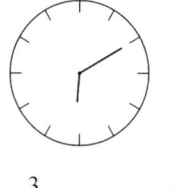

$\frac{3}{4}$ Stunde
früher:

c)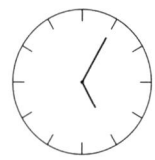

$\frac{1}{12}$ Stunde
später:

3 Ergänze.

a) $\frac{1}{4}$ Jahr = **3** Monate $\frac{7}{12}$ Jahr = **7** Monate $\frac{3}{4}$ Jahr = **9** Monate

6 Monate = $\frac{1}{2}$ Jahr   4 Monate = $\frac{1}{3}$ Jahr   2 Monate = $\frac{1}{6}$ Jahr

b) $\frac{1}{2}$ h = **30** min $\frac{3}{4}$ h = **45** min $\frac{5}{12}$ h = **25** min $\frac{2}{3}$ h = **40** min

15 min = $\frac{1}{4}$ h   50 min = $\frac{5}{6}$ h   12 min = $\frac{1}{5}$ h   1 min = $\frac{1}{60}$ h

4 Wandle um.

a) Berechne den Inhalt eines Gefäßes in ml.

$\frac{1}{2}$ l = **500 ml** $\frac{1}{4}$ l = **250 ml** $\frac{1}{8}$ l = **125 ml**

$\frac{3}{4}$ l = **750 ml** $\frac{3}{8}$ l = **375 ml** $\frac{5}{8}$ l = **625 ml**

b) Schreibe als Bruchteil in l.

750 ml = $\frac{3}{4}$ l   125 ml = $\frac{1}{8}$ l   375 ml = $\frac{3}{8}$ l

875 ml = $\frac{7}{8}$ l   200 ml = $\frac{1}{5}$ l   600 ml = $\frac{3}{5}$ l

Cornelsen

Name:			
Klasse:		Datum:	

Brüche

Bruchteile bei Größen – Memorykarten   (1/2)

Wie beim Memory-Spiel passen stets zwei Kärtchen zusammen.
Du kannst die Kärtchen ausschneiden und damit Memory spielen.
Du kannst die zusammengehörenden Kärtchen suchen und zum Beispiel jeweils mit gleicher
Farbe ausmalen (dazu sind pro Seite 12 Farben nötig).
Du kannst auch weitere Kartenpaare (4 cm × 3 cm) herstellen, um ein größeres Memory-
Spielfeld zu erhalten.

25 €	$\frac{2}{3}$ von 30 €	$\frac{7}{9}$ von 36 €	12 €
$\frac{2}{3}$ von 6 €	1,20 €	$\frac{5}{6}$ von 18 €	20 €
$\frac{6}{8}$ von 2 €	$\frac{1}{3}$ von 75 €	1,60 €	$\frac{1}{4}$ von 3 €
15 €	28 €	$\frac{4}{7}$ von 21 €	20 ct
$\frac{3}{5}$ von 2 €	80 ct	75 ct	$\frac{1}{2}$ von 1,60 €
$\frac{1}{4}$ von 6,40 €	4 €	$\frac{1}{10}$ von 2 €	1,50 €

Brüche

Bruchteile bei Größen – Memorykarten

Wie beim Memory-Spiel passen stets zwei Kärtchen zusammen.
Die Kärtchen passen so zusammen:

$\frac{2}{3}$ von 30 €	20 €	$\frac{1}{3}$ von 75 €	25 €	$\frac{4}{7}$ von 21 €	12 €
$\frac{2}{3}$ von 6 €	4 €	$\frac{6}{8}$ von 2 €	1,50 €	$\frac{3}{5}$ von 2 €	1,20 €
$\frac{5}{6}$ von 18 €	15 €	$\frac{1}{2}$ von 1,60 €	80 ct	$\frac{1}{4}$ von 6,40 €	1,60 €
$\frac{7}{9}$ von 36 €	28 €	$\frac{1}{4}$ von 3 €	75 ct	$\frac{1}{10}$ von 2 €	20 ct

$\frac{1}{3}$ von 4,5 kg	1,5 kg	$\frac{3}{5}$ von 3 kg	1,8 kg	$\frac{1}{2}$ von 1 kg	500 g
$\frac{1}{8}$ von 2 €	250 g	$\frac{1}{2}$ von 1,2 kg	600 g	$\frac{5}{4}$ von 1 kg	1,25 kg
$\frac{1}{5}$ von 2 kg	400 g	$\frac{3}{2}$ von 4 kg	6 kg	$\frac{7}{10}$ von 5 kg	3,5 kg
$\frac{3}{4}$ von 8 kg	6 kg	$\frac{2}{7}$ von 3,5 kg	1 kg	$\frac{5}{7}$ von 700 g	500 g

Cornelsen

Brüche

Erweitern und Kürzen von Brüchen (Niveau 1)

Beim <u>Erweitern</u> werden Zähler und Nenner eines Bruches mit der gleichen Zahl multipliziert,

z. B. $\frac{1}{5}$ erweitert mit 7 ergibt $\frac{7}{35}$, denn $\frac{1}{5} = \frac{1 \cdot 7}{5 \cdot 7} = \frac{7}{35}$, kurz: $\frac{1}{5} \overset{\cdot 7}{=} \frac{7}{35}$.

Beim <u>Kürzen</u> werden Zähler und Nenner eines Bruches durch die gleiche Zahl geteilt,

z. B. $\frac{8}{12}$ gekürzt durch 4 ergibt $\frac{2}{3}$, denn $\frac{8}{12} = \frac{8 : 4}{12 : 4} = \frac{2}{3}$, kurz $\frac{8}{12} \overset{:4}{=} \frac{2}{3}$.

1 Erweitere die Brüche mit den angegebenen Zahlen.

a) $\frac{1}{2} \overset{\cdot 2}{=}$ _____   b) $\frac{1}{3} \overset{\cdot 2}{=}$ _____   c) $\frac{2}{5} \overset{\cdot 2}{=}$ _____   d) $\frac{5}{2} \overset{\cdot 2}{=}$ _____

e) $\frac{1}{2} \overset{\cdot 3}{=}$ _____   f) $\frac{1}{3} \overset{\cdot 3}{=}$ _____   g) $\frac{2}{5} \overset{\cdot 3}{=}$ _____   h) $\frac{5}{2} \overset{\cdot 3}{=}$ _____

i) $\frac{1}{2} \overset{\cdot 4}{=}$ _____   j) $\frac{1}{3} \overset{\cdot 4}{=}$ _____   k) $\frac{2}{5} \overset{\cdot 4}{=}$ _____   l) $\frac{5}{2} \overset{\cdot 4}{=}$ _____

Lösungen (ungeordnet): $\frac{3}{9}$; $\frac{20}{8}$; $\frac{6}{15}$; $\frac{2}{6}$; $\frac{4}{8}$; $\frac{10}{4}$; $\frac{4}{12}$; $\frac{2}{4}$; $\frac{3}{6}$; $\frac{4}{10}$; $\frac{8}{20}$; $\frac{15}{6}$

2 Kürze die Brüche durch die angegebenen Zahlen.

a) $\frac{6}{12} \overset{:2}{=}$ _____   b) $\frac{12}{6} \overset{:2}{=}$ _____   c) $\frac{24}{36} \overset{:2}{=}$ _____   d) $\frac{36}{24} \overset{:2}{=}$ _____

e) $\frac{6}{12} \overset{:3}{=}$ _____   f) $\frac{12}{6} \overset{:3}{=}$ _____   g) $\frac{24}{36} \overset{:3}{=}$ _____   h) $\frac{36}{24} \overset{:3}{=}$ _____

i) $\frac{6}{12} \overset{:6}{=}$ _____   j) $\frac{12}{6} \overset{:6}{=}$ _____   k) $\frac{24}{36} \overset{:6}{=}$ _____   l) $\frac{36}{24} \overset{:6}{=}$ _____

Lösungen (ungeordnet): $\frac{12}{18}$; $\frac{12}{8}$; $\frac{6}{4}$; $\frac{1}{2}$; $\frac{2}{4}$; $\frac{4}{6}$; $\frac{18}{12}$; $\frac{4}{2}$; $\frac{2}{1}$; $\frac{3}{6}$; $\frac{6}{3}$; $\frac{8}{12}$

3 Erweitere bzw. kürze die Brüche mit der angegebenen Zahl.

		$\cdot\,2$	$\cdot\,3$	$\cdot\,4$	$:\,2$	$:\,4$
a)	$\frac{4}{8}$					
b)	$\frac{4}{12}$					
c)	$\frac{8}{12}$					

Brüche

Erweitern und Kürzen von Brüchen (Niveau 1)

Beim <u>Erweitern</u> werden Zähler und Nenner eines Bruches mit der gleichen Zahl multipliziert,

z. B. $\frac{1}{5}$ erweitert mit 7 ergibt $\frac{7}{35}$, denn $\frac{1}{5} = \frac{1\cdot7}{5\cdot7} = \frac{7}{35}$, kurz: $\frac{1}{5}\overset{\cdot7}{=}\frac{7}{35}$.

Beim <u>Kürzen</u> werden Zähler und Nenner eines Bruches durch die gleiche Zahl geteilt,

z. B. $\frac{8}{12}$ gekürzt durch 4 ergibt $\frac{2}{3}$, denn $\frac{8}{12} = \frac{8:4}{12:4} = \frac{2}{3}$, kurz $\frac{8}{12}\overset{:4}{=}\frac{2}{3}$.

1 Erweitere die Brüche mit den angegebenen Zahlen.

a) $\frac{1}{2}\overset{\cdot2}{=}\frac{2}{4}$ b) $\frac{1}{3}\overset{\cdot2}{=}\frac{2}{6}$ c) $\frac{2}{5}\overset{\cdot2}{=}\frac{4}{10}$ d) $\frac{5}{2}\overset{\cdot2}{=}\frac{10}{4}$

e) $\frac{1}{2}\overset{\cdot3}{=}\frac{3}{6}$ f) $\frac{1}{3}\overset{\cdot3}{=}\frac{3}{9}$ g) $\frac{2}{5}\overset{\cdot3}{=}\frac{6}{15}$ h) $\frac{5}{2}\overset{\cdot3}{=}\frac{15}{6}$

i) $\frac{1}{2}\overset{\cdot4}{=}\frac{4}{8}$ j) $\frac{1}{3}\overset{\cdot4}{=}\frac{4}{12}$ k) $\frac{2}{5}\overset{\cdot4}{=}\frac{8}{20}$ l) $\frac{5}{2}\overset{\cdot4}{=}\frac{20}{8}$

Lösungen (ungeordnet): $\frac{3}{9}$; $\frac{20}{8}$; $\frac{6}{15}$; $\frac{2}{6}$; $\frac{4}{8}$; $\frac{10}{4}$; $\frac{4}{12}$; $\frac{2}{4}$; $\frac{3}{6}$; $\frac{4}{10}$; $\frac{8}{20}$; $\frac{15}{6}$

2 Kürze die Brüche durch die angegebenen Zahlen.

a) $\frac{6}{12}\overset{:2}{=}\frac{3}{6}$ b) $\frac{12}{6}\overset{:2}{=}\frac{6}{3}$ c) $\frac{24}{36}\overset{:2}{=}\frac{12}{18}$ d) $\frac{36}{24}\overset{:2}{=}\frac{18}{12}$

e) $\frac{6}{12}\overset{:3}{=}\frac{2}{4}$ f) $\frac{12}{6}\overset{:3}{=}\frac{4}{2}$ g) $\frac{24}{36}\overset{:3}{=}\frac{8}{12}$ h) $\frac{36}{24}\overset{:3}{=}\frac{12}{8}$

i) $\frac{6}{12}\overset{:6}{=}\frac{1}{2}$ j) $\frac{12}{6}\overset{:6}{=}\frac{2}{1}$ k) $\frac{24}{36}\overset{:6}{=}\frac{4}{6}$ l) $\frac{36}{24}\overset{:6}{=}\frac{6}{4}$

Lösungen (ungeordnet): $\frac{12}{18}$; $\frac{12}{8}$; $\frac{6}{4}$; $\frac{1}{2}$; $\frac{2}{4}$; $\frac{4}{6}$; $\frac{18}{12}$; $\frac{4}{2}$; $\frac{2}{1}$; $\frac{3}{6}$; $\frac{6}{3}$; $\frac{8}{12}$

3 Erweitere bzw. kürze die Brüche mit der angegebenen Zahl.

		· 2	· 3	· 4	: 2	: 4
a)	$\frac{4}{8}$	$\frac{8}{16}$	$\frac{12}{24}$	$\frac{16}{32}$	$\frac{2}{4}$	$\frac{1}{2}$
b)	$\frac{4}{12}$	$\frac{8}{24}$	$\frac{12}{36}$	$\frac{16}{48}$	$\frac{2}{6}$	$\frac{1}{3}$
c)	$\frac{8}{12}$	$\frac{16}{24}$	$\frac{24}{36}$	$\frac{32}{48}$	$\frac{4}{6}$	$\frac{2}{3}$

Cornelsen

Brüche

Erweitern und Kürzen von Brüchen (Niveau 2)

Beim <u>Erweitern</u> werden Zähler und Nenner eines Bruches mit der gleichen Zahl multipliziert,

z. B. $\frac{1}{5}$ erweitert mit 7 ergibt $\frac{7}{35}$, denn $\frac{1}{5} = \frac{1 \cdot 7}{5 \cdot 7} = \frac{7}{35}$, kurz: $\frac{1}{5} \overset{\cdot 7}{=} \frac{7}{35}$.

Beim <u>Kürzen</u> werden Zähler und Nenner eines Bruches durch die gleiche Zahl geteilt,

z. B. $\frac{8}{12}$ gekürzt durch 4 ergibt $\frac{2}{3}$, denn $\frac{8}{12} = \frac{8 : 4}{12 : 4} = \frac{2}{3}$, kurz $\frac{8}{12} \overset{:4}{=} \frac{2}{3}$.

1 Erweitere die Brüche mit den angegebenen Zahlen.

a) $\frac{1}{5} \overset{\cdot 5}{=}$ _____   b) $\frac{3}{4} \overset{\cdot 5}{=}$ _____   c) $\frac{3}{2} \overset{\cdot 5}{=}$ _____   d) $\frac{7}{8} \overset{\cdot 5}{=}$ _____

e) $\frac{5}{3} \overset{\cdot 4}{=}$ _____   f) $\frac{12}{5} \overset{\cdot 4}{=}$ _____   g) $\frac{9}{7} \overset{\cdot 4}{=}$ _____   h) $\frac{32}{15} \overset{\cdot 4}{=}$ _____

i) $\frac{5}{6} \overset{\cdot 3}{=}$ _____   j) $\frac{33}{16} \overset{\cdot 3}{=}$ _____   k) $\frac{25}{26} \overset{\cdot 3}{=}$ _____   l) $\frac{14}{5} \overset{\cdot 3}{=}$ _____

Lösungen (ungeordnet): $\frac{5}{25}$; $\frac{48}{20}$; $\frac{75}{78}$; $\frac{128}{60}$; $\frac{15}{10}$; $\frac{15}{18}$; $\frac{42}{15}$; $\frac{36}{28}$; $\frac{15}{20}$; $\frac{20}{12}$; $\frac{99}{48}$; $\frac{35}{40}$

2 Kürze die Brüche durch die angegebenen Zahlen.

a) $\frac{3}{12} \overset{:3}{=}$ _____   b) $\frac{36}{24} \overset{:3}{=}$ _____   c) $\frac{39}{210} \overset{:3}{=}$ _____   d) $\frac{57}{27} \overset{:3}{=}$ _____

e) $\frac{16}{32} \overset{:4}{=}$ _____   f) $\frac{12}{44} \overset{:4}{=}$ _____   g) $\frac{76}{72} \overset{:4}{=}$ _____   h) $\frac{36}{52} \overset{:4}{=}$ _____

i) $\frac{14}{21} \overset{:7}{=}$ _____   j) $\frac{35}{56} \overset{:7}{=}$ _____   k) $\frac{77}{63} \overset{:7}{=}$ _____   l) $\frac{84}{49} \overset{:7}{=}$ _____

Lösungen (ungeordnet): $\frac{12}{7}$; $\frac{9}{13}$; $\frac{19}{9}$; $\frac{13}{70}$; $\frac{12}{8}$; $\frac{1}{4}$; $\frac{4}{8}$; $\frac{2}{3}$; $\frac{5}{8}$; $\frac{11}{9}$; $\frac{19}{18}$; $\frac{3}{11}$

3 Erweitere bzw. kürze die Brüche mit der angegebenen Zahl.

		$\cdot 3$	$\cdot 4$	$\cdot 5$	$\cdot 6$	$: 2$	$: 3$	$: 4$
a)	$\frac{36}{12}$							
b)	$\frac{24}{72}$							
c)	$\frac{48}{84}$							

Brüche

Erweitern und Kürzen von Brüchen (Niveau 2)

Beim <u>Erweitern</u> werden Zähler und Nenner eines Bruches mit der gleichen Zahl multipliziert,

z. B. $\frac{1}{5}$ erweitert mit 7 ergibt $\frac{7}{35}$, denn $\frac{1}{5} = \frac{1 \cdot 7}{5 \cdot 7} = \frac{7}{35}$, kurz: $\frac{1}{5} \overset{\cdot 7}{=} \frac{7}{35}$.

Beim <u>Kürzen</u> werden Zähler und Nenner eines Bruches durch die gleiche Zahl geteilt,

z. B. $\frac{8}{12}$ gekürzt durch 4 ergibt $\frac{2}{3}$, denn $\frac{8}{12} = \frac{8:4}{12:4} = \frac{2}{3}$, kurz $\frac{8}{12} \overset{:4}{=} \frac{2}{3}$.

1 Erweitere die Brüche mit den angegebenen Zahlen.

a) $\frac{1}{5} \overset{\cdot 5}{=} \frac{5}{25}$ b) $\frac{3}{4} \overset{\cdot 5}{=} \frac{15}{20}$ c) $\frac{3}{2} \overset{\cdot 5}{=} \frac{15}{10}$ d) $\frac{7}{8} \overset{\cdot 5}{=} \frac{35}{40}$

e) $\frac{5}{3} \overset{\cdot 4}{=} \frac{20}{12}$ f) $\frac{12}{5} \overset{\cdot 4}{=} \frac{48}{20}$ g) $\frac{9}{7} \overset{\cdot 4}{=} \frac{36}{28}$ h) $\frac{32}{15} \overset{\cdot 4}{=} \frac{128}{60}$

i) $\frac{5}{6} \overset{\cdot 3}{=} \frac{15}{18}$ j) $\frac{33}{16} \overset{\cdot 3}{=} \frac{99}{48}$ k) $\frac{25}{26} \overset{\cdot 3}{=} \frac{75}{78}$ l) $\frac{14}{5} \overset{\cdot 3}{=} \frac{42}{15}$

Lösungen (ungeordnet): $\frac{5}{25}$; $\frac{48}{20}$; $\frac{75}{78}$; $\frac{128}{60}$; $\frac{15}{10}$; $\frac{15}{18}$; $\frac{42}{15}$; $\frac{36}{28}$; $\frac{15}{20}$; $\frac{20}{12}$; $\frac{99}{48}$; $\frac{35}{40}$

2 Kürze die Brüche durch die angegebenen Zahlen.

a) $\frac{3}{12} \overset{:3}{=} \frac{1}{4}$ b) $\frac{36}{24} \overset{:3}{=} \frac{12}{8}$ c) $\frac{39}{210} \overset{:3}{=} \frac{13}{70}$ d) $\frac{57}{27} \overset{:3}{=} \frac{19}{9}$

e) $\frac{16}{32} \overset{:4}{=} \frac{4}{8}$ f) $\frac{12}{44} \overset{:4}{=} \frac{3}{11}$ g) $\frac{76}{72} \overset{:4}{=} \frac{19}{18}$ h) $\frac{36}{52} \overset{:4}{=} \frac{9}{13}$

i) $\frac{14}{21} \overset{:7}{=} \frac{2}{3}$ j) $\frac{35}{56} \overset{:7}{=} \frac{5}{8}$ k) $\frac{77}{63} \overset{:7}{=} \frac{11}{9}$ l) $\frac{84}{49} \overset{:7}{=} \frac{12}{7}$

Lösungen (ungeordnet): $\frac{12}{7}$; $\frac{9}{13}$; $\frac{19}{9}$; $\frac{13}{70}$; $\frac{12}{8}$; $\frac{1}{4}$; $\frac{4}{8}$; $\frac{2}{3}$; $\frac{5}{8}$; $\frac{11}{9}$; $\frac{19}{18}$; $\frac{3}{11}$

3 Erweitere bzw. kürze die Brüche mit der angegebenen Zahl.

	$\cdot 3$	$\cdot 4$	$\cdot 5$	$\cdot 6$	$: 2$	$: 3$	$: 4$
a) $\frac{36}{12}$	$\frac{108}{36}$	$\frac{144}{48}$	$\frac{180}{60}$	$\frac{216}{72}$	$\frac{18}{6}$	$\frac{12}{4}$	$\frac{9}{3}$
b) $\frac{24}{72}$	$\frac{72}{216}$	$\frac{96}{288}$	$\frac{120}{360}$	$\frac{144}{432}$	$\frac{12}{36}$	$\frac{8}{24}$	$\frac{6}{18}$
c) $\frac{48}{84}$	$\frac{144}{252}$	$\frac{192}{336}$	$\frac{240}{420}$	$\frac{288}{504}$	$\frac{24}{42}$	$\frac{16}{28}$	$\frac{12}{21}$

Cornelsen

Geometrische Grundbegriffe

Rechnen und zeichnen mit dem Maßstab (Niveau 1)

1 Ergänze die Tabelle.

	a)	b)	c)	d)	e)
Modell	50 cm	5 cm	8 cm		2 cm
Wirklichkeit	100 cm	5000 cm		40 cm	
Maßstab			1 : 100	1 : 4	1 : 200

	f)	g)	h)	i)	j)
Modell	1 cm	1 mm	3 cm	4 dm	
Wirklichkeit	1 m	1 m	60 dm		900 mm
Maßstab				1 : 300	1 : 450

2 Bestimme zu jeder Messstrecke den zugehörigen Maßstab.

a) 0   100   200   300   400   500
      cm

b) 0   1   2   3   4   5
      dm

3 Zeichne die Strecken im angegebenen Maßstab.

a) 1 m;   Maßstab 1 : 10

b) 6 m;   Maßstab 1 : 60

c) 8000 cm;   Maßstab 1 : 1000

d) 120 cm;   Maßstab 1 : 10

Geometrische Grundbegriffe

Rechnen und zeichnen mit dem Maßstab (Niveau 1)

1 Ergänze die Tabelle.

	a)	b)	c)	d)	e)
Modell	50 cm	5 cm	8 cm	**10 cm**	2 cm
Wirklichkeit	100 cm	5000 cm	**800 cm**	40 cm	**400 cm**
Maßstab	**1 : 2**	**1 : 1000**	1 : 100	1 : 4	1 : 200

	f)	g)	h)	i)	j)
Modell	1 cm	1 mm	3 cm	4 dm	**2 mm**
Wirklichkeit	1 m	1 m	60 dm	**1200 dm**	900 mm
Maßstab	**1 : 100**	**1 : 1000**	**1 : 200**	1 : 300	1 : 450

2 Bestimme zu jeder Messstrecke den zugehörigen Maßstab.

a) 0   100   200   300   400   500
    ⌑⌑⌑⌑⌑ cm

1 : 100

b) 0   1   2   3   4   5
    ⌑⌑⌑⌑⌑ dm

1 : 10

3 Zeichne die Strecken im angegebenen Maßstab.

a) 1 m;   Maßstab 1 : 10

    ├───────────────────────────┤

b) 6 m;   Maßstab 1 : 60

    ├───────────────────────────┤

c) 8000 cm;   Maßstab 1 : 1000

    ├──────────────────────┤

d) 120 cm;   Maßstab 1 : 10

    ├────────────────────────────────┤

Geometrische Grundbegriffe

Rechnen und zeichnen mit dem Maßstab (Niveau 2)

1 Ergänze die Tabelle.

	a)	b)	c)	d)	e)
Modell	60 mm	75 cm	10 cm		38 cm
Wirklichkeit	750 cm	33,75 m	1 km	10,75 m	
Maßstab				1 : 25	1 : 300

	f)	g)	h)	i)	j)
Modell	0,25 m			28 dm	63 mm
Wirklichkeit		12,60 m	75 cm		
Maßstab	1 : 50	1 : 200	1 : 2500	1 : 1250	1 : 450

2 Bestimme zu jeder Messstrecke den zugehörigen Maßstab.

a) 0   250   500   750   1000   1250

‾‾‾‾‾‾‾‾‾‾‾‾‾‾‾‾‾‾‾‾ m

_____

b) 0   5   10

‾‾‾‾‾‾‾‾‾‾‾‾‾‾‾ km

_____

3 Zeichne die Strecken im angegebenen Maßstab.

a) 1,3 km;   Maßstab 1 : 10000

b) 3 km;   Maßstab 1 : 25000

c) 64 km;   Maßstab 1 : 800000

d) 480 m;   Maßstab 1 : 4000

Geometrische Grundbegriffe

Rechnen und zeichnen mit dem Maßstab (Niveau 2)

1 Ergänze die Tabelle.

	a)	b)	c)	d)	e)
Modell	60 mm	75 cm	10 cm	**43 cm**	38 cm
Wirklichkeit	750 cm	33,75 m	1 km	10,75 m	**114 m**
Maßstab	**1 : 125**	**1 : 45**	**1 : 10000**	1 : 25	1 : 300

	f)	g)	h)	i)	j)
Modell	0,25 m	**6,3 cm**	**0,03 cm**	28 dm	63 mm
Wirklichkeit	**12,50 m**	12,60 m	75 cm	**3,5 km**	**283,50 dm**
Maßstab	1 : 50	1 : 200	1 : 2500	1 : 1250	1 : 450

2 Bestimme zu jeder Messstrecke den zugehörigen Maßstab.

a) 0   250   500   750   1000 1250
[| | | |] m

1 : 25000

b) 0   5   10
[|] km

1 : 250000

3 Zeichne die Strecken im angegebenen Maßstab.

a) 1,3 km;   Maßstab 1 : 10000

b) 3 km;   Maßstab 1 : 25000

c) 64 km;   Maßstab 1 : 800000

d) 480 m;   Maßstab 1 : 4000

Rechnen mit Größen

Einheitentabelle Flächeneinheiten (Niveau 1)

1 Wandel die Flächen in die vorgegebenen Einheiten um.
Die Tabelle hilft dabei.

a) $1\ km^2\ 30\,750\ m^2\ 6\ dm^2$ (in m^2)

$1\,030\,750{,}06\ m^2$

b) $239\,457\ m^2\ 25\ dm^2\ 24\ cm^2$ (in cm^2)

c) $5\ dm^2\ 47\ cm^2$ (in mm^2)

d) $18\ m^2\ 12\ dm^2\ 14\ cm^2$ (in dm^2)

e) $2\ m^2\ 5\ dm^2$ (in dm^2)

f) $1\ km^2\ 60\ dm^2$ (in dm^2)

Einheitentabelle ohne die Einheiten Hektar (ha) und Ar (a)

	km^2	m^2						dm^2		cm^2		mm^2	
a)	1	0	3	0	7	5	0	0	6				
b)													
c)													
d)													
e)													
f)													

2 Wandel die Flächen mithilfe der Tabelle in die vorgegebenen Einheiten um.

a) $2\ km^2\ 75\ ha\ 27\ a$ (in a)

b) $50\ a\ 60\ m^2\ 70\ dm^2$ (in m^2)

c) $156\,000\ a$ (in ha)

d) $2\ a$ (in cm^2)

Einheitentabelle mit den Einheiten Hektar (ha) und Ar (a)

	km^2	ha	a	m^2	dm^2	cm^2	mm^2
a)							
b)							
c)							
d)							

Rechnen mit Größen

Einheitentabelle Flächeneinheiten (Niveau 1)

1 Wandel die Flächen in die vorgegebenen Einheiten um. Die Tabelle hilft dabei.

a) $1\ km^2\ 30\,750\ m^2\ 6\ dm^2$ (in m^2)

$1\,030\,750,06\ m^2$

b) $239\,457\ m^2\ 25\ dm^2\ 24\ cm^2$ (in cm^2)

$2\,394\,572\,524\ cm^2$

c) $5\ dm^2\ 47\ cm^2$ (in mm^2)

$54\,700\ mm^2$

d) $18\ m^2\ 12\ dm^2\ 14\ cm^2$ (in dm^2)

$1812,14\ dm^2$

e) $2\ m^2\ 5\ dm^2$ (in dm^2)

$205\ dm^2$

f) $1\ km^2\ 60\ dm^2$ (in dm^2)

$100\,000\,060\ dm^2$

Einheitentabelle ohne die Einheiten Hektar (ha) und Ar (a)

	km^2	m^2						dm^2		cm^2		mm^2	
a)	1	0	3	0	7	5	0	0	6				
b)		2	3	9	4	5	7	2	5	2	4		
c)								5	4	7	0	0	
d)					1	8	1	2	1	4			
e)							2	0	5				
f)	1	0	0	0	0	0	0	6	0				

2 Wandel die Flächen mithilfe der Tabelle in die vorgegebenen Einheiten um.

a) $2\ km^2\ 75\ ha\ 27\ a$ (in a)

$27\,527\ a$

b) $50\ a\ 60\ m^2\ 70\ dm^2$ (in m^2)

$5060,7\ m^2$

c) $156\,000\ a$ (in ha)

$1560\ ha$

d) $2\ a$ (in cm^2)

$2\,000\,000\ cm^2$

Einheitentabelle mit den Einheiten Hektar (ha) und Ar (a)

	km^2	ha		a		m^2	dm^2	cm^2		mm^2	
a)	2	7	5	2	7						
b)				5	0	6	0	7			
c)	1	5	6	0	0	0					
d)					2	0	0	0	0	0	0

Cornelsen

Rechnen mit Größen

Einheitentabelle Flächeneinheiten (Niveau 2)

1 Wandel die Flächen in die vorgegebenen Einheiten um.
Die Tabelle hilft dabei.

a) $1 \text{ km}^2 \ 30\,750 \text{ m}^2 \ 6 \text{ dm}^2$ (in m^2)

b) $6\,304 \text{ m}^2 \ 14 \text{ dm}^2 \ 78 \text{ mm}^2$ (in cm^2)

c) $14 \text{ km}^2 \ 764 \text{ m}^2$ (in dm^2)

d) $130\,200 \text{ m}^2 \ 12 \text{ cm}^2 \ 8 \text{ mm}^2$ (in mm^2)

e) $60 \text{ m}^2 \ 312 \text{ dm}^2 \ 7 \text{ cm}^2$ (in dm^2)

f) $32 \text{ km}^2 \ 2664 \text{ dm}^2$ (in m^2)

Einheitentabelle ohne die Einheiten Hektar (ha) und Ar (a)

	km^2		m^2						dm^2		cm^2		mm^2	
a)		1	0	3	0	7	5	0	0	6				
b)														
c)														
d)														
e)														
f)														

2 Wandel die Flächen mithilfe der Tabelle in die vorgegebenen Einheiten um.

a) $2 \text{ km}^2 \ 75 \text{ m}^2 \ 16 \text{ dm}^2 \ 355 \text{ mm}^2$ (in cm^2)

b) $9\,300 \text{ a} \ 78 \text{ dm}^2 \ 9 \text{ cm}^2$ (in mm^2)

c) $156 \text{ ha} \ 7 \text{ a} \ 70 \text{ m}^2 \ 256 \text{ cm}^2$ (in dm^2)

d) $890\,200\,000 \text{ cm}^2$ (in a)

Einheitentabelle mit den Einheiten Hektar (ha) und Ar (a)

	km^2		ha		a		m^2		dm^2		cm^2		mm^2	
a)														
b)														
c)														
d)														

Rechnen mit Größen

Einheitentabelle Flächeneinheiten (Niveau 2)

1 Wandel die Flächen in die vorgegebenen Einheiten um.
Die Tabelle hilft dabei.

a) $1\ km^2\ 30\,750\ m^2\ 6\ dm^2$ (in m^2)

$1\,030\,750,06\ m^2$

b) $6\,304\ m^2\ 14\ dm^2\ 78\ mm^2$ (in cm^2)

$63\,041\,400,78\ cm^2$

c) $14\ km^2\ 764\ m^2$ (in dm^2)

$1\,400\,076\,400\ dm^2$

d) $130\,200\ m^2\ 12\ cm^2\ 8\ mm^2$ (in mm^2)

$130\,200\,001\,208\ mm^2$

e) $60\ m^2\ 312\ dm^2\ 7\ cm^2$ (in dm^2)

$6\,312,07\ dm^2$

f) $32\ km^2\ 2664\ dm^2$ (in m^2)

$32\,000\,026,64\ m^2$

Einheitentabelle ohne die Einheiten Hektar (ha) und Ar (a)

	km^2	m^2						dm^2		cm^2		mm^2	
a)		1	0	3	0	7	5	0	0	6			
b)				6	3	0	4	1	4	0	0	7	8
c)	1	4	0	0	0	7	6	4	0	0			
d)		1	3	0	2	0	0	0	0	1	2	0	8
e)					6	3	1	2	0	7			
f)	3	2	0	0	0	0	2	6	6	4			

2 Wandel die Flächen mithilfe der Tabelle in die vorgegebenen Einheiten um.

a) $2\ km^2\ 75\ m^2\ 16\ dm^2\ 355\ mm^2$ (in cm^2)

$20\,000\,751\,603,55\ cm^2$

b) $9\,300\ a\ 78\ dm^2\ 9\ cm^2$ (in mm^2)

$930\,000\,780\,900\ mm^2$

c) $156\ ha\ 7\ a\ 70\ m^2\ 256\ cm^2$ (in dm^2)

$156\,077\,00\,2,56\ dm^2$

d) $890\,200\,000\ cm^2$ (in a)

$890,02\ a$

Einheitentabelle mit den Einheiten Hektar (ha) und Ar (a)

	km^2	ha		a		m^2		dm^2		cm^2		mm^2	
a)	2	0	0	0	0	7	5	1	6	0	3	5	5
b)		9	3	0	0	0	0	7	8	0	9	0	0
c)	1	5	6	0	7	7	0	0	2	5	6		
d)		8	9	0	2	0	0	0	0	0			

Rechnen mit Größen

Umfang messen (Niveau 1)

Ermittle die Umfänge der Figuren.

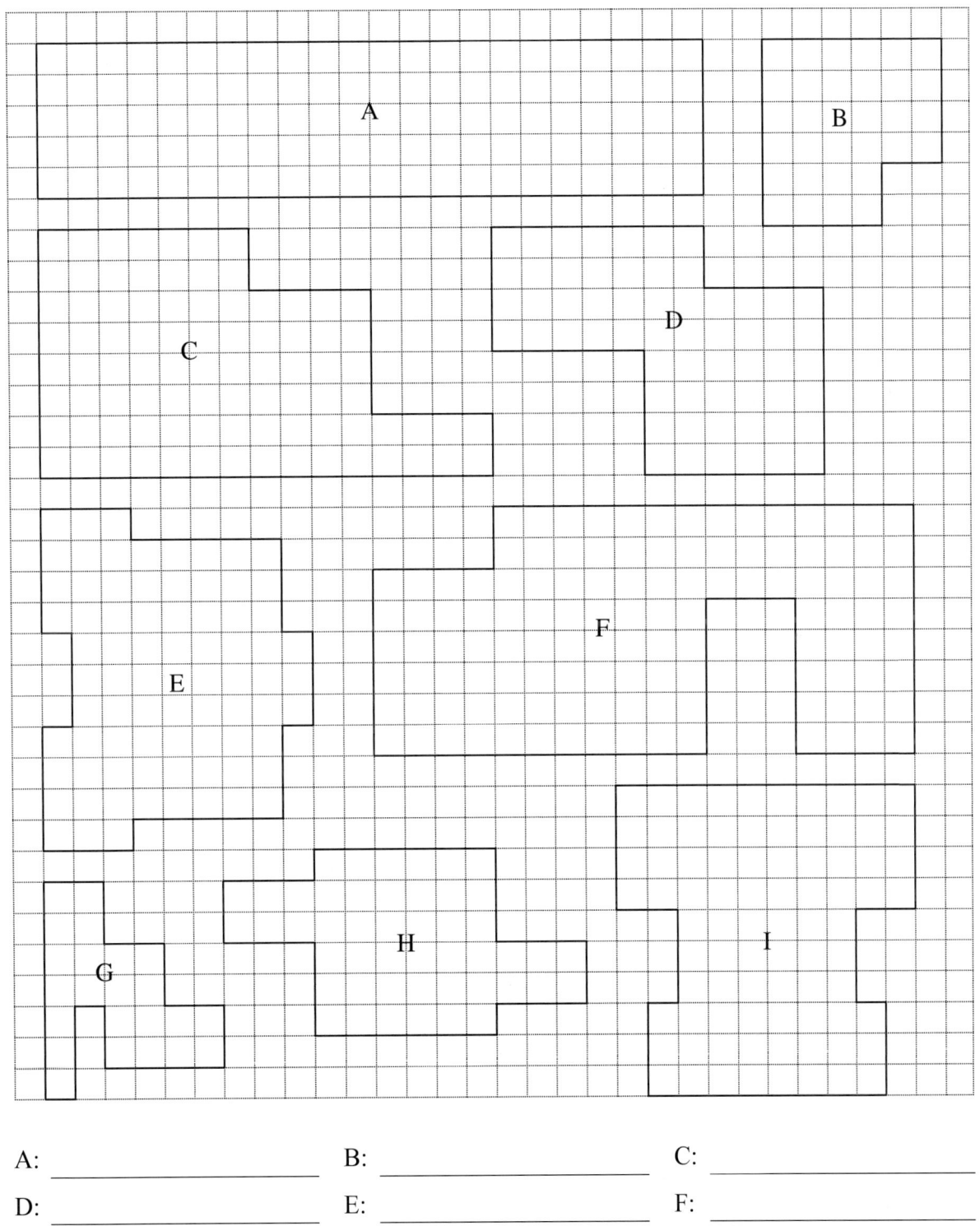

A: _____   B: _____   C: _____

D: _____   E: _____   F: _____

G: _____   H: _____   I: _____

Rechnen mit Größen

Umfang messen (Niveau 1)

Ermittle die Umfänge der Figuren.

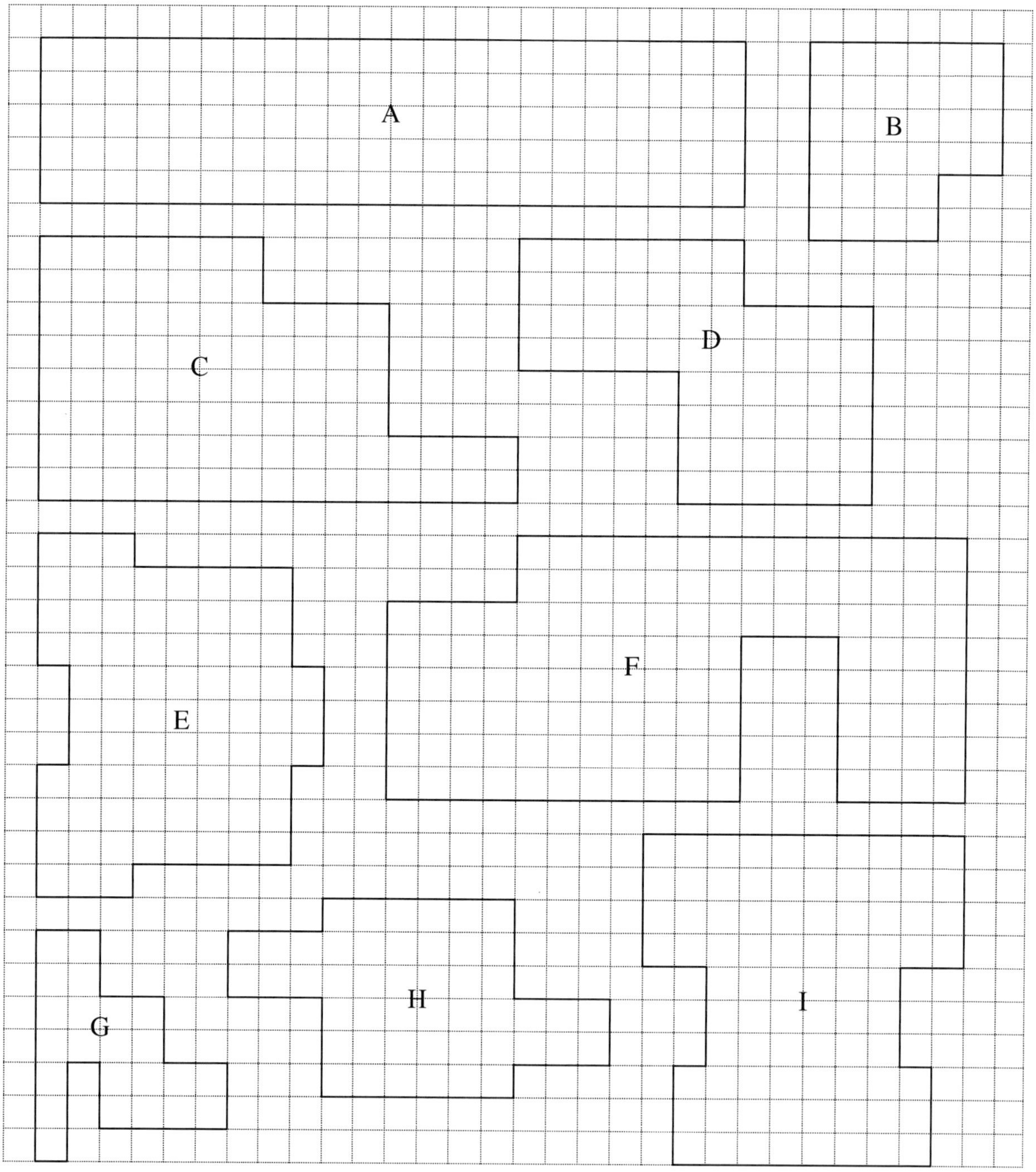

(Figuren A–I auf Gitterraster)

A: **27 cm**   B: **12 cm**   C: **23 cm**

D: **19 cm**   E: **21 cm**   F: **31 cm**

G: **15 cm**   H: **18 cm**   I: **22 cm**

Rechnen mit Größen

Umfang messen (Niveau 2)

Ermittle die Umfänge der Figuren.

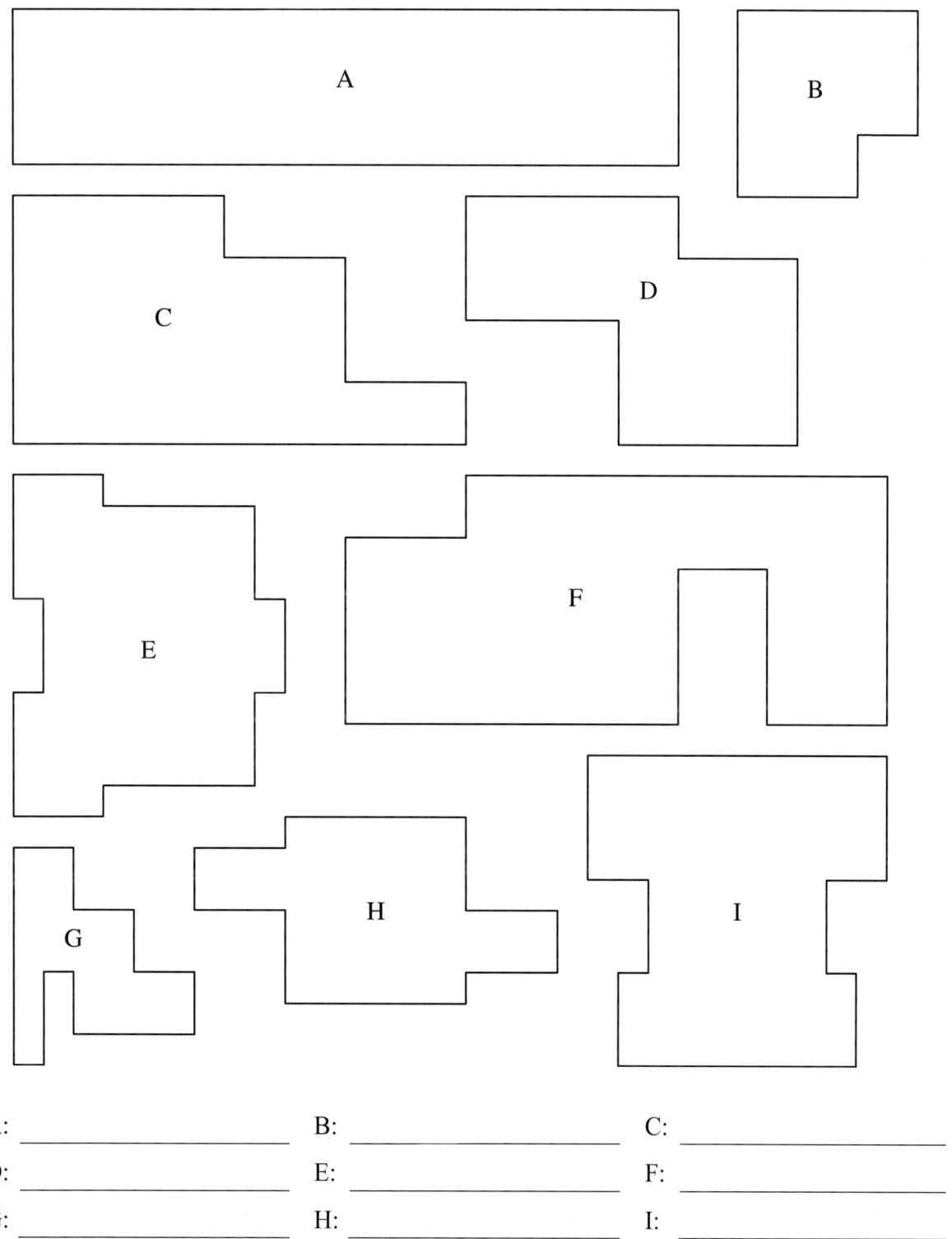

A: _____ B: _____ C: _____

D: _____ E: _____ F: _____

G: _____ H: _____ I: _____

Rechnen mit Größen

Umfang messen (Niveau 2)

Ermittle die Umfänge der Figuren.

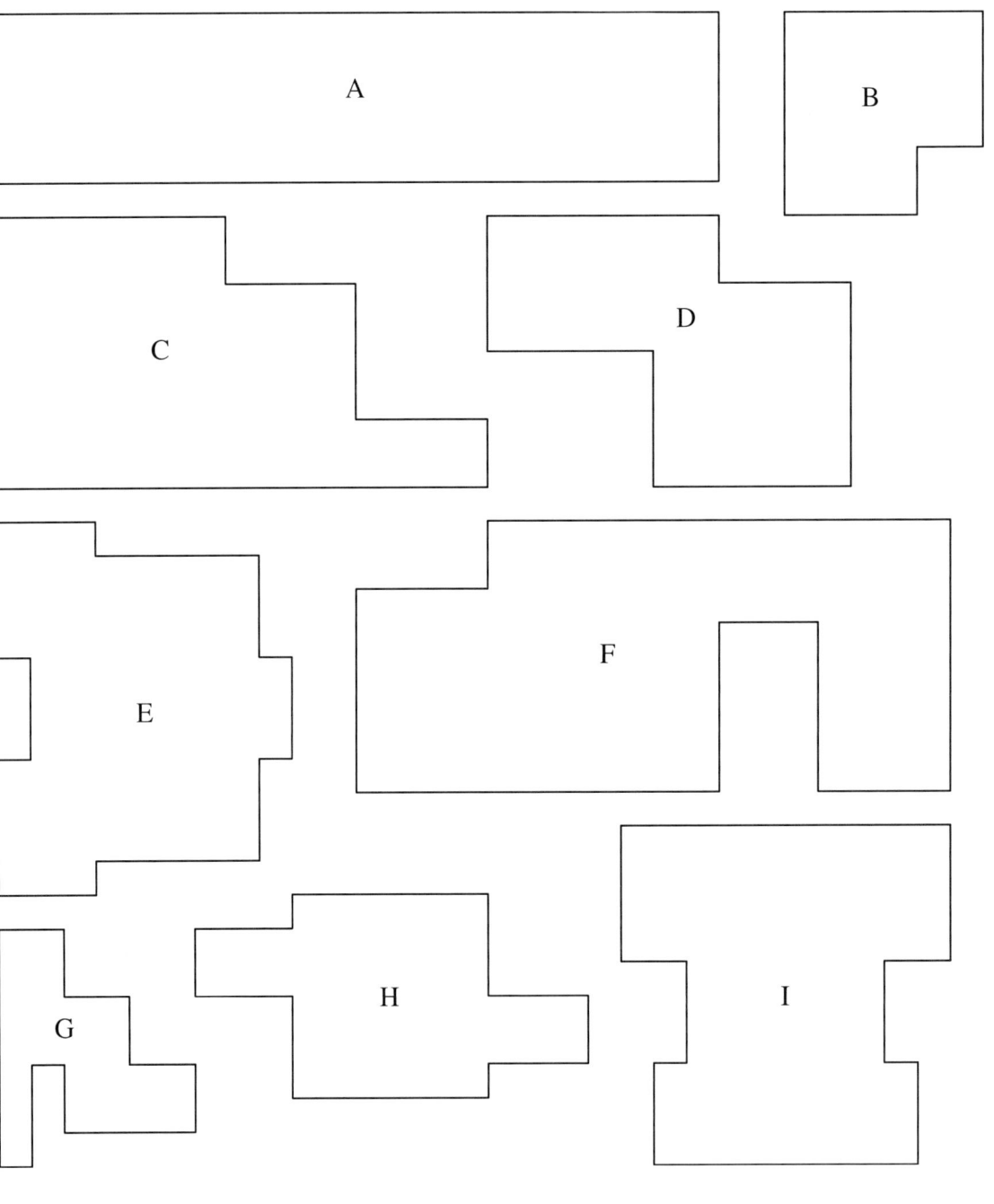

A: **27 cm** B: **12 cm** C: **23 cm**

D: **19 cm** E: **21 cm** F: **31 cm**

G: **15 cm** H: **18 cm** I: **22 cm**

Name:	
Klasse:	Datum:

Geometrische Grundbegriffe

Flächeninhalt und Umfang (Niveau 1)

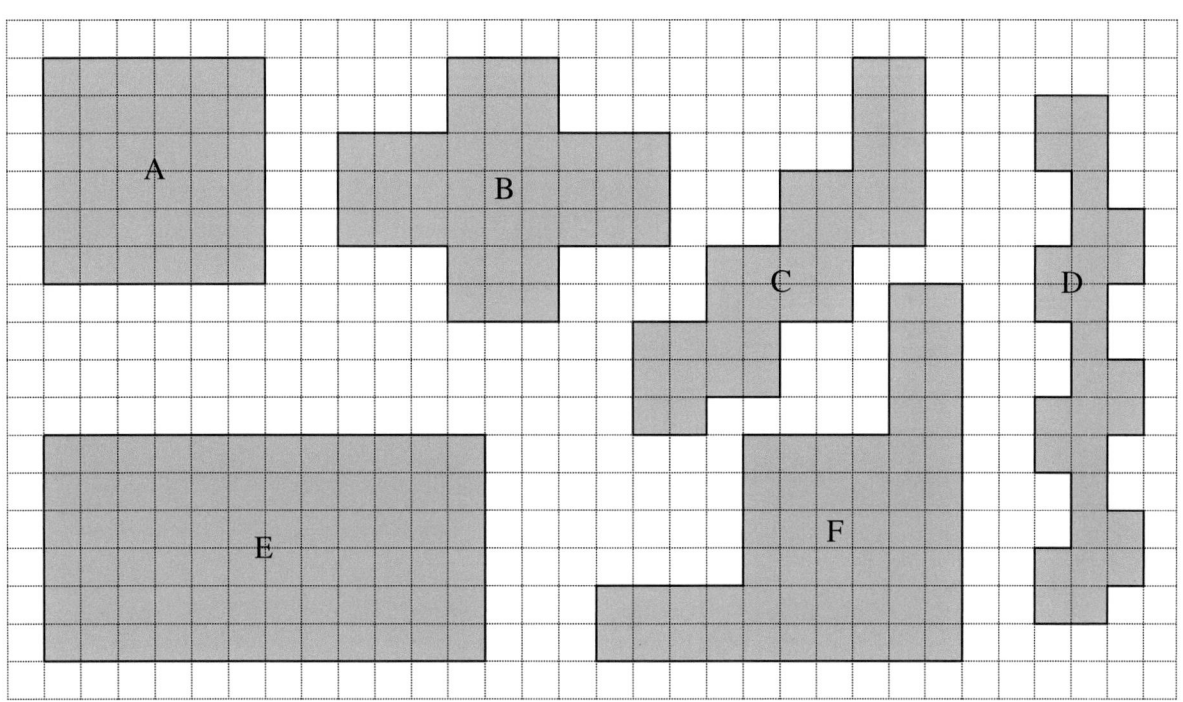

1 Schätze die Reihenfolgen:
Welche Figur hat den größten, welche den kleinsten Flächeninhalt bzw. Umfang?
Geordnet nach ...

Flächeninhalt: _____

Umfang: _____

2 Nun miss jeweils Flächeninhalt und Umfang.

	Figur A	Figur B	Figur C	Figur D	Figur E	Figur F
Flächeninhalt:	cm^2					
Umfang:	cm					

3 Wie gut waren deine Schätzungen?

_____

_____

_____

_____

Geometrische Grundbegriffe

Flächeninhalt und Umfang (Niveau 1)

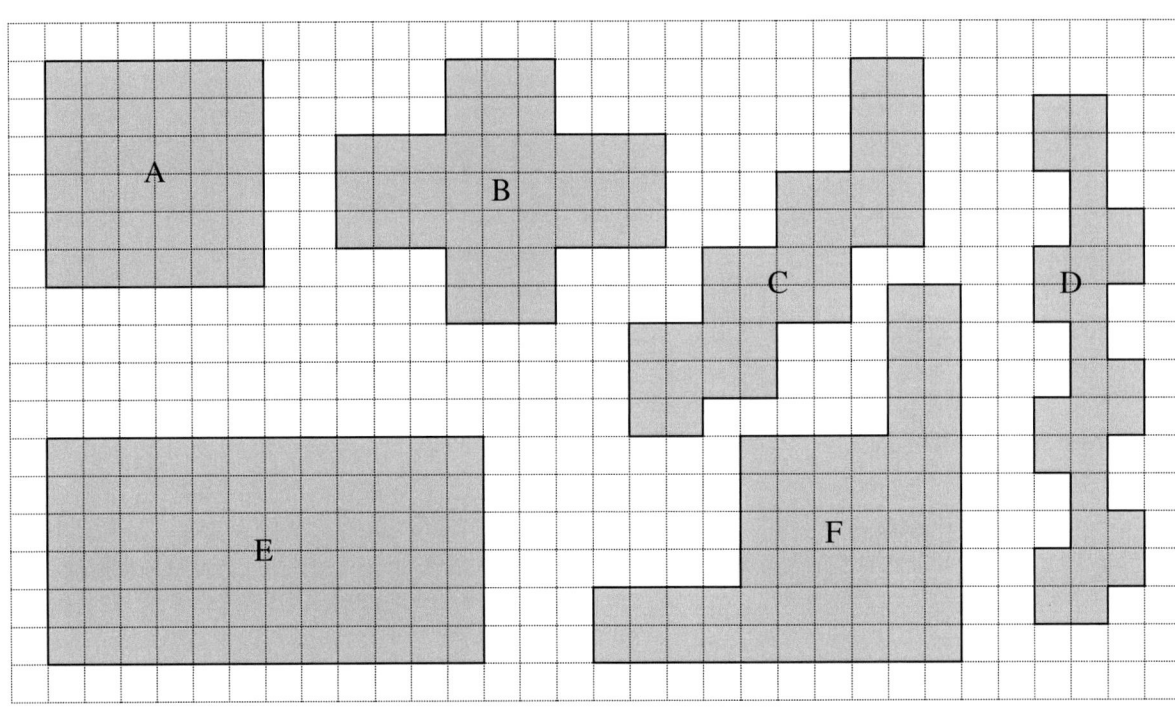

1 Schätze die Reihenfolgen:
Welche Figur hat den größten, welche den kleinsten Flächeninhalt bzw. Umfang?
Geordnet nach ...

Flächeninhalt: $A_D < A_C < A_A < A_B < A_F < A_E$

Umfang: $u_A < u_B < u_C = u_E < u_F < u_D$

2 Nun miss jeweils Flächeninhalt und Umfang.

	Figur A	Figur B	Figur C	Figur D	Figur E	Figur F
Flächeninhalt:	$9\,\text{cm}^2$	$9,75\,\text{cm}^2$	$8\,\text{cm}^2$	$7\,\text{cm}^2$	$18\,\text{cm}^2$	$13\,\text{cm}^2$
Umfang:	$12\,\text{cm}$	$16\,\text{cm}$	$18\,\text{cm}$	$22\,\text{cm}$	$18\,\text{cm}$	$20\,\text{cm}$

3 Wie gut waren deine Schätzungen?

individuelle Lösung

Geometrische Grundbegriffe

Flächeninhalt und Umfang (Niveau 2)

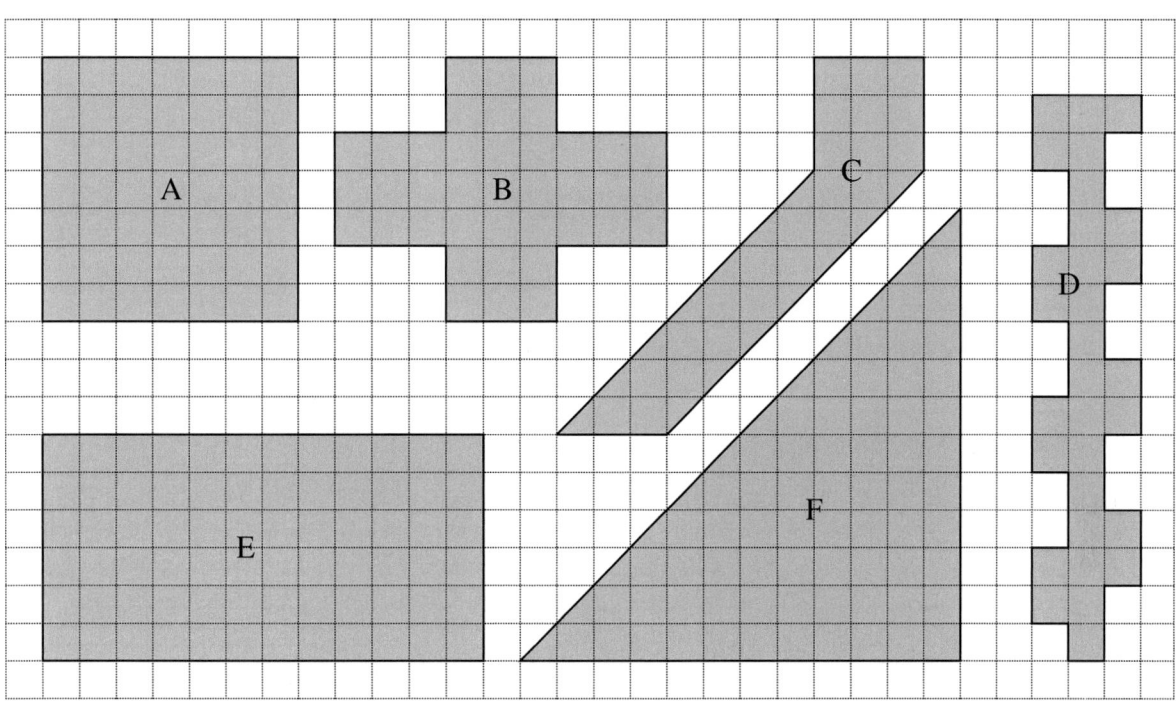

1 Schätze die Reihenfolgen:
Welche Figur hat den größten, welche den kleinsten Flächeninhalt bzw. Umfang?
Geordnet nach ...

Flächeninhalt: _____

Umfang: _____

2 Nun miss jeweils Flächeninhalt und Umfang.

	Figur A	Figur B	Figur C	Figur D	Figur E	Figur F
Flächeninhalt:	cm^2					
Umfang:	cm					

3 Wie gut waren deine Schätzungen?

_____

_____

_____

_____

Geometrische Grundbegriffe

Flächeninhalt und Umfang (Niveau 2)

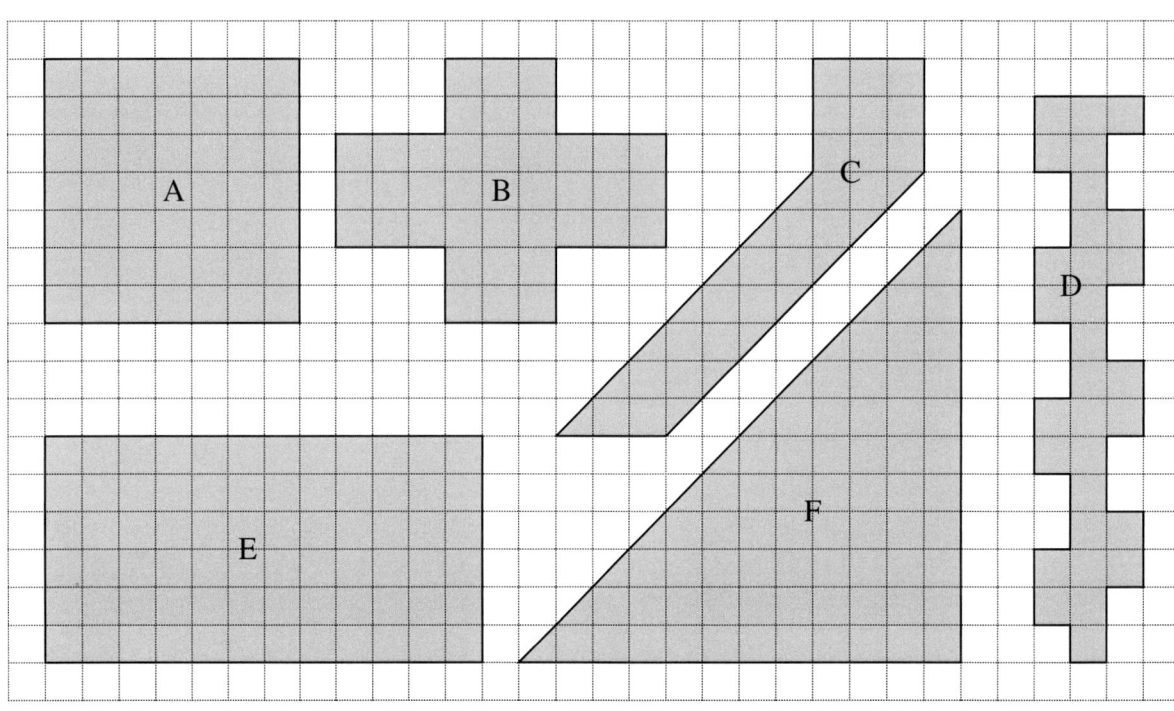

1 Schätze die Reihenfolgen:
Welche Figur hat den größten, welche den kleinsten Flächeninhalt bzw. Umfang?
Geordnet nach ...

Flächeninhalt: $A_C = A_D < A_B < A_A < A_E = A_F$

Umfang: $u_A < u_C < u_B < u_E < u_F < u_D$

2 Nun miss jeweils Flächeninhalt und Umfang.

	Figur A	Figur B	Figur C	Figur D	Figur E	Figur F
Flächeninhalt:	$12,25\,cm^2$	$9,75\,cm^2$	$7,5\,cm^2$	$7,5\,cm^2$	$18\,cm^2$	$18\,cm^2$
Umfang:	$14\,cm$	$16\,cm$	$\approx 15,8\,cm$	$24\,cm$	$18\,cm$	$\approx 20,5\,cm$

3 Wie gut waren deine Schätzungen?

individuell

Grundbegriffe der Geometrie

Figuren spiegeln (Niveau 1)

Ergänze zu achsensymmetrischen Figuren.

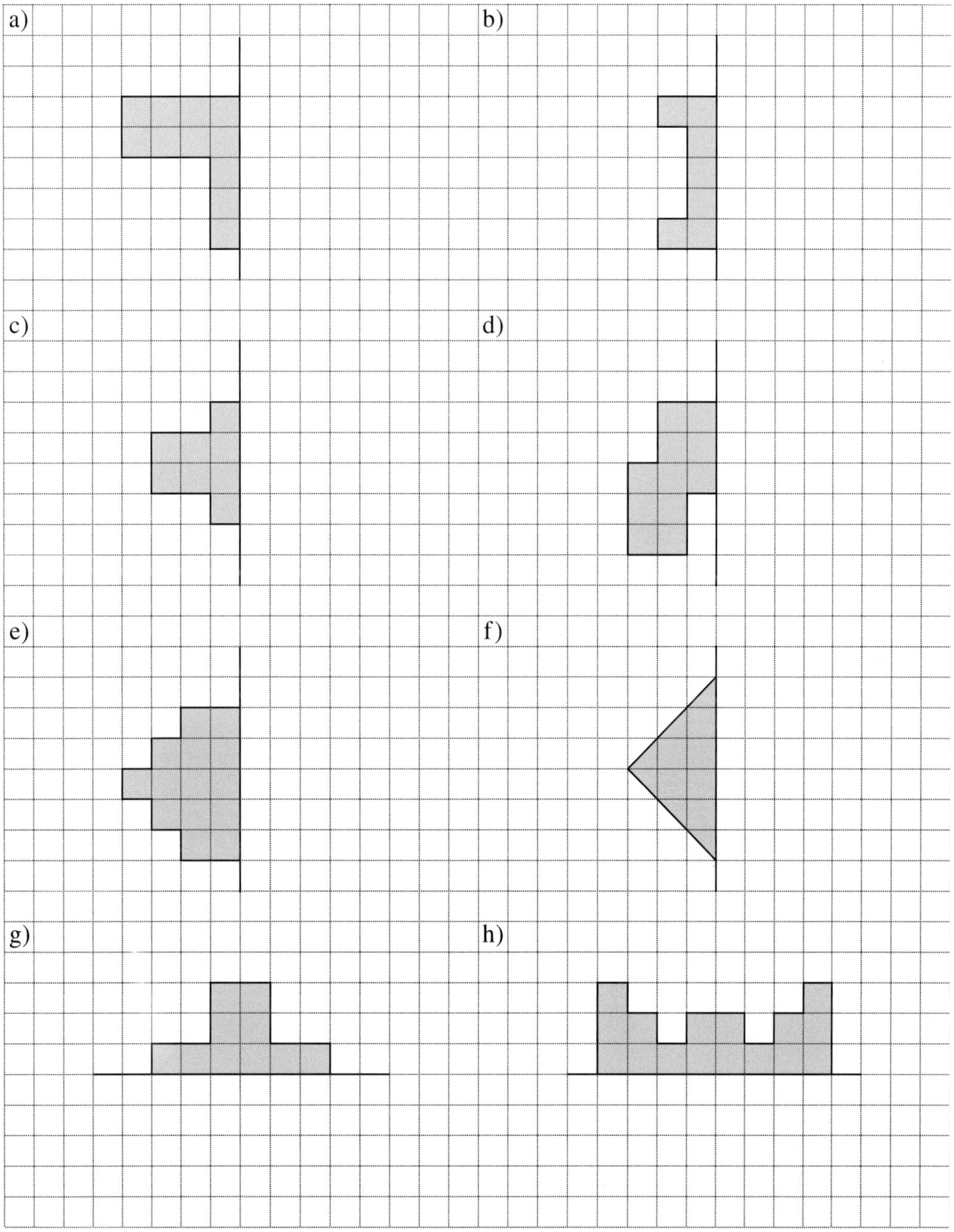

a)

b)

c)

d)

e)

f)

g)

h)

Grundbegriffe der Geometrie

Figuren spiegeln (Niveau 1)

Ergänze zu achsensymmetrischen Figuren.

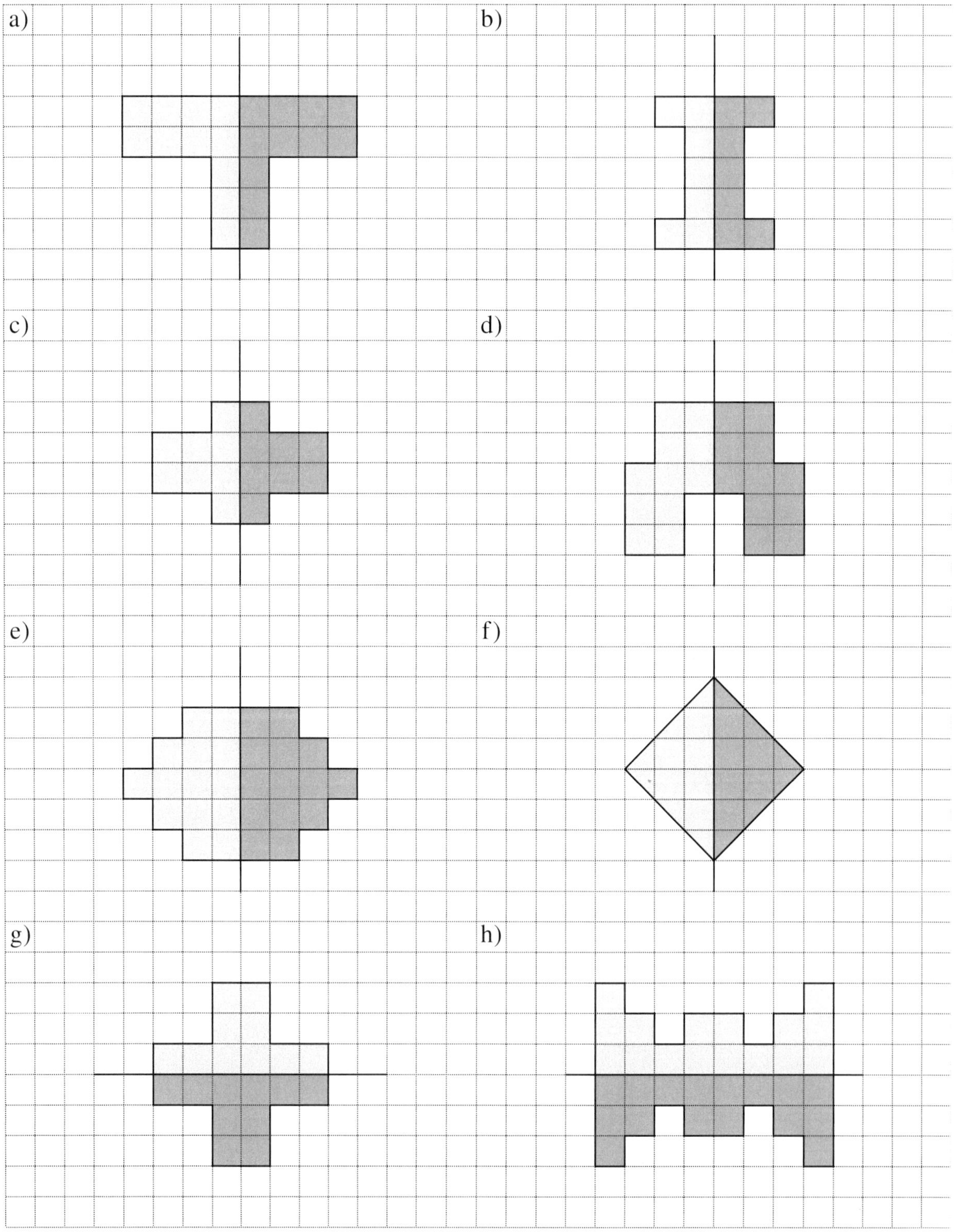

a)

b)

c)

d)

e)

f)

g)

h)

Grundbegriffe der Geometrie

Figuren spiegeln (Niveau 2)

Ergänze zu achsensymmetrischen Figuren.

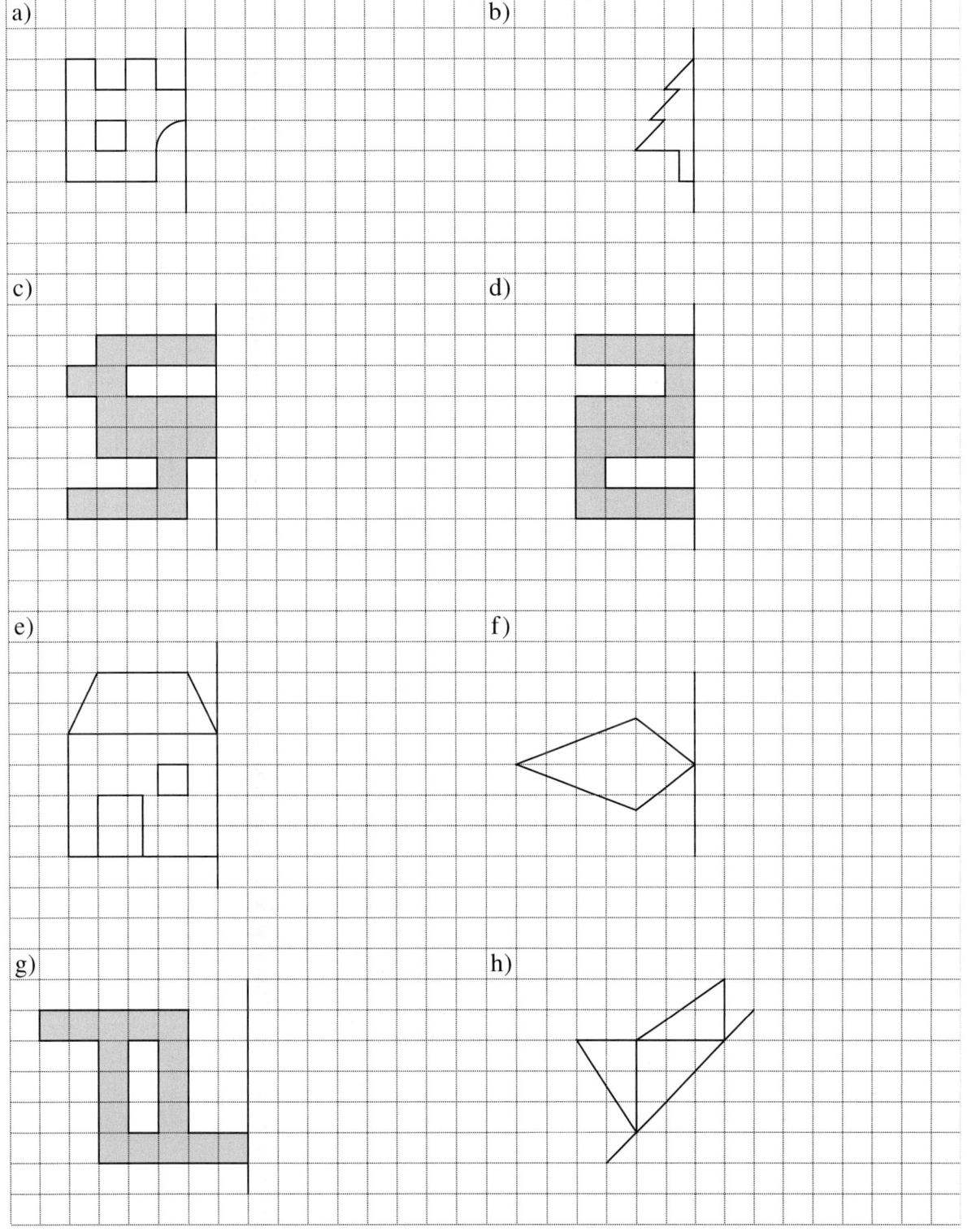

Grundbegriffe der Geometrie

Figuren spiegeln (Niveau 2)

Ergänze zu achsensymmetrischen Figuren.

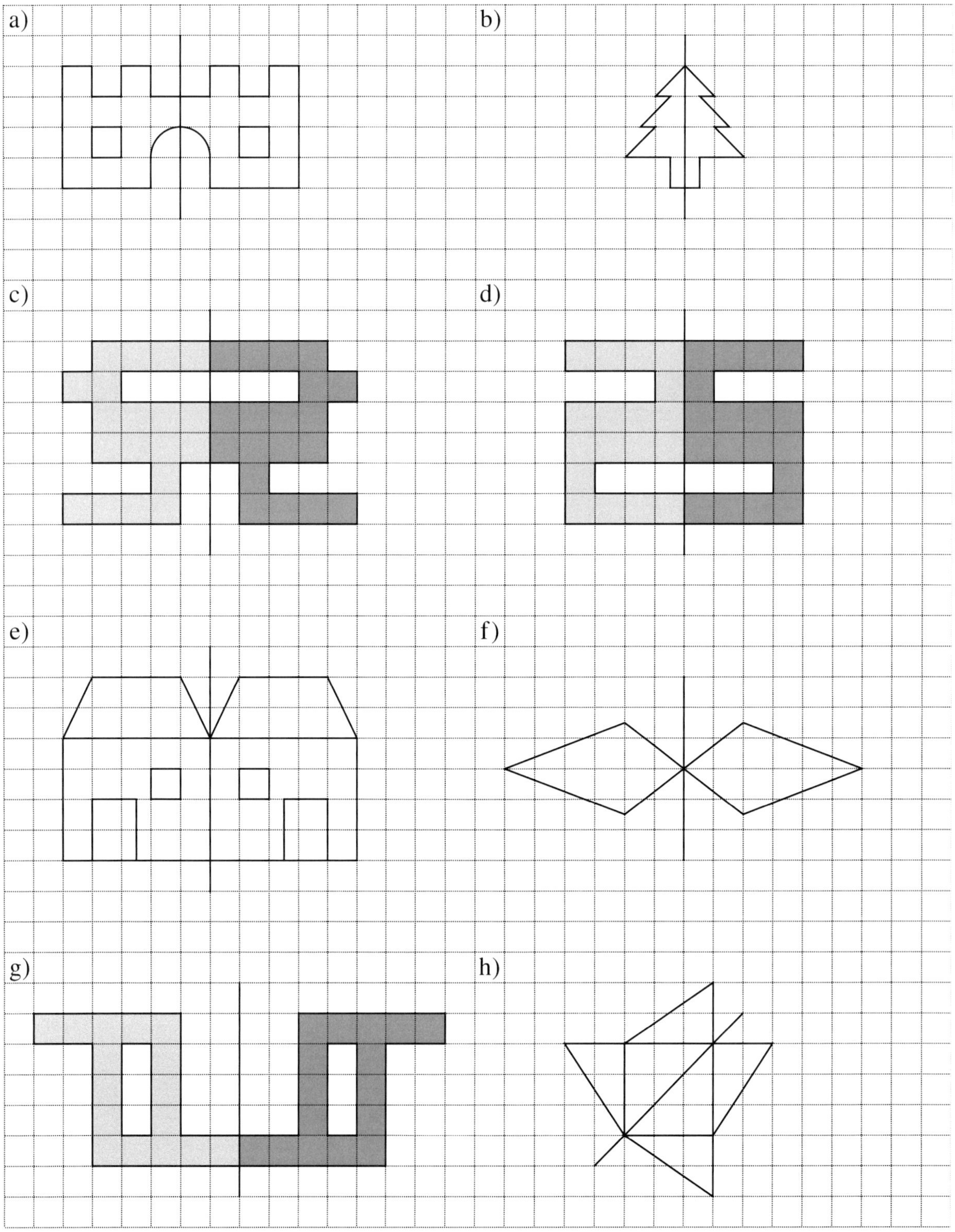

a)

b)

c)

d)

e)

f)

g)

h)

Geometrische Abbildungen

Spiegeln mit dem Geodreieck (Niveau 1)

1 Spiegle die Figuren mit dem Geodreieck an der jeweiligen Spiegelachse.

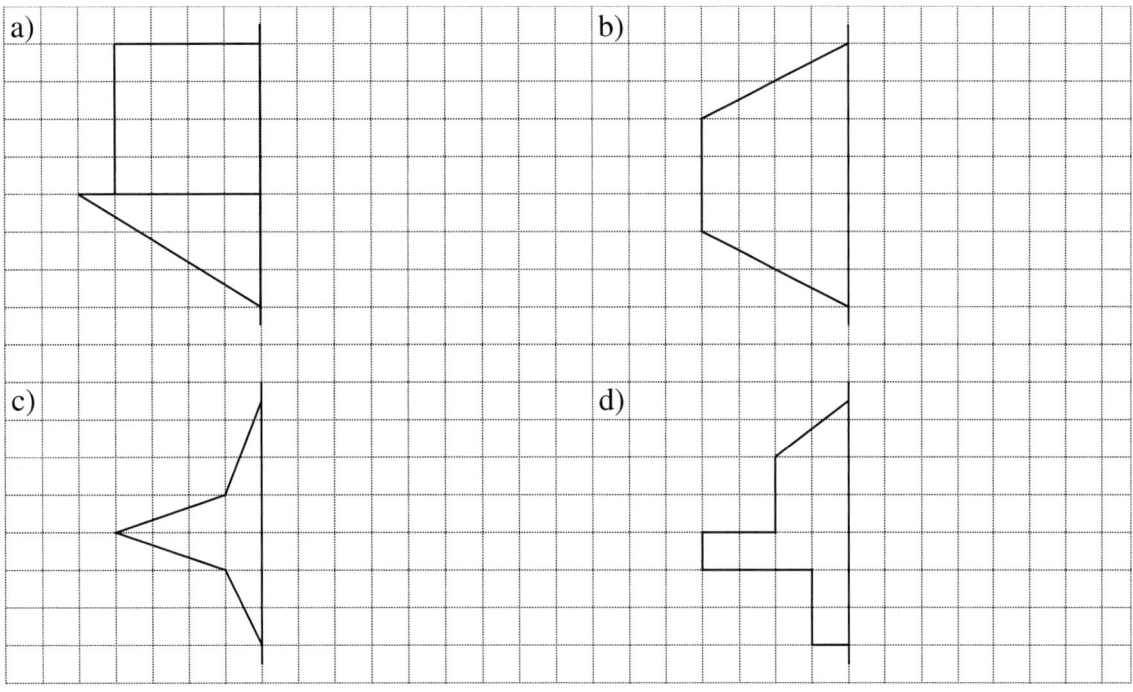

2 Ergänze zu achsensymmetrischen Figuren.

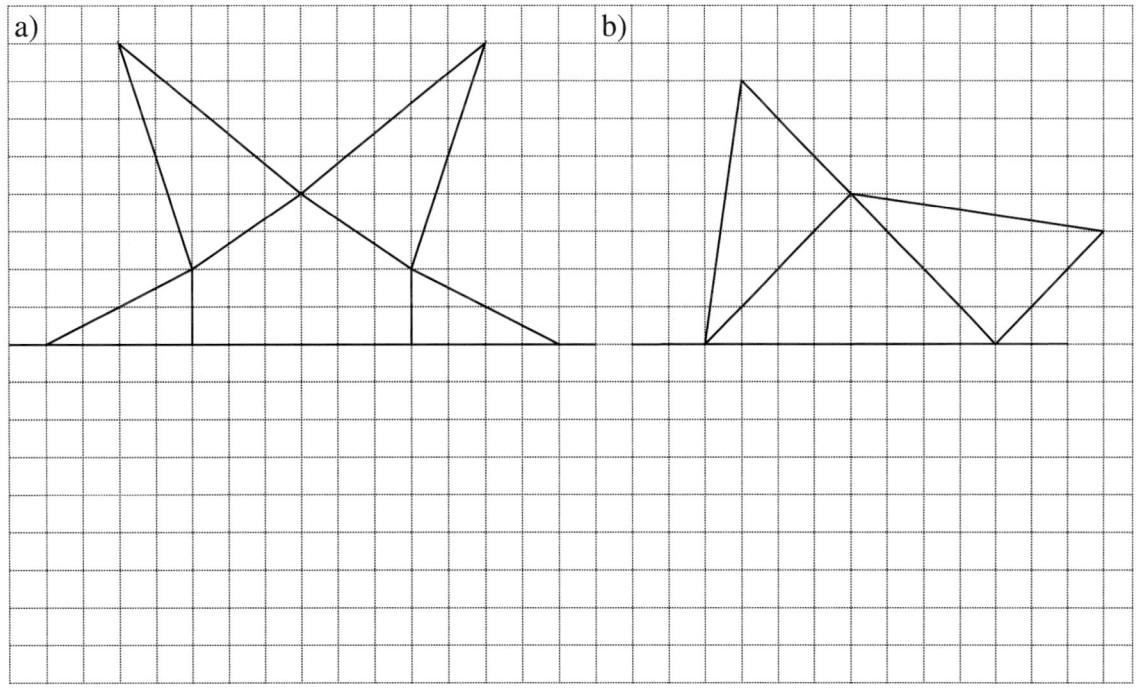

Geometrische Abbildungen

Spiegeln mit dem Geodreieck (Niveau 2)

1 Spiegle die Figuren mit dem Geodreieck an der jeweiligen Spiegelachse.

a)

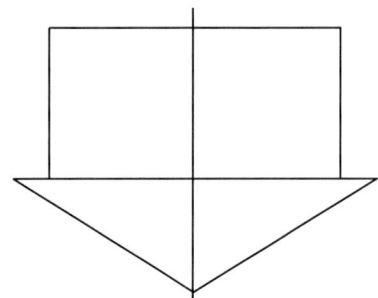

b)

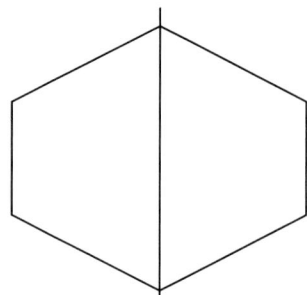

c)

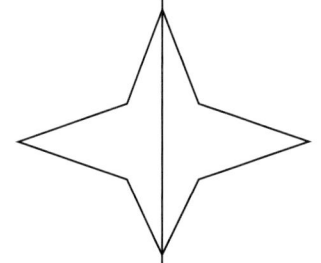

d)

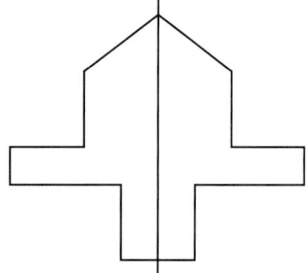

2 Ergänze zu achsensymmetrischen Figuren.

a)

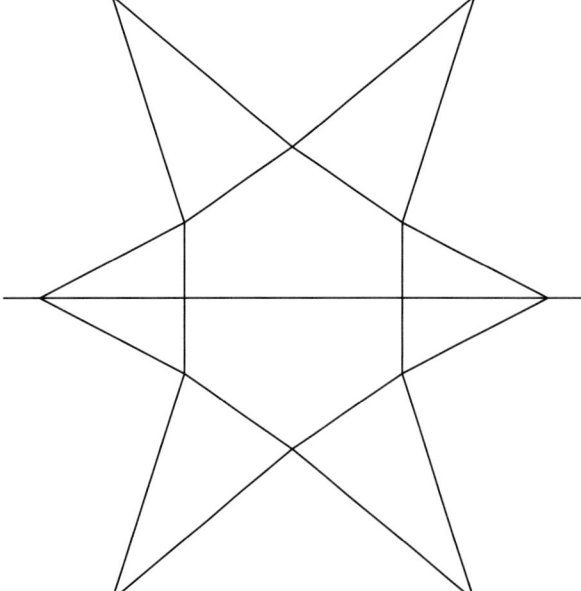

b)

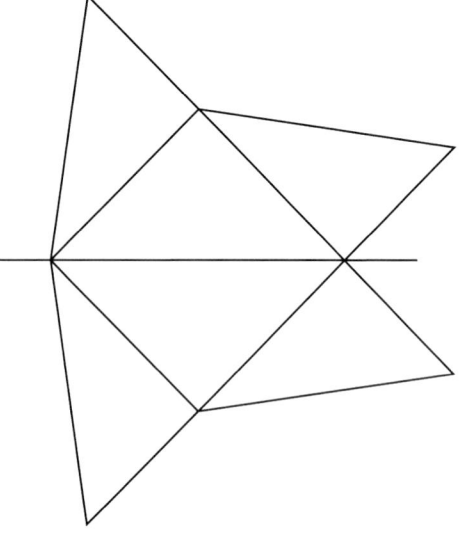

Name:	
Klasse:	Datum:

Geometrische Abbildungen

Spiegeln mit dem Geodreieck (Niveau 2)

1 Spiegle die Figuren mit dem Geodreieck an der jeweiligen Spiegelachse.

a)

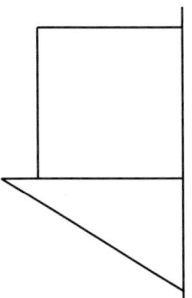

b)

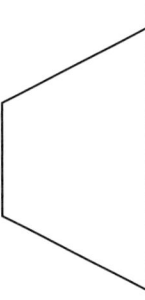

c)

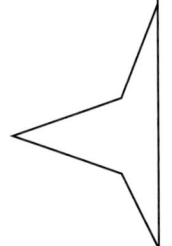

d)

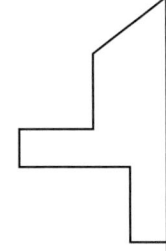

2 Ergänze zu achsensymmetrischen Figuren.

a)

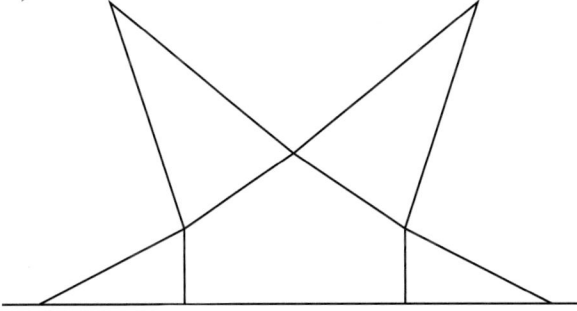

b)

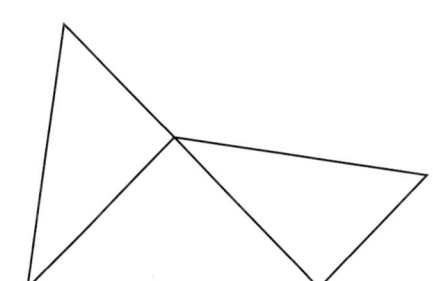

Geometrische Abbildungen

Spiegeln mit dem Geodreieck (Niveau 2)

1 Spiegle die Figuren mit dem Geodreieck an der jeweiligen Spiegelachse.

a)

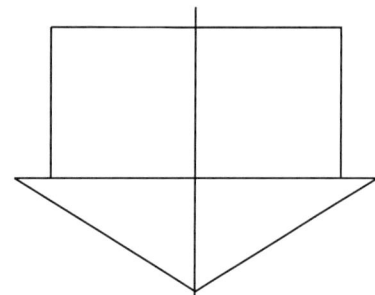

b)

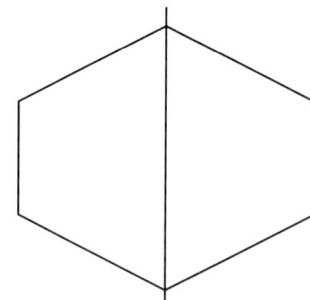

c)

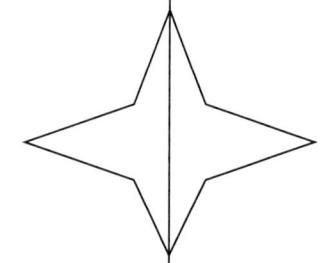

d)

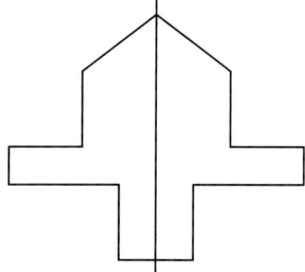

2 Ergänze zu achsensymmetrischen Figuren.

a)

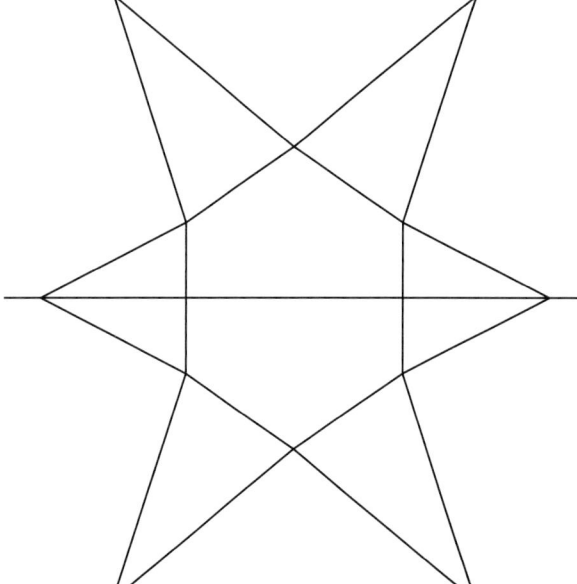

b)

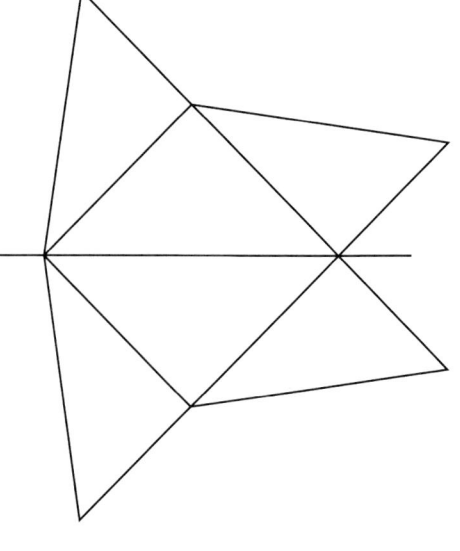

Name:	
Klasse:	Datum:

Ebene Figuren

Verschieben auf Karopapier (Niveau 1)

Verschiebe die Figuren so, wie es der Verschiebungspfeil anzeigt.

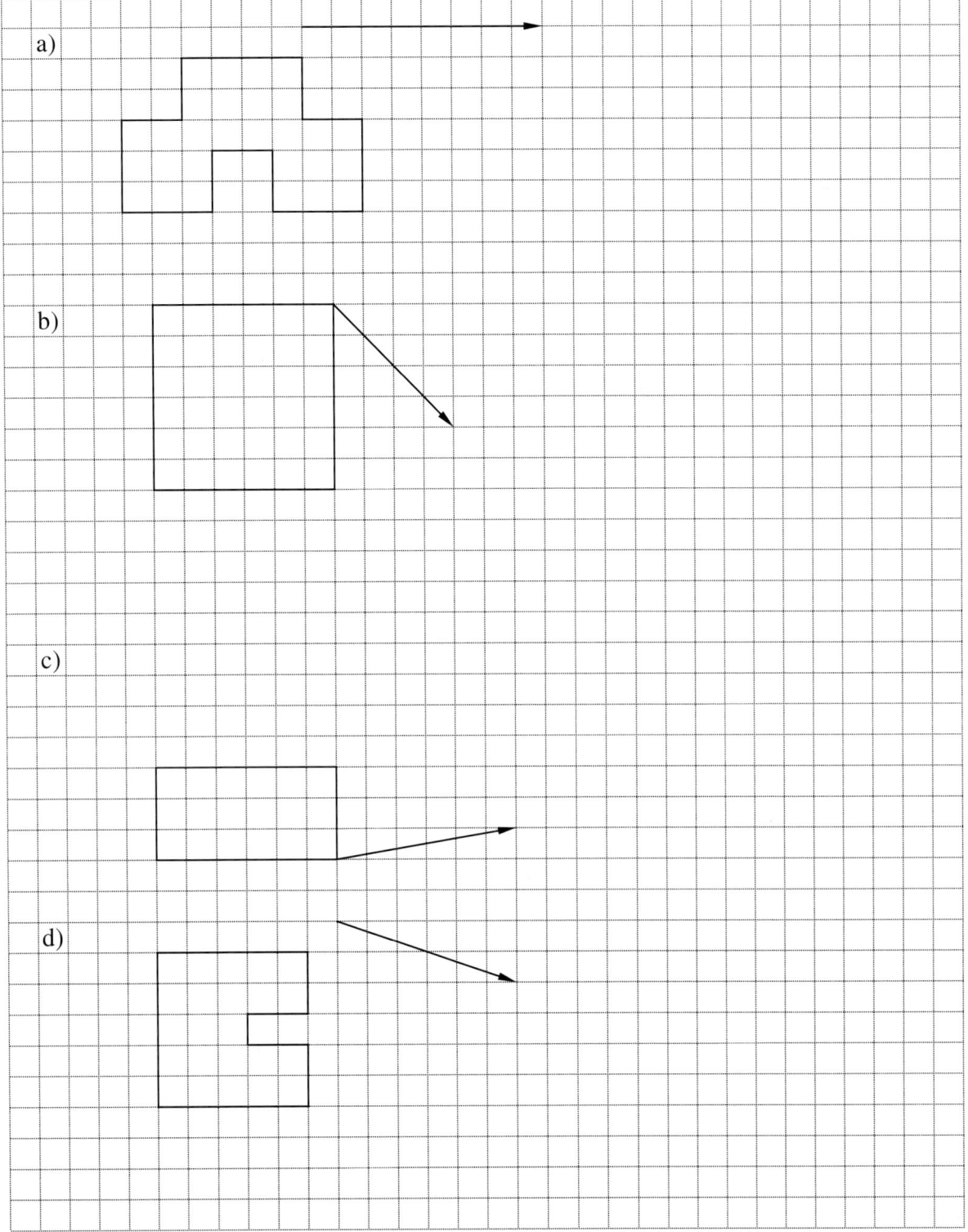

Ebene Figuren

Verschieben auf Karopapier (Niveau 1)

Verschiebe die Figuren so, wie es der Verschiebungspfeil anzeigt.

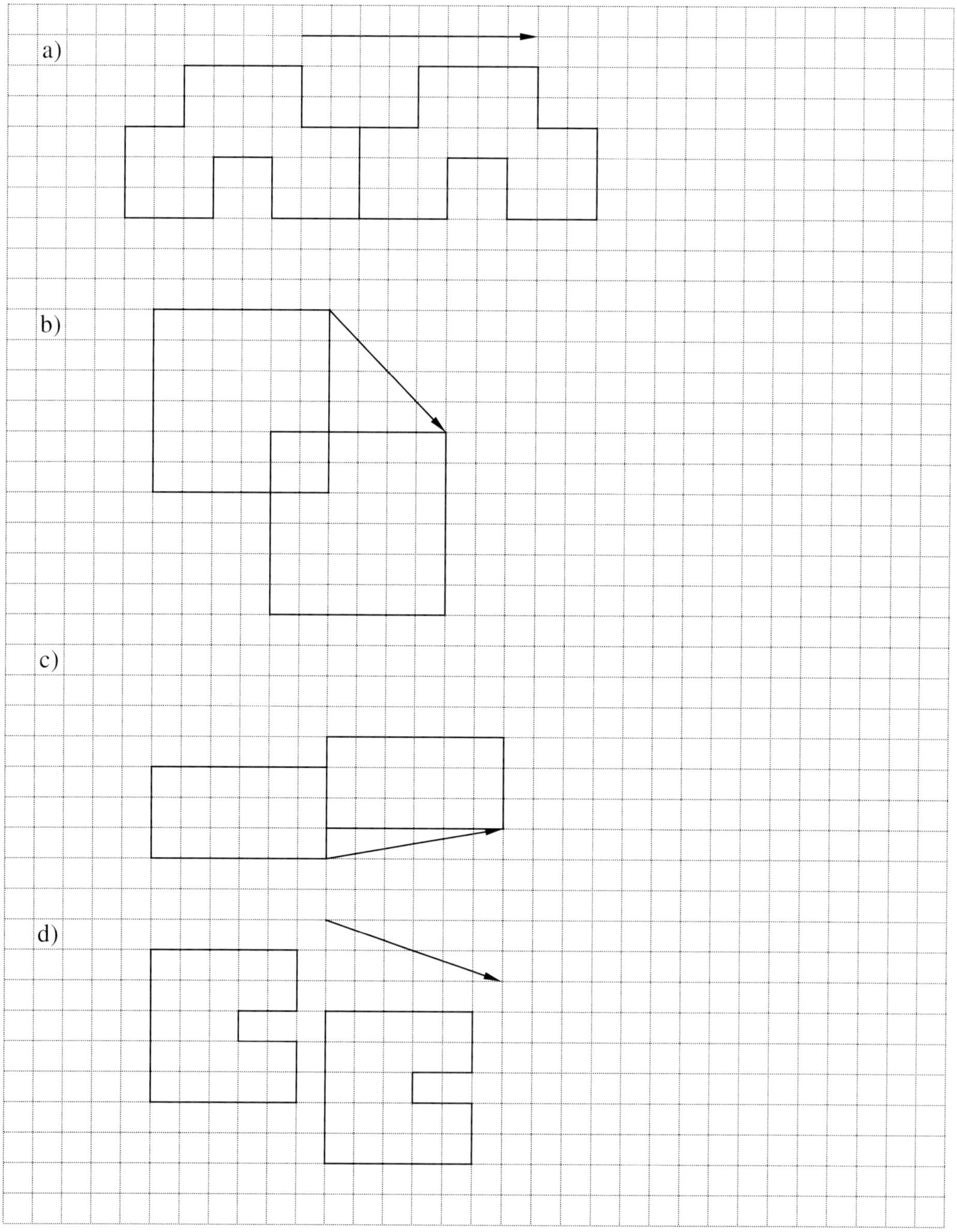

a)

b)

c)

d)

Ebene Figuren

Verschieben auf Karopapier (Niveau 2)

Verschiebe die Figuren so, wie es der Verschiebungspfeil anzeigt.

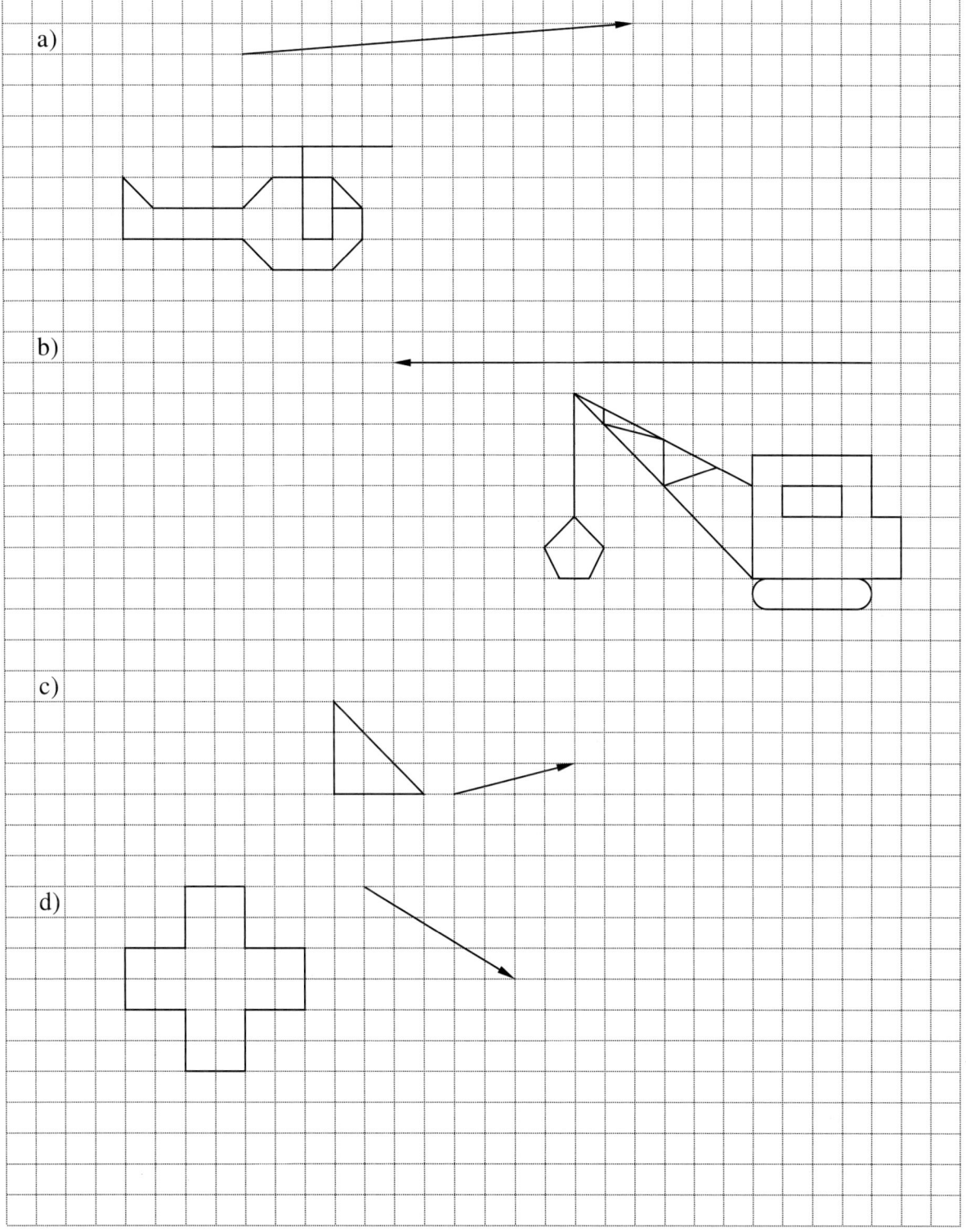

a)

b)

c)

d)

Ebene Figuren

Verschieben auf Karopapier (Niveau 2)

Verschiebe die Figuren so, wie es der Verschiebungspfeil anzeigt.

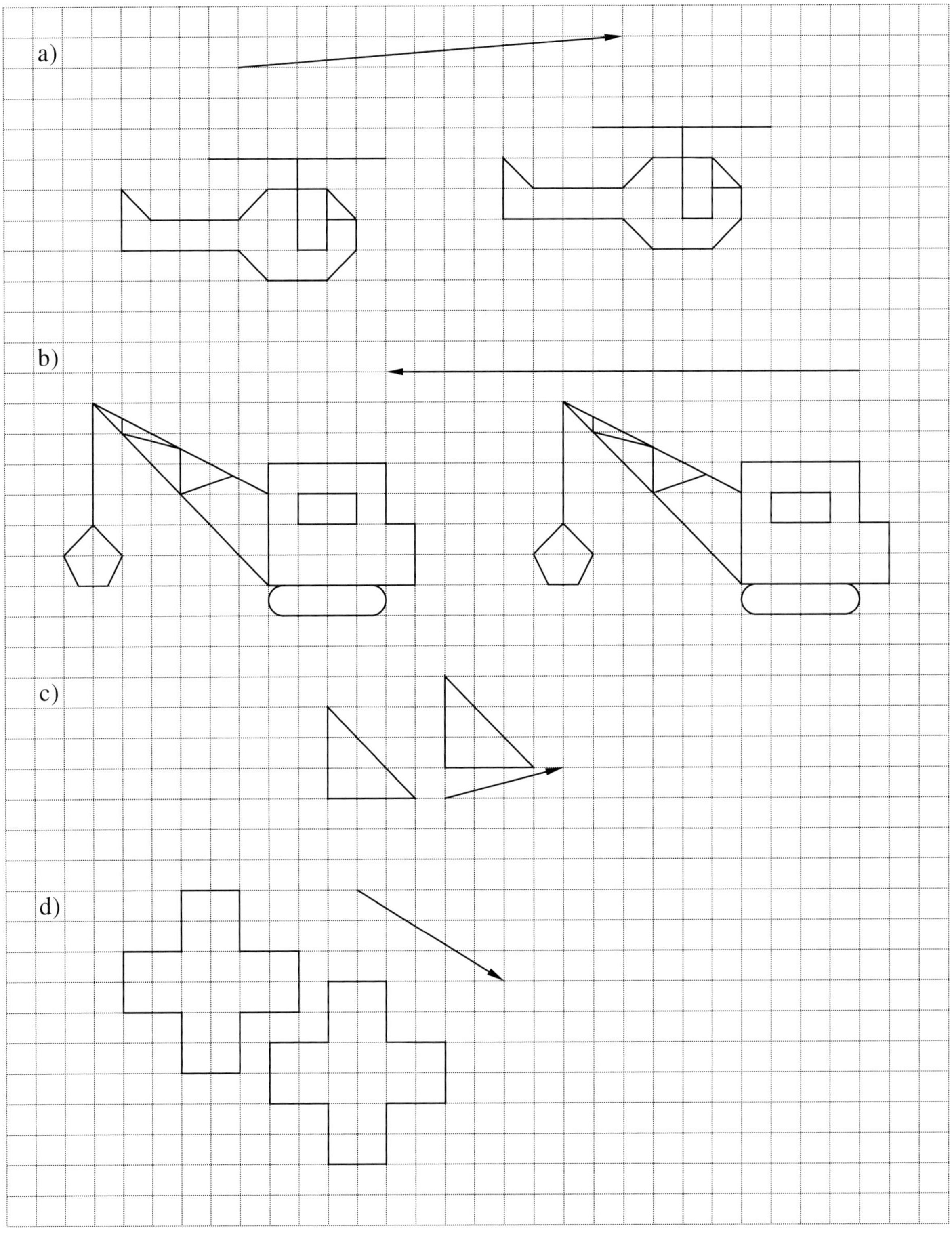

a)

b)

c)

d)

Inklusionsmaterial

Das nachfolgende Inklusionsmaterial berücksichtigt die individuelle Lernausgangslage der Schülerinnen und Schüler mit dem Förderschwerpunkt Lernen.

Materialien für Lernende mit erhöhtem Förderbedarf im inklusiven Unterricht

Klare und überschaubare Lernstrukturen, der auf das Wesentliche reduzierte Inhalte und die klare Gliederung fordern die Schülerinnen und Schüler zum mathematischen Denken heraus und bauen ihre Handlungskompetenz auf.

Die Kopiervorlagen des Inklusionsangebots sind parallel zu den differenzierenden Kopiervorlagen einsetzbar. Sie zeichnen sich durch kleine Stoffportionen, viele Wiederholungen und hohe Anschaulichkeit aus.

Weitere Kopiervorlagen für Ihren inklusiven Unterricht finden Sie hier:

Klick! Mathematik 5 – Kopiervorlagen (ISBN: 978-3-06-080549-5)
Klick! Mathematik 6 – Kopiervorlagen (ISBN: 978-3-06-080551-8)
Klick! Mathematik 7 – Kopiervorlagen (ISBN: 978-3-06-080595-2)
Klick! Mathematik 8 – Kopiervorlagen (ISBN: 978-3-06-080596-9)
Klick! Mathematik 9 – Kopiervorlagen (ISBN: 978-3-06-080597-6)
Klick! Mathematik 10 – Kopiervorlagen (ISBN: 978-3-06-080594-5)

Wir wünschen Ihnen mit diesem Material viel Erfolg in Ihrem Unterricht!

Ihr Cornelsen Verlag

Materialien für die Schüler/innen

**Mathematik
5. Schuljahr**

Schülerbuch
978-3-06-008502-6

Arbeitsheft
978-3-06-008503-3

**Klick! Mathematik
5. Schuljahr**

Schülerbuch
978-3-06-081751-1

Arbeitsheft
978-3-06-081757-3

**Klick! Mathematik
6. Schuljahr**

Schülerbuch
978-3-06-081752-8

Arbeitsheft
978-3-06-081758-0

Materialien für die Lehrkräfte

**Mathematik
5. Schuljahr**

**Handreichungen für den
Unterricht, Kopiervorlagen und
CD-ROM**
978-3-06-008505-7

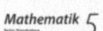

Lösungen zum Schülerbuch
978-3-06-008506-4

**Klick! Mathematik
5. Schuljahr**

Kopiervorlagen
978-3-06-080549-5

Handreichungen
978-3-06-080550-1

**Kopiervorlagen und
Handreichungen im Paket**
978-3-06-081763-4

**Klick! Mathematik
6. Schuljahr**

Kopiervorlagen
978-3-06-080551-8

Handreichungen
978-3-06-080552-5

**Kopiervorlagen und
Handreichungen im Paket**
978-3-06-081764-1

Im inklusiven Unterricht können Sie zusätzlich zu dem Schülerbuch *Mathematik* 5 die speziell für Lernende mit erhöhtem Förderbedarf entwickelte Lehrwerksreihe *Klick! Mathematik* einsetzen.
Die folgende Übersicht zeigt Ihnen, wie Sie Kompetenzen und Inhalte der beiden Lehrwerke miteinander verknüpfen können.

Seiten im Schülerbuch	Klick! Schülerbuch	Klick! Arbeitsheft	Klick! Kopiervorlagen
Kapitel: Zahlen und Größen			
S. 9-12: Natürliche Zahlen ordnen und vergleichen	**Schülerbuch Klick! 5:** S. 22, 23: Das Tausenderbuch S. 24, 25: Der Zahlenstrahl **Schülerbuch Klick! 6:** S. 15: Der Zahlenstrahl S. 16: Nachbarn auf dem Zahlenstrahl	**Arbeitsheft Klick! 6:** S. 6: Das Tausenderbuch S. 7: Der Zahlenstrahl	**Kopiervorlagen Klick! 5:** KV 1-16 (Allgemeine Kopiervorlagen) KV 34-40 (Zahlenraum bis 100) **Kopiervorlagen Klick! 6:** KV 18-26 (Zahlenraum bis 10 000)
S. 13-16: Natürliche Zahlen darstellen	**Schülerbuch Klick! 5:** S. 16-19: Bündeln und entbündeln S. 20, 21: Das Tausenderfeld S. 22, 23: Das Tausenderbuch **Schülerbuch Klick! 6:** S. 10: Orientierung im Zahlenraum bis 1000 S. 11: Die Zahlen in der Stellenwerttafel S. 12, 13: Übungen mit den Stellenwerten S. 14: Zahlen werden gebündelt S. 15: Der Zahlenstrahl S. 34, 35: Endlich mit großen Zahlen rechnen	**Arbeitsheft Klick! 5:** S. 4: Bündeln und entbündeln S. 5: Zahlenbilder und Stellenwerttafel S. 6: Das Tausenderbuch **Arbeitsheft Klick! 6:** S. 5: Die Zahlen in der Stellenwerttafel S. 6: Übungen mit den Stellenwerten S. 7: Der Zahlenstrahl S. 35: Bündel	**Kopiervorlagen Klick! 5:** KV 1-16 (Allgemeine Kopiervorlagen) KV 34-40 (Zahlenraum bis 100)
S. 17-20: Systematisch zählen und schätzen	**Schülerbuch Klick! 5:** S. 26: Runden **Schülerbuch Klick! 6:** S. 17: Runden S. 18, 19: Überschlagen S. 84: Überschlagen und rechnen – Einkäufe für das Schulfest S. 85: Überschlagen und rechnen – Im Möbelhaus S. 90, 91: Überschlagen	**Arbeitsheft Klick! 5:** S. 8: Runden **Arbeitsheft Klick! 6:** S. 8: Runden und Überschlagen S. 37: Überschlagen und rechnen S. 41: Überschlagen	**Kopiervorlagen Klick! 5:** KV 34-40 (Zahlenraum bis 100) **Kopiervorlagen Klick! 6:** KV 42-49 (Runden und Überschlagen)

Seiten im Schülerbuch	Klick! Schülerbuch	Klick! Arbeitsheft	Klick! Kopiervorlagen
S. 21-24: Masse und Geld	**Schülerbuch Klick! 5:** S. 32, 33: Gewichte vergleichen und messen S. 34, 35: Kilogramm und Gramm S. 124, 125: Euro und Cent S. 126, 127: Addition und Subtraktion von Geldbeträgen S. 128: Ergänzen von Geldbeträgen S. 129: Multiplikation und Division von Geldbeträgen S. 130, 131: Projekt „Klassenfrühstück" **Schülerbuch Klick! 6:** S. 27: Aufgaben verstehen: Genaues Lesen hilft S. 36: Sachaufgaben S. 60: Gewichte vergleichen und messen S. 61: Das Pfund S. 62, 63: Kilogramm und Gramm S. 64, 65: Kilogramm und Tonne S. 66: Schwere Tiere S. 67: Schwere Fahrzeuge	**Arbeitsheft Klick! 5:** S. 11: Gewichte S. 12: Kilogramm und Gramm S. 52: Euro und Cent S. 53: Addition und Subtraktion von Geldbeträgen S. 54: Ergänzen von Geldbeträgen S. 55: Multiplikation und Division von Geldbeträgen **Arbeitsheft Klick! 6:** S. 19: Im Zoo mit Giraffen S. 29: Gewichte vergleichen und Messen S. 30: Kilogramm und Gramm S. 31: Kilogramm und Tonne	**Kopiervorlagen Klick! 5:** KV 44-49b (Gewichte) KV 155-166 (Geld) **Kopiervorlagen Klick! 6:** KV 85-93b (Gewichte)
S. 25-28: Länge	**Schülerbuch Klick! 5:** S. 98, 99: Kinder und ihre Tiere S. 132: Wiederholung Längen S. 133: Zeichnen und Messen S. 134, 135: Zentimeter und Millimeter S. 136, 137: Meter und Zentimeter S. 138: Addition und Subtraktion von Längen S. 139: Multiplikation und Division von Längen S. 140: Kilometer S. 141: Kilometer und Meter S. 142, 143: Reisen in Deutschland **Schülerbuch Klick! 6:** S. 26: Aufgaben verstehen: Skizzen helfen weiter S. 36: Sachaufgaben S. 37: Mit dem Flugzeug durch Europa S. 58: Umgang mit Sachaufgaben S. 59: Hohe Berge S. 92, 93: Meter und Zentimeter S. 94: Zentimeter und Millimeter S. 95: Addition und Subtraktion von Längen S. 96, 97: Kilometer und Meter S. 98, 99: Formel 1	**Arbeitsheft Klick! 5:** S. 56: Zeichnen und Messen S. 57: Zentimeter und Millimeter S. 58: Zeichnen und Messen S. 59: Meter und Zentimeter S. 60: Addition und Subtraktion von Längen S. 61: Kilometer und Meter **Arbeitsheft Klick! 6:** S. 12: Aufgaben verstehen: Skizzen helfen weiter S. 13: Aufgaben verstehen: Genaues Lesen hilft weiter S. 22: Umfang – Sachaufgaben S. 42: Meter, Zentimeter und Millimeter S. 43: Kilometer und Meter	**Kopiervorlagen Klick! 5:** KV 167-178 (Längen) **Kopiervorlagen Klick! 6:** KV 127-136 (Längen) KV 38-41 (Umgang mit Sachaufgaben)

Seiten im Schülerbuch	Klick! Schülerbuch	Klick! Arbeitsheft	Klick! Kopiervorlagen
S. 29-32: Zeit	**Schülerbuch Klick! 5:** S. 98, 99: Kinder und ihre Tiere S. 100, 101: Der Kalender S. 102, 103: Die Uhrzeit S. 104, 105: Wie spät ist es genau? S. 106: Stunden und Minuten S. 107: Minuten und Sekunden S. 108, 109: Zeitpunkte S. 110, 111: Zeitdauer S. 112, 113: Wann fährt der Bus? **Schülerbuch Klick! 6:** S. 36: Sachaufgaben S. 132: Der Kalender S. 133: Wie spät ist es? S. 134: Uhrzeit für Profis S. 135: Projekt „Römische Zahlen" S. 136, 137: Stunden, Minuten und Sekunden S. 140, 141: Zeitdauer S. 142, 143: Fahrplan	**Arbeitsheft Klick! 5:** S. 42: Der Kalender S. 43: Die Uhrzeit S. 44, 45: Wie spät ist es genau? S. 46: Stunden, Minuten und Sekunden S. 47: Zeitpunkte und Zeitdauer **Arbeitsheft Klick! 6:** S. 56: Der Kalender S. 57: Die Uhrzeit S. 58: Uhrzeit für Profis S. 59: Stunden, Minuten und Sekunden S. 60: Zeitpunkte und Zeitdauer	**Kopiervorlagen Klick! 5:** KV 130-142 (Die Zeit) **Kopiervorlagen Klick! 6:** KV 173-187 (Zeit)

Kapitel: Natürliche Zahlen addieren und subtrahieren

Seiten im Schülerbuch	Klick! Schülerbuch	Klick! Arbeitsheft	Klick! Kopiervorlagen
S. 43-46: Im Kopf addieren und subtrahieren	**Schülerbuch Klick! 5:** S. 6, 7: Addition bis 100 S. 8, 9: Subtraktion bis 100 S. 10: Rechendreiecke und Zauberquadrate S. 11: Sachrechnen S. 27: Rechnen mit dem Taschenrechner S. 36, 37: Geschicktes Rechnen – Addition im Kopf S. 38: Addition über den Hunderter S. 60, 61: Geschicktes Rechnen – Subtraktion im Kopf S. 63: Subtraktion über den Hunderter **Schülerbuch Klick! 6:** S. 6: Addition und Subtraktion bis 1000 S. 38: Das kannst du schon	**Arbeitsheft Klick! 5:** S. 1: Addition und Subtraktion bis 100 S. 2: Rechendreiecke, Sachrechnen, Aufgabenfamilien S. 13: Addition im Kopf S. 14: Addition über den Hunderter **Arbeitsheft Klick! 6:** S. 1: Addition und Subtraktion im Kopf S. 2: Addition und Subtraktion bis 1000	**Kopiervorlagen Klick! 5:** KV 1-16 (Allgemeine Kopiervorlagen) KV 17-33c (Wiederholung)
S. 47-50: Rechen-vorteile und Rechen-gesetze	**Schülerbuch Klick! 8:** S. 6: Kopfrechnen leicht gemacht	**Arbeitsheft Klick! 8:** S. 1, 2: Kopfrechnen leicht gemacht	**Kopiervorlagen Klick! 8:** KV 32-3 (Kopfrechnen leicht gemacht)

Seiten im Schülerbuch	Klick! Schülerbuch	Klick! Arbeitsheft	Klick! Kopiervorlagen
S. 51-55: Schriftlich addieren und subtrahieren	**Schülerbuch Klick! 5:** S. 27: Rechnen mit dem Taschenrechner S. 39: Halbschriftliche Addition S. 40: Addition auf verschiedenen Wegen S. 41: Schriftliche Addition ohne Übertrag S. 42: Mit dem Flugzeug auf die Insel S. 43: Addition mit Null S. 44, 45: Schriftliche Addition mit Übertrag bei den Einern S. 46: Schriftliche Addition mit Übertrag bei den Zehnern S. 47: Schriftliche Addition mit Übertrag S. 48, 49: Das kannst du schon S. 50: Übung und Wiederholung S. 51: Aufgaben für Profis S. 62: Halbschriftliche Subtraktion ohne Überschreitung S. 63: Subtraktion über den Hunderter S. 64, 65: Halbschriftliche Subtraktion mit Überschreitung S. 66: Schriftliche Subtraktion ohne Übertrag S. 67: Rund ums Kino S. 68- 71: Schriftliche Subtraktion mit Übertrag bei den Einern S. 72, 73: Schriftliche Subtraktion mit Übertrag bei den Zehnern S. 78, 79: Schriftliche Subtraktion mit Probe S. 80: Schriftliche Subtraktion bei ungleicher Stellenzahl S. 81: Die Null in der schriftlichen Subtraktion S. 82, 83: Übung S. 84: Sachaufgaben S. 85: Das kannst du schon S. 144: Schriftliche Subtraktion im Ergänzungsverfahren	**Arbeitsheft Klick! 5:** S. 2: Rechendreiecke, Sachrechnen, Aufgabenfamilien S. 9: Rechnen mit dem Taschenrechner S. 15: Halbschriftliche Addition S. 16: Schriftliche Addition ohne Übertrag S. 17: Addition mit Null S. 18: Schriftliche Addition mit Übertrag bei den Einern S. 19: Schriftliche Addition mit Übertrag bei den Zehnern S. 20: Beim Sommerfest in der Schule S. 24: Mündliche und halbschriftliche Subtraktion S. 25: Halbschriftliche Subtraktion mit Überschreitung S. 26: Schriftliche Subtraktion ohne Übertrag S. 27: Schriftliche Subtraktion mit Übertrag bei den Einern S. 28: Schriftliche Subtraktion mit Übertrag bei den Zehnern S. 29: Sachaufgaben zur Subtraktion S. 30: Im Zirkus S. 32: Schriftliche Subtraktion mit Probe S. 33: Schwierige Aufgaben S. 34, 35: Übung	**Kopiervorlagen Klick! 5:** KV 1-16 (Allgemeine Kopiervorlagen) KV 17-33c (Wiederholung) KV 34-40 (Zahlenraum bis 100) KV 50-69 (Addition) KV 78-92b (Subtraktion 1) KV 100-106 (Subtraktion 2)

Seiten im Schülerbuch	Klick! Schülerbuch	Klick! Arbeitsheft	Klick! Kopiervorlagen
S. 51-55: Schriftlich addieren und subtrahieren (Fortsetzung)	**Schülerbuch Klick! 6:** S. 7: Schriftliche Addition S. 8: Schriftliche Subtraktion ohne Übertrag S. 9: Schriftliche Subtraktion mit einem Übertrag S. 20, 21: Rechnen mit dem Taschenrechner S. 34, 35: Endlich mit großen Zahlen rechnen S. 39: Aufgaben für Profis S. 52, 53: Schriftliche Subtraktion mit zwei Überträgen S. 54, 55: Schriftliche Subtraktion mit Übertrag bei der Null S. 56, 57: Übung S. 144 Schriftliche Subtraktion im Ergänzungsverfahren	**Arbeitsheft Klick! 6:** S. 4: Schriftliche Subtraktion S. 3: Schriftliche Addition S. 9: Rechnen mit dem Taschenrechner S. 17: Endlich mit großen Zahlen rechnen S. 18: Schriftliche Addition mit Überträgen S. 19: Im Zoo mit Giraffen S. 23: Mündliche Subtraktion zur Wiederholung S. 24: Schriftliche Subtraktion mit Überträgen S. 25: Rechnen mit Null S. 26: Rechnen mit Übertrag S. 27: Sachaufgaben zur Subtraktion	**Kopiervorlagen Klick! 6:** KV 10-17 (Wiederholung) KV 30-37 (Taschenrechner) KV 50-59 (Addition)) KV 73-84 (Subtraktion)

Kapitel: Daten

Seiten im Schülerbuch	Klick! Schülerbuch	Klick! Arbeitsheft	Klick! Kopiervorlagen
S. 65-68: Daten erheben und auswerten	**Schülerbuch Klick! 6:** S. 28, 29: Kinder und Jugendliche in Deutschland S. 30, 31: Unser Wetter	**Arbeitsheft Klick! 6:** S. 14: Kinder und Jugendliche in Deutschland S. 15: Unser Wetter	**Kopiervorlagen Klick! 6:** KV 42-49 (Daten und Zufall)
S. 69-75: Daten darstellen	**Schülerbuch Klick! 6:** S. 28, 29: Kinder und Jugendliche in Deutschland S. 30, 31: Unser Wetter	**Arbeitsheft Klick! 6:** S. 14: Kinder und Jugendliche in Deutschland S. 15: Unser Wetter	**Kopiervorlagen Klick! 6:** KV 42-49 (Daten und Zufall)

Kapitel: Natürliche Zahlen multiplizieren und dividieren

Seiten im Schülerbuch	Klick! Schülerbuch	Klick! Arbeitsheft	Klick! Kopiervorlagen
S. 85-90: Im Kopf multiplizieren und dividieren	**Schülerbuch Klick! 5:** S. 12, 13, 14, 15: Kopfrechnen: Multiplikation und Division S. 27: Rechnen mit dem Taschenrechner S. 90, 91: Wiederholung Multiplikation S. 120, 121: Wiederholung Division **Schülerbuch Klick! 6:** S. 76, 77: Wiederholung S. 87: Es muss nicht immer schriftlich sein S. 118: Division im Kopf S. 119: Division mit Rest	**Arbeitsheft Klick! 5:** S. 3: Multiplikation und Division S. 37: Zehner-Einmaleins **Arbeitsheft Klick! 6:** S. 33: Wiederholung: Multiplikation S. 37: Überschlagen und rechnen S. 50: Division im Kopf und Division mit Rest	**Kopiervorlagen Klick! 5:** KV 17-33c (Wiederholung) **Kopiervorlagen Klick! 6:** KV 156-172 (Division)

Seiten im Schülerbuch	Klick! Schülerbuch	Klick! Arbeitsheft	Klick! Kopiervorlagen
S. 91-96: Schriftlich multiplizieren und dividieren	**Schülerbuch Klick! 5:** S. 27: Rechnen mit dem Taschenrechner S. 92, 93: Halbschriftliche Multiplikation S. 94, 95: Übung S. 96, 97: Schriftliche Multiplikation S. 122, 123: Halbschriftliche Division **Schülerbuch Klick! 6:** S. 20, 21: Rechnen mit dem Taschenrechner S. 78, 79: Halbschriftliche Multiplikation S 81: Auf dem Weg zur schriftlichen Multiplikation S. 82, 83: Schriftliche Multiplikation S. 86: Multiplikation mit Zehnerzahlen S. 88, 89: Multiplikation mit zweistelligen Zahlen S. 119: Division mit Rest S. 120, 121: Halbschriftliche Division S. 122, 123: Halbschriftliche Division im Zahlenraum bis 10 000 S. 124, 125: Schriftliche Division: Einführung S. 126: Schriftliche Division S. 127: Division mit Rest S. 128: Schriftliche Division: Sonderfälle S. 129: Die Null in der schriftlichen Division S. 130: Schriftliche Division mit Zehnerzahlen S. 131: Aufgaben für Profis	**Arbeitsheft Klick! 5:** S. 38, 39: Halbschriftliche Multiplikation S. 40: Kellner müssen rechnen können S. 41: Schriftliche Multiplikation S. 50: Halbschriftliche Division S. 51: Auf dem Bauernhof **Arbeitsheft Klick! 6:** S. 34: Halbschriftliche Multiplikation S. 35: Bündeln S. 36: Schriftliche Multiplikation S. 38: Multiplikation mit Zehnerzahlen S. 39: Multiplikation mit zweistelligen Zahlen (1) S. 40: Multiplikation mit zweistelligen Zahlen (2) S. 41: Überschlagen S. 50: Division im Kopf und Division mit Rest S. 51: Halbschriftliche Division S. 52: Schriftliche Division S. 53: Division mit Rest und Division mit Null S. 54: Schriftliche Division mit Zehnerzahlen S. 55: Aufgaben für Profis	**Kopiervorlagen Klick! 5:** KV 1-16 (Allgemeine Kopiervorlagen) KV 17-33c (Wiederholung) KV 108-129 (Multiplikation) KV 150-158 (Division) **Kopiervorlagen Klick! 6:** KV 102-126 (Multiplikation) KV 156-172 (Division)
S. 97-99: Rechenregeln sinnvoll nutzen	**Schülerbuch Klick! 7:** S. 100:Rechenregeln	**Arbeitsheft Klick! 7:** S. 37:Rechenregeln	**Kopiervorlagen Klick! 7:** KV 125 (Üben der Rechenregeln)

Kapitel: Geometrische Figuren zeichnen

Seiten im Schülerbuch	Klick! Schülerbuch	Klick! Arbeitsheft	Klick! Kopiervorlagen
S. 109-114: Geraden, Parallelen, Senkrechte	**Schülerbuch Klick! 5:** S. 28: Parallel S. 29: Senkrecht S. 30, 31: Senkrechte und parallele Geraden zeichnen S. 133: Zeichnen und Messen	**Arbeitsheft Klick! 5:** S. 10: Parallele und senkrechte Geraden zeichnen S. 23: Figuren ergänzen S. 56: Zeichnen und Messen	**Kopiervorlagen Klick! 5:** KV 41-43 (Lagebeziehungen) KV 167 (Längen)

Seiten im Schülerbuch	Klick! Schülerbuch	Klick! Arbeitsheft	Klick! Kopiervorlagen
S. 115-118: Das Koordinaten-system	**Schülerbuch Klick! 8:** S. 74: Das Koordinatensystem		**Kopiervorlagen Klick! 8:** KV 113-114 (Fit im Koordinatensystem)
S. 119-122: Flächen erkennen und beschreiben	**Schülerbuch Klick! 6:** S. 100, 101: Fläche und Flächeninhalt	**Arbeitsheft Klick! 6:** S. 44: Fläche und Flächeninhalt	**Kopiervorlagen Klick! 6:** KV 137-138 (Flächen)
S. 123-127: Besondere Vielecke	**Schülerbuch Klick! 6:** S. 100, 101: Fläche und Flächeninhalt	**Arbeitsheft Klick! 6:** S. 44: Fläche und Flächeninhalt	**Kopiervorlagen Klick! 6:** KV 137-138 (Flächen)

Kapitel: Brüche und Verhältnisse

Seiten im Schülerbuch	Klick! Schülerbuch	Klick! Arbeitsheft	Klick! Kopiervorlagen
S. 141-146: Brüche als Teil eines Ganzen	**Schülerbuch Klick! 6:** S. 106, 107: Gerecht aufteilen S. 108: Die Teile haben Namen S.110: Die Teile kann man als Zahl schreiben	**Arbeitsheft Klick! 6:** S. 45: Gerecht aufteilen S. 46: Die Teile haben Namen S. 47: Die Teile kann man als Zahl schreiben	**Kopiervorlagen Klick! 6:** KV 139-148 (Brüche
S. 147-150: Bruchteile von Größen	**Schülerbuch Klick! 6:** S. 111: Mehr als ein Teil	**Arbeitsheft Klick! 6:** S. 47: Die Teile kann man als Zahl schreiben	**Kopiervorlagen Klick! 6:** KV 139-148 (Brüche)
S. 151-154: Brüche kürzen und erweitern	**Schülerbuch Klick! 7:** S. 52, 53: Brüche verfeinern und vergröbern **Schülerbuch Klick! 8:** S. 68: Erweitern S. 69: Kürzen	**Arbeitsheft Klick! 7:** S. 17: Brüche als Anteile S. 19: Brüche verfeinern und vergröbern **Arbeitsheft Klick! 8:** S. 24: Erweitern und Kürzen	**Kopiervorlagen Klick! 7:** KV 80-81 (Brüche) **Kopiervorlagen Klick! 8:** KV 99-112 (Brüche 1)
S. 155-158: Brüche vergleichen und ordnen	**Schülerbuch Klick! 7:** S. 46: Wie groß sind Brüche? S. 47: Stammbrüche und abgeleitete Brüche S. 57: Brüche am Zahlenstrahl **Schülerbuch Klick! 8:** S. 65, 66: Brüche umwandeln S. 72: Brüche vergleichen	**Arbeitsheft Klick! 7:** S. 16: Wie groß sind Brüche? / Stammbrüche **Arbeitsheft Klick! 8:** S. 22: Brüche benennen und umwandeln	**Kopiervorlagen Klick! 7:** KV 70-74 (Brüche) **Kopiervorlagen Klick! 8:** KV 99-112 (Brüche 1)
S. 159-163: Bruchteile als Verhältnisse	**Schülerbuch Klick! 6:** S. 111: Mehr als ein Teil	**Arbeitsheft Klick! 6:** S. 47: Die Teile kann man als Zahl schreiben	**Kopiervorlagen Klick! 6:** KV 139-148 (Brüche)

Seiten im Schülerbuch	Klick! Schülerbuch	Klick! Arbeitsheft	Klick! Kopiervorlagen
Kapitel: Flächen und Flächeninhalte			
S. 175-178: Flächen vergleichen	**Schülerbuch Klick! 6:** S. 100, 101: Fläche und Flächeninhalt S. 102: Flächeninhalt und Umfang S. 103: Flächeninhalt bestimmen	**Arbeitsheft Klick! 6:** S. 44: Fläche und Flächeninhalt	**Kopiervorlagen Klick! 6:** KV 137-138 (Flächen)
S. 179-184: Flächen-einheiten	**Schülerbuch Klick! 6:** S. 104, 105: Flächeninhalt messen	**Arbeitsheft Klick! 6:** S. 44: Fläche und Flächeninhalt	**Kopiervorlagen Klick! 6:** KV 138 (Flächen)
S. 185-188: Flächeninhalt von Rechtecken und Quadraten	**Schülerbuch Klick! 6:** S. 104, 105: Flächeninhalt messen	**Arbeitsheft Klick! 6:** S. 44: Fläche und Flächeninhalt	**Kopiervorlagen Klick! 6:** KV 138 (Flächen)
S. 189-191: Umfang von Rechtecken und Quadraten	**Schülerbuch Klick! 5:** S. 114, 115: Umfänge erforschen S. 116, 117: Umfänge bestimmen **Schülerbuch Klick! 6:** S. 44, 45: Umfang bestimmen S. 102: Flächeninhalt und Umfang	**Arbeitsheft Klick! 5:** S. 48: Umfänge bestimmen **Arbeitsheft Klick! 6:** S. 21: Umfang – Rechteck, Quadrat, Dreieck S. 22: Umfang – Sachaufgaben	**Kopiervorlagen Klick! 5:** KV 143 (Umfang) **Kopiervorlagen Klick! 6:** KV 67-72 (Umfang)
Kapitel: Symmetrien und Verschiebungen			
S. 205-210: Achsen-symmetrien und Achsenspie-gelungen	**Schülerbuch Klick! 5:** S. 56, 57: Achsensymmetrie S. 58: Spiegelachsen S. 59: Achsensymmetrische Figuren zeichnen	**Arbeitsheft Klick! 5:** S. 23: Figuren ergänzen	**Kopiervorlagen Klick! 5:** KV 77 (Spiegelbilder)
S. 211-214: Punkt-symmetrien und Punktspie-gelungen	**Schülerbuch Klick! 8:** S. 55: Drehsymmetrische Figuren	**Arbeitsheft Klick! 8:** S. 17: Symmetrie	**Kopiervorlagen Klick! 8:** KV 88 (Drehsymmetrische Figuren)
S. 215-218: Verschie-bungen	**Schülerbuch Klick! 8:** S. 79: Vierecke spiegeln und Vierecke verschieben	**Arbeitsheft Klick! 8:** S. 27: Vierecke (2)	**Kopiervorlagen Klick! 8:** KV 120-121 (Figuren verschieben)

Größen messen

Masse (Gewicht)

1 Schreibe in die Stellenwerttafel.

a)

kg		g	

1 kg 250 g
3 kg 425 g
5 kg 500 g
7 kg 50 g

b)

kg		g	

14 kg 750 g
10 kg 300 g
42 kg 95 g
50 kg 50 g

2 Schreibe in die Stellenwerttafel und rechne in Gramm (g) um.

kg		g		

1 kg 750 g _____

25 kg 225 g _____

1,275 kg _____

2,450 kg _____

3 Schreibe in die Stellenwerttafel und rechne in Kilogramm (kg) um.

kg		g		

4 kg 200 g _____

2 kg 125 g _____

12 kg 250 g _____

15 kg 50 g _____

4 Ordne die Massen der Größe nach.
Beginne mit der kleinsten Masse.

a) 100 g   10 g   90 g   250 g   520 g   110 g   12 g

b) 10 kg   1 kg   100 kg   500 g   50 g   5 g   5000 g

Größen messen

Masse (Gewicht)

1 Schreibe in die Stellenwerttafel.

a)

kg	g		
1	2	5	0
3	4	2	5
5	5	0	0
7	0	5	0

1 kg 250 g
3 kg 425 g
5 kg 500 g
7 kg 50 g

b)

kg		g		
1	4	7	5	0
1	0	3	0	0
4	2	0	9	5
5	0	0	5	0

14 kg 750 g
10 kg 300 g
42 kg 95 g
50 kg 50 g

2 Schreibe in die Stellenwerttafel und rechne in Gramm (g) um.

	kg	g			
1 kg 750 g		1	7	5	0	1750 g
25 kg 225 g	2	5	2	2	5	25 225 g
1,275 kg		1	2	7	5	1275 g
2,450 kg		2	4	5	0	2450 g

3 Schreibe in die Stellenwerttafel und rechne in Kilogramm (kg) um.

	kg	g			
4 kg 200 g		4	2	0	0	4,200 kg = 4,2 kg
2 kg 125 g		2	1	2	5	2,125 kg
12 kg 250 g	1	2	2	5	0	12,250 kg = 12,25 kg
15 kg 50 g	1	5	0	5	0	15,050 kg = 15,05 kg

4 Ordne die Massen der Größe nach.
Beginne mit der kleinsten Masse.

a) 100 g   10 g   90 g   250 g   520 g   110 g   12 g

| 10 g | 12 g | 90 g | 100 g | 110 g | 250 g | 520 g |

b) 10 kg   1 kg   100 kg   500 g   50 g   5 g   5000 g

| 5 g | 50 g | 500 g | 1 kg | 5000 g | 10 kg | 100 kg |

Cornelsen

Größen messen

Geld

1 Schreibe in €.

2 Ordne die Beträge aus Aufgabe 1 der Größe nach.

_____

3 Schreibe in die Stellenwerttafel und rechne in € um.

a)

€		ct	
755 ct			
450 ct			
695 ct			
999 ct			
805 ct			
620 ct			

b)

€		ct	
1050 ct			
30 ct			
128 ct			
9590 ct			
75 ct			
12 ct			

4 Vergleiche die Geldbeträge.
Setze jeweils das richtige Zeichen ein (<, =, >).

a) 50 € ☐ 55 €

    5 € ☐ 5,50 €

  55 ct ☐ 50 ct

    5 € ☐ 55 ct

b) 4 € ☐ 4 ct

  4 € ☐ 40 ct

  4 € ☐ 400 ct

 0,40 € ☐ 40 ct

c) 2,20 € ☐ 2,02 €

  2,02 € ☐ 220 ct

 20,20 € ☐ 2200 ct

 2202 ct ☐ 2220 ct

Größen messen

Geld

1 Schreibe in €.

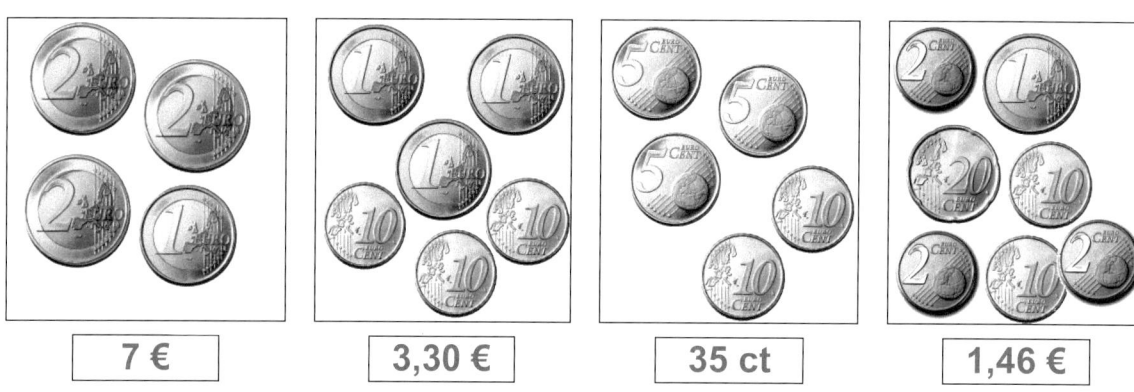

| 7 € | 3,30 € | 35 ct | 1,46 € |

2 Ordne die Beträge aus Aufgabe 1 der Größe nach.

35 ct < 1,46 € < 3,30 € < 7 €

3 Schreibe in die Stellenwerttafel und rechne in € um.

a)

	€	ct		
755 ct	7	5	5	7,55 €
450 ct	4	5	0	4,50 €
695 ct	6	9	5	6,95 €
999 ct	9	9	9	9,99 €
805 ct	8	0	5	8,05 €
620 ct	6	2	0	6,20 €

b)

	€		ct		
1050 ct	1	0	5	0	10,50 €
30 ct		0	3	0	0,30 €
128 ct		1	2	8	1,28 €
9590 ct	9	5	9	0	95,90 €
75 ct		0	7	5	0,75 €
12 ct		0	1	2	0,12 €

4 Vergleiche die Geldbeträge.
Setze jeweils das richtige Zeichen ein (<, =, >).

a) 50 € < 55 €

5 € < 5,50 €

55 ct > 50 ct

5 € > 55 ct

b) 4 € > 4 ct

4 € > 40 ct

4 € = 400 ct

0,40 € = 40 ct

c) 2,20 € > 2,02 €

2,02 € < 220 ct

20,20 € < 2200 ct

2202 ct < 2220 ct

Größen messen

Länge

1 Zeichne die Strecken mit dem Lineal.

a) 8 cm

b) 4 cm 5 mm

c) 9,7 cm

2 Miss die Länge der Strecke.

a) ————————

b) ————————————————

c) ————————————————

3 Schreibe in die Stellenwerttafel und rechne in cm (in a)) bzw. km (in b)) um.

a)

cm	mm	
75 mm		
800 mm		
68 mm		
5 mm		
205 mm		

b)

km		m		
1 000 m				
3 575 m				
90 m				
765 m				
80 759 m				

4 Ergänze die Tabelle.

cm	100 cm		350 cm		1200 cm	
m		5 m		7,5 m		1,05 m

5 Vergleiche >, < oder =?

80 mm ☐ 80 cm   52 mm ☐ 5,3 cm   35 m ☐ 350 cm

7200 cm ☐ 72 m   5 m ☐ 5000 km   6,3 km ☐ 6200 m

Größen messen

Länge

1 Zeichne die Strecken mit dem Lineal.

a) 8 cm _____

b) 4 cm 5 mm _____

c) 9,7 cm _____

2 Miss die Länge der Strecke.

a) $\overline{}$
3,5 cm

b) $\overline{}$
11 cm

c) $\overline{}$
8,8 cm

3 Schreibe in die Stellenwerttafel und rechne in cm (in a)) bzw. km (in b)) um.

a)

	cm	mm	
75 mm		7	5	7,5 cm
800 mm	8	0	0	80 cm
68 mm		6	8	6,8 cm
5 mm		0	5	0,5 cm
205 mm	2	0	5	20,5 cm

b)

	km		m		
1 000 m	1	0	0	0	1000 km
3 575 m	3	5	7	5	3,575 km
90 m	0	0	9	0	0,09 km
765 m	0	7	6	5	0,765 km
80 759 m	8	0	7	5	9	80,759 km

4 Ergänze die Tabelle.

cm	100 cm	500 cm	350 cm	750 cm	1200 cm	105 cm
m	1 m	5 m	3,5 m	7,5 m	12 m	1,05 m

5 Vergleiche >, < oder =?

80 mm $<$ 80 cm   52 mm $<$ 5,3 cm   35 m $>$ 350 cm

7200 cm $=$ 72 m   5 m $<$ 5000 km   6,3 km $>$ 6200 m

Größen messen

Zeit

1 Lies die Uhrzeiten ab. Gib jeweils beide Möglichkeiten an.

a)  ☐☐ : ☐☐ Uhr
   ☐☐ : ☐☐ Uhr

b)  ☐☐ : ☐☐ Uhr
   ☐☐ : ☐☐ Uhr

2 Schreibe in Minuten bzw. in Stunden.

h	1 h	2 h			8 h		12 h
min			180 min	300 min		600 min	

3 Vergleiche (<, > oder =).

a) 75 min ☐ 80 min   b) 20 min ☐ 2 h   c) 60 min ☐ 1 h

d) 1 h ☐ 57 min   e) 4 h ☐ 200 min   f) 9 h ☐ 550 min

4 Wie viel Zeit ist vergangen? Gib jeweils Beginn, Dauer und Ende an.

a)    b)    c)

Beginn: 12:00 Uhr _____   Beginn: _____   Beginn: _____

Dauer: _____   Dauer: _____   Dauer: _____

Ende: 12:05 Uhr _____   Ende: _____   Ende: _____

5 Ergänze die Tabelle.

a)
Beginn	Dauer	Ende
17:00 Uhr	1 h	
8:00 Uhr	45 min	
7:45 Uhr	15 min	
16:50 Uhr	30 min	

b)
Beginn	Dauer	Ende
9:10 Uhr		9:30 Uhr
12:00 Uhr		14:00 Uhr
	1 h	18:50 Uhr
	20 min	15:00 Uhr

Größen messen

Zeit

1 Lies die Uhrzeiten ab. Gib jeweils beide Möglichkeiten an.

a) 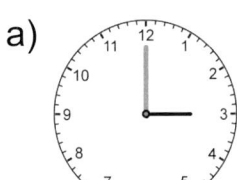 $\boxed{0}\boxed{3}:\boxed{0}\boxed{0}$ Uhr

$\boxed{1}\boxed{5}:\boxed{0}\boxed{0}$ Uhr

b)  $\boxed{1}\boxed{2}:\boxed{1}\boxed{5}$ Uhr

$\boxed{2}\boxed{4}:\boxed{1}\boxed{5}$ Uhr

2 Schreibe in Minuten bzw. in Stunden.

h	1 h	2 h	3 h	5 h	8 h	10 h	12 h
min	60 min	120 min	180 min	300 min	480 min	600 min	720 min

3 Vergleiche (<, > oder =).

a) 75 min $\boxed{<}$ 80 min   b) 20 min $\boxed{<}$ 2 h   c) 60 min $\boxed{=}$ 1 h

d) 1 h $\boxed{>}$ 57 min   e) 4 h $\boxed{>}$ 200 min   f) 9 h $\boxed{<}$ 550 min

4 Wie viel Zeit ist vergangen? Gib jeweils Beginn, Dauer und Ende an.

a)    b)    c)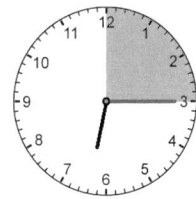

Beginn: 12:00 Uhr   Beginn: 16:30 Uhr   Beginn: 18:00 Uhr

Dauer: 5 min   Dauer: 30 min   Dauer: 15 min

Ende: 12:05 Uhr   Ende: 17:00 Uhr   Ende: 18:15 Uhr

5 Ergänze die Tabelle.

a)

Beginn	Dauer	Ende
17:00 Uhr	1 h	18:00 Uhr
8:00 Uhr	45 min	8:45 Uhr
7:45 Uhr	15 min	8:00 Uhr
16:50 Uhr	30 min	17:20 Uhr

b)

Beginn	Dauer	Ende
9:10 Uhr	20 min	9:30 Uhr
12:00 Uhr	2 h	14:00 Uhr
17:50 Uhr	1 h	18:50 Uhr
14:40 Uhr	20 min	15:00 Uhr

Daten und Zahlen

Runden

1 Welcher Zehner liegt am nächsten?

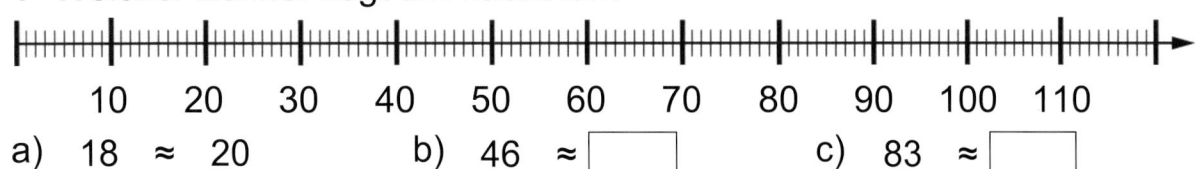

a) 18 ≈ 20   b) 46 ≈ ☐   c) 83 ≈ ☐

   9 ≈ ☐   57 ≈ ☐   96 ≈ ☐

   21 ≈ ☐   62 ≈ ☐   102 ≈ ☐

   34 ≈ ☐   78 ≈ ☐   112 ≈ ☐

2 Welcher Hunderter liegt am nächsten?

a) 510 ≈ 500   b) 620 ≈ ☐   c) 578 ≈ ☐

   540 ≈ ☐   630 ≈ ☐   625 ≈ ☐

   560 ≈ ☐   670 ≈ ☐   552 ≈ ☐

   590 ≈ ☐   680 ≈ ☐   647 ≈ ☐

3 Runde auf Hunderter.

a) 920 ≈ 900   b) 90 ≈ ☐   c) 878 ≈ ☐

   470 ≈ ☐   760 ≈ ☐   546 ≈ ☐

   880 ≈ ☐   340 ≈ ☐   991 ≈ ☐

   210 ≈ ☐   190 ≈ ☐   358 ≈ ☐

4 Runde auf Tausender.

a) 1600 ≈ 2000   b) 7860 ≈ ☐   c) 1998 ≈ ☐

   2800 ≈ ☐   750 ≈ ☐   2499 ≈ ☐

   5400 ≈ ☐   5490 ≈ ☐   3501 ≈ ☐

   3100 ≈ ☐   4210 ≈ ☐   8399 ≈ ☐

Daten und Zahlen

Runden

1 Welcher Zehner liegt am nächsten?

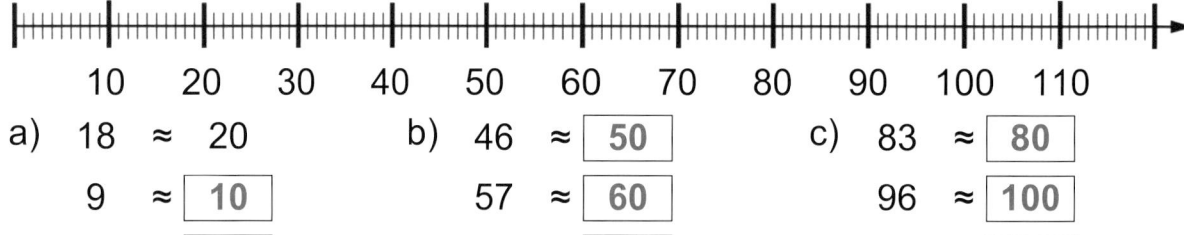

a) 18 ≈ 20   b) 46 ≈ [50]   c) 83 ≈ [80]

    9 ≈ [10]   57 ≈ [60]   96 ≈ [100]

    21 ≈ [20]   62 ≈ [60]   102 ≈ [100]

    34 ≈ [30]   78 ≈ [80]   112 ≈ [110]

2 Welcher Hunderter liegt am nächsten?

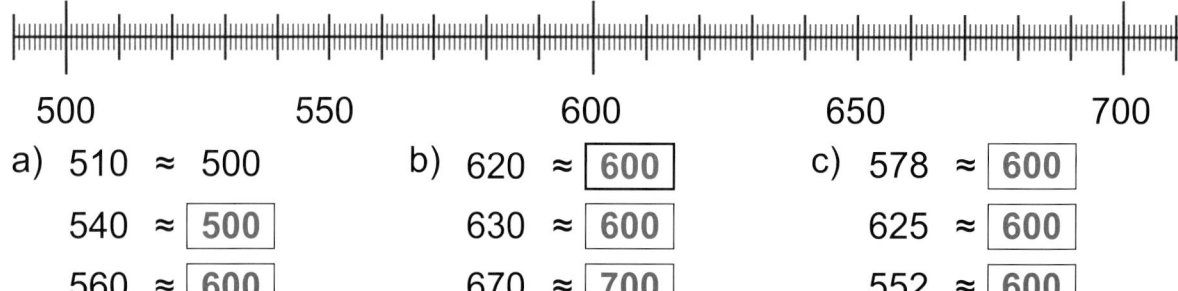

a) 510 ≈ 500   b) 620 ≈ [600]   c) 578 ≈ [600]

   540 ≈ [500]   630 ≈ [600]   625 ≈ [600]

   560 ≈ [600]   670 ≈ [700]   552 ≈ [600]

   590 ≈ [600]   680 ≈ [700]   647 ≈ [600]

3 Runde auf Hunderter.

a) 920 ≈ 900   b) 90 ≈ [100]   c) 878 ≈ [900]

   470 ≈ [500]   760 ≈ [800]   546 ≈ [500]

   880 ≈ [900]   340 ≈ [300]   991 ≈ [1000]

   210 ≈ [200]   190 ≈ [200]   358 ≈ [400]

4 Runde auf Tausender.

a) 1600 ≈ 2000   b) 7860 ≈ [8000]   c) 1998 ≈ [2000]

  2800 ≈ [3000]   750 ≈ [1000]   2499 ≈ [2000]

  5400 ≈ [5000]   5490 ≈ [5000]   3501 ≈ [4000]

  3100 ≈ [3000]   4210 ≈ [4000]   8399 ≈ [8000]

Name:		
Klasse:	Datum:	

Natürliche Zahlen addieren und subtrahieren

Im Kopf addieren

1 Rechne am Hunderterfeld.

a) 75 + 15 = ☐   b) 62 + 23 = ☐   c) 38 + 49 = ☐

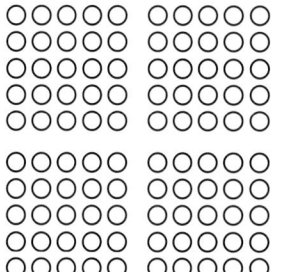

2 Rechne am Zahlenstrahl.

a) 15 + 23 = ☐   b) 55 + 14 = ☐

c) 18 + 23 = ☐   d) 63 + 27 = ☐

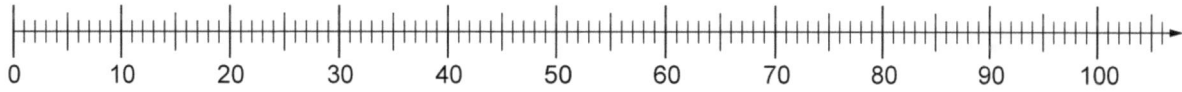

3 Berechne und führe die Aufgaben fort.

a) 25 + 3 = ☐   b) 48 + 20 = ☐   c) 77 + 12 = ☐

    25 + 4 = ☐   48 + 21 = ☐   77 + 22 = ☐

    25 + 5 = ☐   48 + ☐ = ☐   77 + ☐ = ☐

    25 + 6 = ☐   ☐ + ☐ = ☐   ☐ + ☐ = ☐

    25 + ☐ = ☐   ☐ + ☐ = ☐   ☐ + ☐ = ☐

4 Ergänze die Additionsmauern.

a)

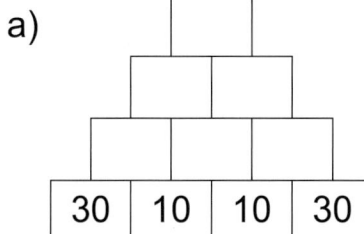

b)

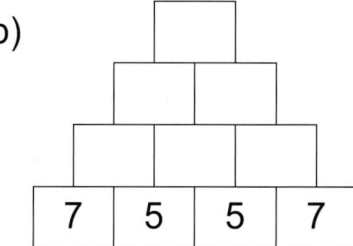

c)

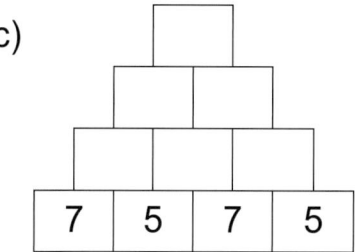

Natürliche Zahlen addieren und subtrahieren

Im Kopf addieren

1 Rechne am Hunderterfeld.

a) 75 + 15 = $\boxed{90}$ b) 62 + 23 = $\boxed{85}$ c) 38 + 49 = $\boxed{87}$

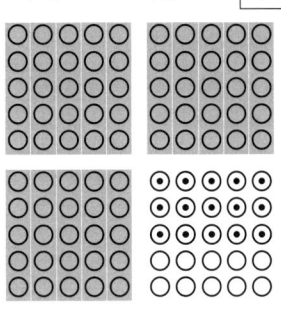 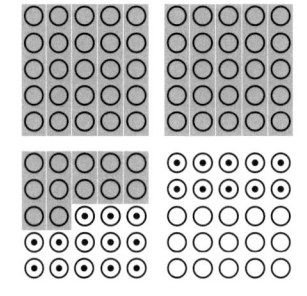 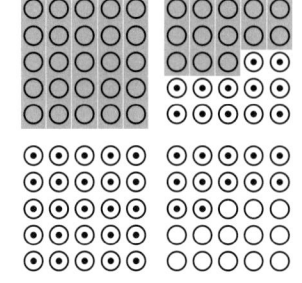

2 Rechne am Zahlenstrahl.

a) 15 + 23 = $\boxed{38}$ b) 55 + 14 = $\boxed{69}$

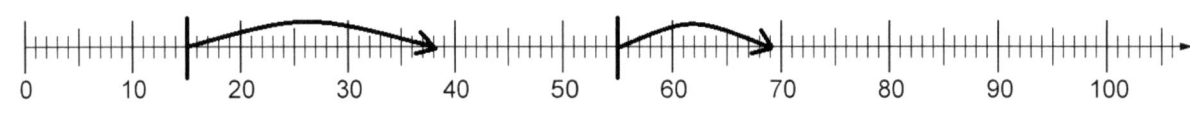

c) 18 + 23 = $\boxed{41}$ d) 63 + 27 = $\boxed{85}$

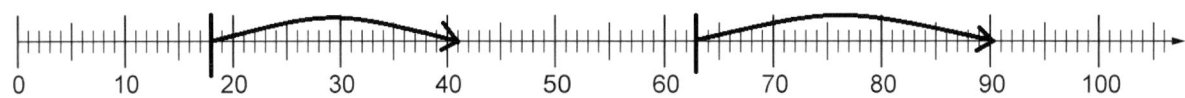

3 Berechne und führe die Aufgaben fort.

a) 25 + 3 = $\boxed{28}$ b) 48 + 20 = $\boxed{68}$ c) 77 + 12 = $\boxed{89}$

25 + 4 = $\boxed{29}$ 48 + 21 = $\boxed{69}$ 77 + 22 = $\boxed{99}$

25 + 5 = $\boxed{30}$ 48 + $\boxed{22}$ = $\boxed{70}$ 77 + $\boxed{32}$ = $\boxed{109}$

25 + 6 = $\boxed{31}$ $\boxed{48}$ + $\boxed{23}$ = $\boxed{71}$ $\boxed{77}$ + $\boxed{42}$ = $\boxed{119}$

25 + $\boxed{7}$ = $\boxed{32}$ $\boxed{48}$ + $\boxed{24}$ = $\boxed{72}$ $\boxed{77}$ + $\boxed{52}$ = $\boxed{129}$

4 Ergänze die Additionsmauern.

a) 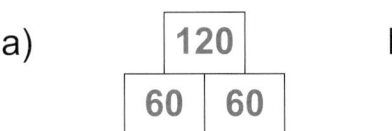 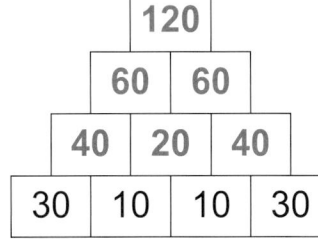   b) 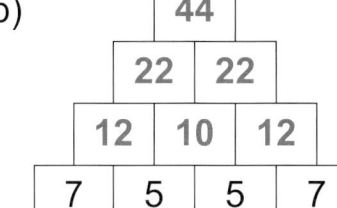   c)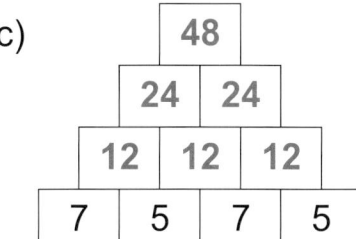

Natürliche Zahlen addieren und subtrahieren

Im Kopf subtrahieren

1 Rechne am Hunderterfeld.

a) $100 - 34 = \boxed{}$ b) $75 - 43 = \boxed{}$ c) $87 - 29 = \boxed{}$

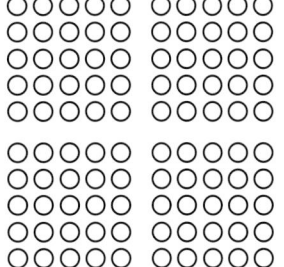

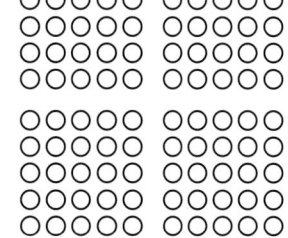

2 Rechne am Zahlenstrahl.

a) $39 - 23 = \boxed{}$ b) $92 - 34 = \boxed{}$

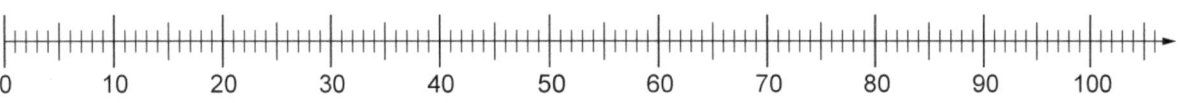

c) $37 - 25 = \boxed{}$ d) $95 - 37 = \boxed{}$

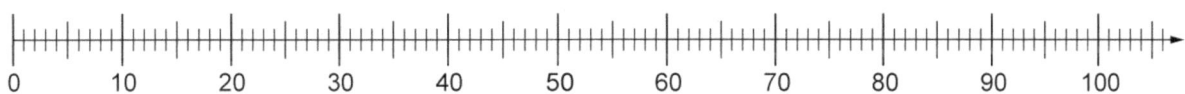

3 Berechne und führe die Aufgaben fort.

a) $42 - 10 = \boxed{}$ b) $84 - 11 = \boxed{}$ c) $75 - 25 = \boxed{}$

$42 - 11 = \boxed{}$ $84 - 21 = \boxed{}$ $75 - 26 = \boxed{}$

$42 - 12 = \boxed{}$ $84 - \boxed{} = \boxed{}$ $75 - \boxed{} = \boxed{}$

$42 - 13 = \boxed{}$ $\boxed{} - \boxed{} = \boxed{}$ $\boxed{} - \boxed{} = \boxed{}$

$42 - \boxed{} = \boxed{}$ $\boxed{} - \boxed{} = \boxed{}$ $\boxed{} - \boxed{} = \boxed{}$

4 Ergänze die Additionsmauern.

a)

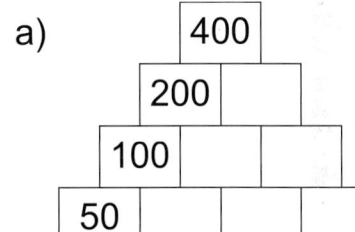

b)

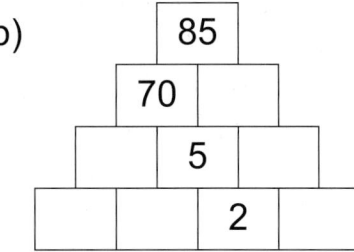

c)

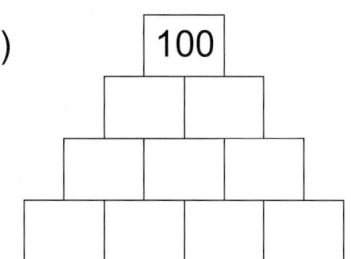

Natürliche Zahlen addieren und subtrahieren

Im Kopf subtrahieren

1 Rechne am Hunderterfeld.

a) $100 - 34 = \boxed{66}$ b) $75 - 43 = \boxed{32}$ c) $87 - 29 = \boxed{58}$

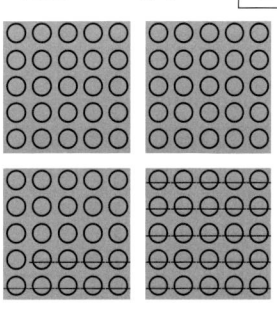 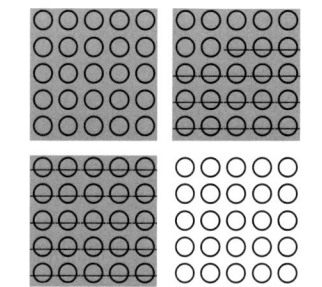 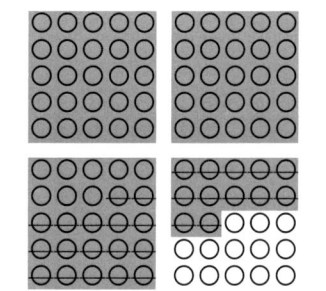

2 Rechne am Zahlenstrahl.

a) $39 - 23 = \boxed{16}$ b) $92 - 34 = \boxed{58}$

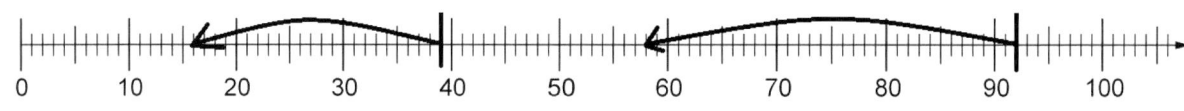

c) $37 - 25 = \boxed{12}$ d) $95 - 37 = \boxed{58}$

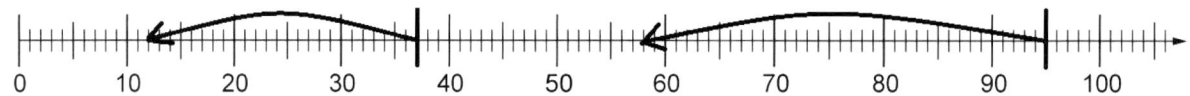

3 Berechne und führe die Aufgaben fort.

a) $42 - 10 = \boxed{32}$ b) $84 - 11 = \boxed{73}$ c) $75 - 25 = \boxed{50}$

$42 - 11 = \boxed{31}$ $84 - 21 = \boxed{63}$ $75 - 26 = \boxed{49}$

$42 - 12 = \boxed{30}$ $84 - \boxed{31} = \boxed{53}$ $75 - \boxed{27} = \boxed{48}$

$42 - 13 = \boxed{29}$ $\boxed{84} - \boxed{41} = \boxed{43}$ $\boxed{75} - \boxed{28} = \boxed{47}$

$42 - \boxed{14} = \boxed{28}$ $\boxed{84} - \boxed{51} = \boxed{33}$ $\boxed{75} - \boxed{29} = \boxed{46}$

4 Ergänze die Additionsmauern.

a)   b)   c)

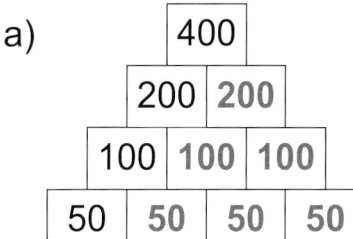 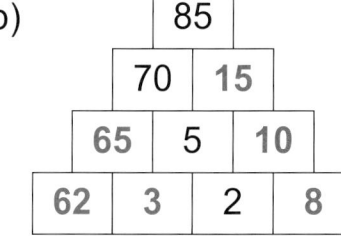 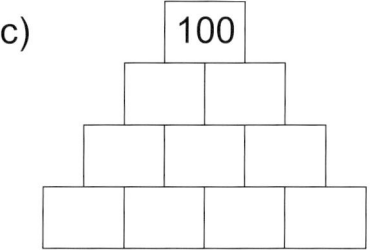

© 2016 Cornelsen Schulverlage GmbH, Berlin.
Alle Rechte vorbehalten.

Cornelsen

Natürliche Zahlen addieren und subtrahieren

Schriftlich addieren

1 Addiere schriftlich.

a)
	H	Z	E
	2	3	4
+	2	3	4

b)
	H	Z	E
	2	3	4
+	4	3	2

c)
	H	Z	E
	6	0	5
+	3	7	0

d)
	H	Z	E
	3	8	7
+	4	0	1

2 Bündele und trage die fehlenden Zahlen ein.

a)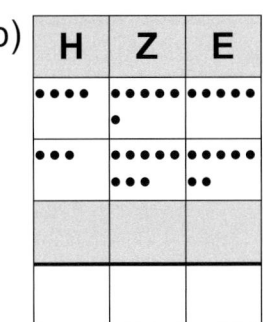

	H	Z	E
	3	6	7
+	2	2	5

b)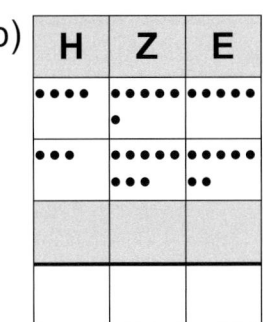

	H	Z	E
+			

3 Addiere schriftlich. Achte auf den Übertrag.

a)
	H	Z	E
	4	6	5
+	2	1	6

b)
	H	Z	E
	3	4	2
+	5	8	5

c)
	H	Z	E
	3	4	5
+	5	6	7

d)
	H	Z	E
	3	9	2
+	4	8	9

4 Übertrage stellengerecht und addiere.

a) 317 + 251

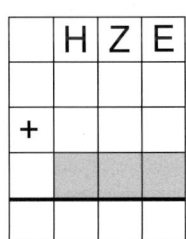

b) 165 + 18

c) 509 + 407

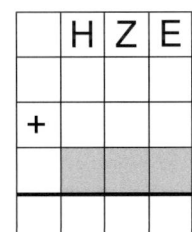

d) 467 + 78

5 Setze die Folge fort. Wie heißt die Regel?

350	370	390	410					

Die Regel heißt immer   + [   ]

Natürliche Zahlen addieren und subtrahieren

Schriftlich addieren

1 Addiere schriftlich.

a)
H	Z	E
	2	3	4
+	2	3	4
	4	6	8

b)
H	Z	E
	2	3	4
+	4	3	2
	6	6	6

c)
H	Z	E
	6	0	5
+	3	7	0
	9	7	5

d)
H	Z	E
	3	8	7
+	4	0	1
	7	8	8

2 Bündele und trage die fehlenden Zahlen ein.

a)

H	Z	E
	3	6	7
+	2	2	5
		1	
	5	9	2

b)

H	Z	E
	4	6	5
+	3	8	7
	1	1	
	8	5	2

3 Addiere schriftlich. Achte auf den Übertrag.

a)
H	Z	E
	4	6	5
+	2	1	6
		1	
	6	8	1

b)
H	Z	E
	3	4	2
+	5	8	5
	1		
	9	2	7

c)
H	Z	E
	3	4	5
+	5	6	7
	1	1	
	9	1	2

d)
H	Z	E
	3	9	2
+	4	8	9
	1	1	
	8	8	1

4 Übertrage stellengerecht und addiere.

a) 317 + 251

H	Z	E
	3	1	7
+	2	5	1
	5	6	8

b) 165 + 18

H	Z	E
	1	6	5
+		1	8
		1	
	1	8	3

c) 509 + 407

H	Z	E
	5	0	9
+	4	0	7
		1	
	9	1	6

d) 467 + 78

H	Z	E
	4	6	7
+		7	8
	1	1	
	5	4	5

5 Setze die Folge fort. Wie heißt die Regel?

| 350 | 370 | 390 | 410 | 430 | 450 | 470 | 490 | 510 | 530 |

Die Regel heißt immer + 20

Cornelsen

Natürliche Zahlen addieren und subtrahieren

Schriftlich subtrahieren

1 Subtrahiere schriftlich.

a)
T	H	Z	E
	3	4	5	6
−	2	2	2	2

b)
T	H	Z	E
	3	4	5	0
−	1	2	0	0

c)
T	H	Z	E
	6	3	3	6
−	3	3	2	2

d)
T	H	Z	E
	2	5	0	0
−	1	4	0	0

e)
T	H	Z	E
	6	7	8	9
−	4	3	2	1

f)
T	H	Z	E
	7	7	7	7
−	2	5	1	6

g)
T	H	Z	E
	4	0	8	5
−	3	0	5	0

h)
T	H	Z	E
	8	8	9	9
−	8	6	5	4

2 Subtrahiere schriftlich. Achte auf die Überträge.

a)
T	H	Z	E
	2	6	4	0
−	1	4	2	9

b)
T	H	Z	E
	3	2	9	5
−		9	7	4

c)
T	H	Z	E
	4	4	2	1
−	3	9	1	0

d)
T	H	Z	E
	7	6	5	0
−		5	5	9

3 Schreibe stellengerecht untereinander und berechne.

a) 3 450 − 330   b) 8 975 − 857   c) 4 256 − 940   d) 5 320 − 156

T	H	Z	E
−			

T	H	Z	E
−			

T	H	Z	E
−			

T	H	Z	E
−			

4 Welche Frage passt? Wähle aus und berechne.
In einer Packung sind 1000 g Mehl.
Für Pfannkuchen wurden 375 g Mehl verbraucht.

Wie viele Pfannkuchen gab es?   O

Wie viel Mehl ist noch in der Packung?   O

Wann ist die Mehlpackung leer?   O

T	H	Z	E
−			

Antwort: _____

Natürliche Zahlen addieren und subtrahieren

Schriftlich subtrahieren

1 Subtrahiere schriftlich.

a)

T	H	Z	E
	3	4	5	6
−	2	2	2	2
	1	2	3	4

b)

T	H	Z	E
	3	4	5	0
−	1	2	0	0
	2	2	5	0

c)

T	H	Z	E
	6	3	3	6
−	3	3	2	2
	3	0	1	4

d)

T	H	Z	E
	2	5	0	0
−	1	4	0	0
	1	1	0	0

e)

T	H	Z	E
	6	7	8	9
−	4	3	2	1
	2	4	6	8

f)

T	H	Z	E
	7	7	7	7
−	2	5	1	6
	5	2	6	1

g)

T	H	Z	E
	4	0	8	5
−	3	0	5	0
	1	0	3	5

h)

T	H	Z	E
	8	8	9	9
−	8	6	5	4
		2	4	5

2 Subtrahiere schriftlich. Achte auf die Überträge.

a)

T	H	Z	E
	2	6	4	0
−	1	4	2	9
			1	
	1	2	1	1

b)

T	H	Z	E
	3	2	9	5
−		9	7	4
	1			
	2	3	2	1

c)

T	H	Z	E
	4	4	2	1
−	3	9	1	0
	1			
		5	1	1

d)

T	H	Z	E
	7	6	5	0
−		5	5	9
		1	1	
	7	0	9	1

3 Schreibe stellengerecht untereinander und berechne.

a) 3 450 − 330   b) 8 975 − 857   c) 4 256 − 940   d) 5 320 − 156

a)

T	H	Z	E
	3	4	5	0
−		3	3	0
	3	1	2	0

b)

T	H	Z	E
	8	9	7	5
−		8	5	7
			1	
	8	1	1	8

c)

T	H	Z	E
	4	2	5	6
−		9	4	0
	1			
	3	3	1	6

d)

T	H	Z	E
	5	3	2	0
−		1	5	6
		1	1	
	5	1	6	4

4 Welche Frage passt? Wähle aus und berechne.
In einer Packung sind 1000 g Mehl.
Für Pfannkuchen wurden 375 g Mehl verbraucht.

Wie viele Pfannkuchen gab es?   ○

Wie viel Mehl ist noch in der Packung?   ⊙

Wann ist die Mehlpackung leer?   ○

T	H	Z	E
	1	0	0	0
−		3	7	5
1	1	1		
		6	2	5

Antwort: **Es sind noch 625 g Mehl in der Packung.**

Natürliche Zahlen multiplizieren und dividieren

Im Kopf multiplizieren

1 Zeichne die Einmaleins-Reihen in die Hundertertafel ein.

a) 2er-Reihe

1	2	3	4	5	6	7	8	9	10
11	12	13	14	15	16	17	18	19	20
21	22	23	24	25	26	27	28	29	30
31	32	33	34	35	36	37	38	39	40
41	42	43	44	45	46	47	48	49	50
51	52	53	54	55	56	57	58	59	60
61	62	63	64	65	66	67	68	69	70
71	72	73	74	75	76	77	78	79	80
81	82	83	84	85	86	87	88	89	90
91	92	93	94	95	96	97	98	99	100

b) 3er-Reihe

1	2	3	4	5	6	7	8	9	10
11	12	13	14	15	16	17	18	19	20
21	22	23	24	25	26	27	28	29	30
31	32	33	34	35	36	37	38	39	40
41	42	43	44	45	46	47	48	49	50
51	52	53	54	55	56	57	58	59	60
61	62	63	64	65	66	67	68	69	70
71	72	73	74	75	76	77	78	79	80
81	82	83	84	85	86	87	88	89	90
91	92	93	94	95	96	97	98	99	100

c) 9er-Reihe

1	2	3	4	5	6	7	8	9	10
11	12	13	14	15	16	17	18	19	20
21	22	23	24	25	26	27	28	29	30
31	32	33	34	35	36	37	38	39	40
41	42	43	44	45	46	47	48	49	50
51	52	53	54	55	56	57	58	59	60
61	62	63	64	65	66	67	68	69	70
71	72	73	74	75	76	77	78	79	80
81	82	83	84	85	86	87	88	89	90
91	92	93	94	95	96	97	98	99	100

2 Ergänze die Vierer-Reihe.

4 , ☐ , ☐ , 16 , ☐ , ☐ , 28 , 32 , ☐ , ☐

3 Ergänze die Siebener-Reihe.

7 , ☐ , ☐ , ☐ , ☐ , ☐ , ☐ , 56 , ☐ , ☐

4 Berechne im Kopf und führe die Aufgaben fort.

a) $6 \cdot 2 =$ ☐
   $6 \cdot 3 =$ ☐
   $6 \cdot 4 =$ ☐
   $6 \cdot 5 =$ ☐
   $6 \cdot$ ☐ $=$ ☐

b) $3 \cdot 4 =$ ☐
   $4 \cdot 4 =$ ☐
   $5 \cdot$ ☐ $=$ ☐
   ☐ $\cdot$ ☐ $=$ ☐
   ☐ $\cdot$ ☐ $=$ ☐

c) $3 \cdot 3 =$ ☐
   $4 \cdot 4 =$ ☐
   $5 \cdot$ ☐ $=$ ☐
   ☐ $\cdot$ ☐ $=$ ☐
   ☐ $\cdot$ ☐ $=$ ☐

5 Ergänze die Tabellen.

a)
·	2	4	8
1			
2			
3			
4			

b)
·	5	10	15
1			
2			
5			
10			

c)
·	3	6	
4			
6			
8			
10			90

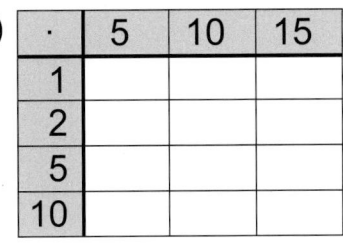

Cornelsen

183

Natürliche Zahlen multiplizieren und dividieren

Im Kopf multiplizieren

1 Zeichne die Einmaleins-Reihen in die Hundertertafel ein.

a) 2er-Reihe

1	2	3	4	5	6	7	8	9	10
11	12	13	14	15	16	17	18	19	20
21	22	23	24	25	26	27	28	29	30
31	32	33	34	35	36	37	38	39	40
41	42	43	44	45	46	47	48	49	50
51	52	53	54	55	56	57	58	59	60
61	62	63	64	65	66	67	68	69	70
71	72	73	74	75	76	77	78	79	80
81	82	83	84	85	86	87	88	89	90
91	92	93	94	95	96	97	98	99	100

b) 3er-Reihe

1	2	3	4	5	6	7	8	9	10
11	12	13	14	15	16	17	18	19	20
21	22	23	24	25	26	27	28	29	30
31	32	33	34	35	36	37	38	39	40
41	42	43	44	45	46	47	48	49	50
51	52	53	54	55	56	57	58	59	60
61	62	63	64	65	66	67	68	69	70
71	72	73	74	75	76	77	78	79	80
81	82	83	84	85	86	87	88	89	90
91	92	93	94	95	96	97	98	99	100

c) 9er-Reihe

1	2	3	4	5	6	7	8	9	10
11	12	13	14	15	16	17	18	19	20
21	22	23	24	25	26	27	28	29	30
31	32	33	34	35	36	37	38	39	40
41	42	43	44	45	46	47	48	49	50
51	52	53	54	55	56	57	58	59	60
61	62	63	64	65	66	67	68	69	70
71	72	73	74	75	76	77	78	79	80
81	82	83	84	85	86	87	88	89	90
91	92	93	94	95	96	97	98	99	100

2 Ergänze die Vierer-Reihe.

4 , **8** , **12** , 16 , **20** , **24** , 28 , 32 , **36** , **40**

3 Ergänze die Siebener-Reihe.

7 , **14** , **21** , **28** , **35** , **42** , **49** , 56 , **63** , **70**

4 Berechne im Kopf und führe die Aufgaben fort.

a)
$6 \cdot 2 = 12$
$6 \cdot 3 = 18$
$6 \cdot 4 = 24$
$6 \cdot 5 = 30$
$6 \cdot 6 = 36$

b)
$3 \cdot 4 = 12$
$4 \cdot 4 = 16$
$5 \cdot 4 = 20$
$6 \cdot 4 = 24$
$7 \cdot 4 = 28$

c)
$3 \cdot 3 = 9$
$4 \cdot 4 = 16$
$5 \cdot 5 = 25$
$6 \cdot 6 = 36$
$7 \cdot 7 = 49$

5 Ergänze die Tabellen.

a)

·	2	4	8
1	2	4	8
2	4	8	16
3	6	12	24
4	8	16	32

b)

·	5	10	15
1	5	10	15
2	10	20	30
5	25	50	75
10	50	100	150

c)

·	3	6	9
4	12	24	36
6	18	36	54
8	24	48	72
10	30	60	90

Cornelsen

Name:		
Klasse:	Datum:	

Natürliche Zahlen multiplizieren und dividieren

Im Kopf dividieren

1 Gib die Zahl am Zahlenstrahl und die dargestellte Divisionsaufgabe an.

a)

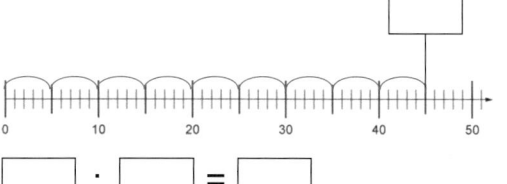

☐ : ☐ = ☐

b)

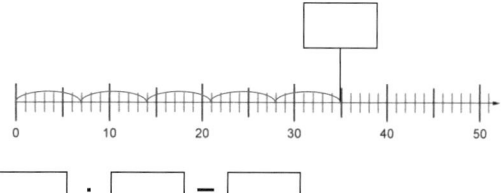

☐ : ☐ = ☐

2 Berechne im Kopf und führe die Aufgaben fort.

a) 2 : 2 = ☐
    4 : 2 = ☐
    6 : 2 = ☐
    8 : 2 = ☐
  10 : ☐ = ☐

b) 4 : 4 = ☐
    8 : 4 = ☐
  12 : ☐ = ☐
  ☐ : ☐ = ☐
  ☐ : ☐ = ☐

c) 30 : 5 = ☐
  40 : 5 = ☐
  50 : ☐ = ☐
  ☐ : ☐ = ☐
  ☐ : ☐ = ☐

3 Rechne im Kopf.
Schreibe zu jeder Aufgabe eine Umkehraufgabe auf.

a) 20 : 4 = ☐
  ☐ · ☐ = 20

b) 16 : 2 = ☐
  ☐ · ☐ = 16

c) 45 : 5 = ☐
  ☐ · ☐ = ☐

d) 24 : 3 = ☐
  ☐ · ☐ = ☐

e) 32 : 8 = ☐
  ☐ · ☐ = ☐

f) 54 : 9 = ☐
  ☐ · ☐ = ☐

4 Berechne im Kopf.

a) 14 : 2 = ☐
  20 : 2 = ☐
  26 : 2 = ☐

b) 9 : 3 = ☐
  18 : 3 = ☐
  27 : 3 = ☐

c) 15 : 5 = ☐
  25 : 5 = ☐
  60 : 5 = ☐

d) 18 : 6 = ☐
  36 : 6 = ☐
  48 : 6 = ☐

e) 28 : 7 = ☐
  49 : 7 = ☐
  63 : 7 = ☐

f) 36 : 9 = ☐
  81 : 9 = ☐
  99 : 9 = ☐

Natürliche Zahlen multiplizieren und dividieren

Im Kopf dividieren

1 Gib die Zahl am Zahlenstrahl und die dargestellte Divisionsaufgabe an.

a)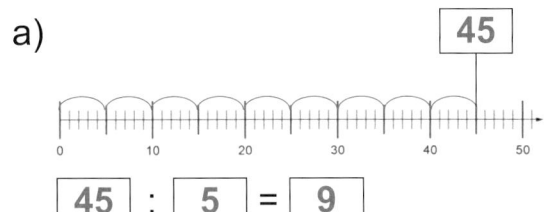

45 : 5 = 9

b)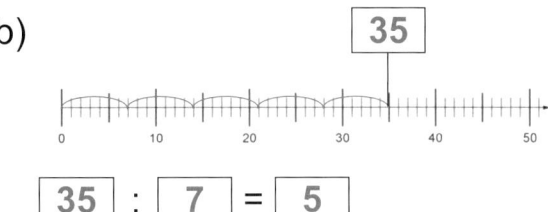

35 : 7 = 5

2 Berechne im Kopf und führe die Aufgaben fort.

a) 2 : 2 = 1
4 : 2 = 2
6 : 2 = 3
8 : 2 = 4
10 : 2 = 5

b) 4 : 4 = 1
8 : 4 = 2
12 : 4 = 3
16 : 4 = 4
20 : 4 = 5

c) 30 : 5 = 6
40 : 5 = 8
50 : 5 = 10
60 : 5 = 12
70 : 5 = 14

3 Rechne im Kopf.
Schreibe zu jeder Aufgabe eine Umkehraufgabe auf.

a) 20 : 4 = 5
5 · 4 = 20

b) 16 : 2 = 8
8 · 2 = 16

c) 45 : 5 = 9
9 · 5 = 45

d) 24 : 3 = 8
8 · 3 = 24

e) 32 : 8 = 4
4 · 8 = 32

f) 54 : 9 = 6
6 · 9 = 54

4 Berechne im Kopf.

a) 14 : 2 = 7
20 : 2 = 10
26 : 2 = 13

b) 9 : 3 = 3
18 : 3 = 6
27 : 3 = 9

c) 15 : 5 = 3
25 : 5 = 5
60 : 5 = 12

d) 18 : 6 = 3
36 : 6 = 6
48 : 6 = 8

e) 28 : 7 = 4
49 : 7 = 7
63 : 7 = 9

f) 36 : 9 = 4
81 : 9 = 9
99 : 9 = 11

Cornelsen

Natürliche Zahlen multiplizieren und dividieren

Schriftlich multiplizieren

1 Rechne schriftlich.

a)
H	Z	E	
7	8	9	· 1
	H	Z	E

b)
H	Z	E	
4	2	3	· 2
	H	Z	E

c)
H	Z	E	
1	2	3	· 3
	H	Z	E

d)
H	Z	E	
4	1	2	· 4
T	H	Z	E

e)
H	Z	E	
6	1	1	· 5
T	H	Z	E

f)
H	Z	E	
1	2	1	· 6
	H	Z	E

2 Vervollständige die Aufgabe um die Einer-Aufgabe und addiere.

a)
H	Z	E		Z	E
1	3	2	·	1	1
	T	H	Z	E	
	1	3	2	0	
+					

b)
H	Z	E		Z	E
2	0	4	·	2	1
	T	H	Z	E	
	4	0	8	0	
+					

c)
H	Z	E		Z	E
4	2	3	·	1	2
	T	H	Z	E	
	4	2	3	0	
+					

3 Berechne zuerst die Zehner- und die Einer-Aufgabe und addiere dann.

a)
H	Z	E		Z	E
3	1	0	·	2	2
	T	H	Z	E	

b)
H	Z	E		Z	E
2	1	3	·	1	3
	T	H	Z	E	

c)
H	Z	E		Z	E
2	0	1	·	4	3
	T	H	Z	E	

d)
H	Z	E		Z	E
2	2	2	·	3	3
	T	H	Z	E	

e)
H	Z	E		Z	E
3	1	2	·	2	4
	T	H	Z	E	

f)
H	Z	E		Z	E
5	2	0	·	1	4
	T	H	Z	E	

Natürliche Zahlen multiplizieren und dividieren

Schriftlich multiplizieren

1 Rechne schriftlich.

a)

H	Z	E		
7	8	9	·	1
	H	Z	E	
	7	8	9	

b)

H	Z	E		
4	2	3	·	2
	H	Z	E	
	8	4	6	

c)

H	Z	E		
1	2	3	·	3
	H	Z	E	
	3	6	9	

d)

H	Z	E		
4	1	2	·	4
T	H	Z	E	
1	2	4	8	

e)

H	Z	E		
6	1	1	·	5
T	H	Z	E	
3	0	5	5	

f)

H	Z	E		
1	2	1	·	6
	H	Z	E	
	7	2	6	

2 Vervollständige die Aufgabe um die Einer-Aufgabe und addiere.

a)

H	Z	E		Z	E
1	3	2	·	1	1
	T	H	Z	E	
	1	3	2	0	
+		1	3	2	
	1	4	5	2	

b)

H	Z	E		Z	E
2	0	4	·	2	1
	T	H	Z	E	
	4	0	8	0	
+		2	0	4	
	4	2	8	4	

c)

H	Z	E		Z	E
4	2	3	·	1	2
	T	H	Z	E	
	4	2	3	0	
+		8	4	6	
	5	0	7	6	

3 Berechne zuerst die Zehner- und die Einer-Aufgabe und addiere dann.

a)

H	Z	E		Z	E
3	1	0	·	2	2
	T	H	Z	E	
	6	2	0	0	
+		6	2	0	
	6	8	2	0	

b)

H	Z	E		Z	E
2	1	3	·	1	3
	T	H	Z	E	
	2	1	3	0	
+		6	3	9	
	2	7	6	9	

c)

H	Z	E		Z	E
2	0	1	·	4	3
	T	H	Z	E	
	8	0	4	0	
+		6	0	3	
	8	6	4	3	

d)

H	Z	E		Z	E
2	2	2	·	3	3
	T	H	Z	E	
	6	6	6	0	
+		6	6	6	
	7	3	2	6	

e)

H	Z	E		Z	E
3	1	2	·	2	4
	T	H	Z	E	
	6	2	4	0	
+	1	2	4	8	
	7	4	8	8	

f)

H	Z	E		Z	E
5	2	0	·	1	4
	T	H	Z	E	
	5	2	0	0	
+	2	0	4	0	
	7	2	4	0	

Arbeitsblatt
Mathematik

Natürliche Zahlen multiplizieren und dividieren

Schriftlich dividieren

1 Dividiere schriftlich.

a)

H	Z	E			H	Z	E
6	7	5	:	5	=		
–							
–							
	–						

b)

H	Z	E			H	Z	E
4	7	6	:	4	=		

2 Dividiere schriftlich. Rechne mit Probe.

H	Z	E			H	Z	E	Probe:	H	Z	E	
9	3	1	:	7	=							·
									H	Z	E	

Ergänze den Text.

Ich rechne zur Probe die _____.

Die _____ zu einer _____

ist eine _____.

Hilfe: Divisionsaufgabe | Multiplikationsaufgabe | Umkehraufgabe | Umkehraufgabe

3 Dividiere schriftlich. Achtung hier bleibt ein Rest.

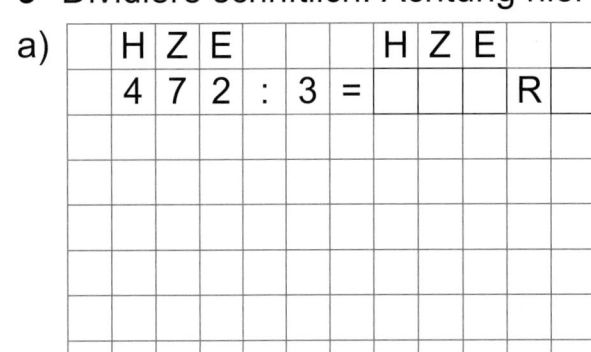

a)

H	Z	E			H	Z	E		
4	7	2	:	3	=			R	

b)

H	Z	E			H	Z	E		
8	4	2	:	5	=			R	

Natürliche Zahlen multiplizieren und dividieren

Schriftlich dividieren

1 Dividiere schriftlich.

a)

H	Z	E				H	Z	E
6	7	5	:	5	=	1	3	5
− 5								
	1	7						
−	1	5						
		2	5					
	−	2	5					
			0					

b)

H	Z	E				H	Z	E
4	7	6	:	4	=	1	1	9
− 4								
	0	7						
−		4						
		3	6					
	−	3	6					
			0					

2 Dividiere schriftlich. Rechne mit Probe.

H	Z	E				H	Z	E		Probe:	H	Z	E	
9	3	1	:	7	=	1	3	3			1	3	3	· 7
− 7											H	Z	E	
	2	3									9	3	1	
−	2	1												
		2	1											
	−	2	1											
			0											

Ergänze den Text.

Ich rechne zur Probe die **Umkehraufgabe**.

Die **Umkehraufgabe** zu einer **Divisionsaufgabe**

ist eine **Multiplikationsaufgabe**.

Hilfe: Divisionsaufgabe | Multiplikationsaufgabe | Umkehraufgabe | Umkehraufgabe

3 Dividiere schriftlich. Achtung hier bleibt ein Rest.

a)

H	Z	E				H	Z	E		
4	7	2	:	3	=	1	5	7	R	1
− 3										
	1	7								
−	1	5								
		2	2							
	−	2	1							
			1							

b)

H	Z	E				H	Z	E		
8	4	2	:	5	=	1	6	8	R	2
− 5										
	3	4								
−	3	0								
		4	2							
	−	4	0							
			2							

Brüche

Anteile bestimmen und zeichnen

1 Wie heißen die Teile? Schreibe auf.

_____   _____   _____   _____

2 Zeichne die Anteile ein.

a)

b)

c)

d)

ein Achtel _____   ein Drittel _____   ein Viertel _____   ein Sechstel _____

3 Wie viel ist ein Fünftel von 30 €?

Ich teile zuerst in _____ gleich große Teile auf.

○ ○ ○ ○ ○ ○ ○ ○ ○ ○ ○ ○ ○ ○ ○
○ ○ ○ ○ ○ ○ ○ ○ ○ ○ ○ ○ ○ ○ ○

Ein Teil davon ist ein Fünftel. Das sind _____ €.

4 Wie viel ist ein Sechstel von 30 €?

Ich teile zuerst in _____ gleich große Teile auf.

○ ○ ○ ○ ○ ○ ○ ○ ○ ○ ○ ○ ○ ○ ○
○ ○ ○ ○ ○ ○ ○ ○ ○ ○ ○ ○ ○ ○ ○

Ein Teil davon ist ein Fünftel. Das sind _____ €.

Brüche

Anteile bestimmen und zeichnen

1 Wie heißen die Teile? Schreibe auf.

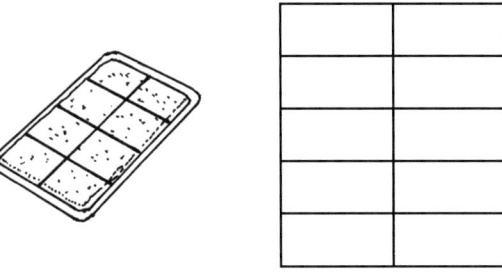 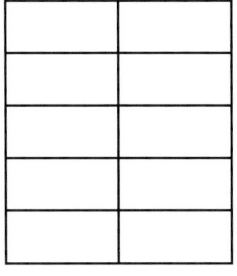 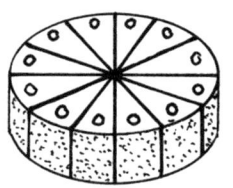 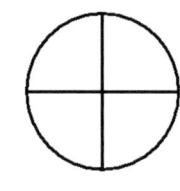

Achtel   Zehntel   Zwölftel   Viertel

2 Zeichne die Anteile ein.

a) 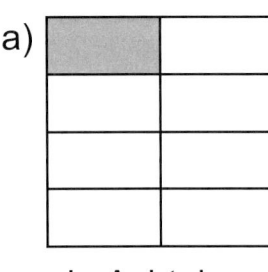 b) 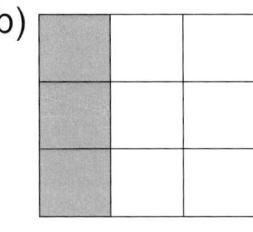 c) 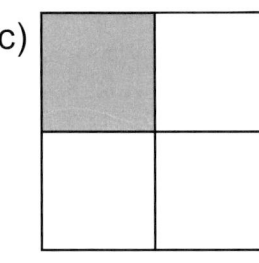 d)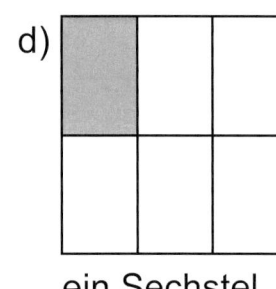

ein Achtel   ein Drittel   ein Viertel   ein Sechstel

3 Wie viel ist ein Fünftel von 30 €?

Ich teile zuerst in   5   gleich große Teile auf.

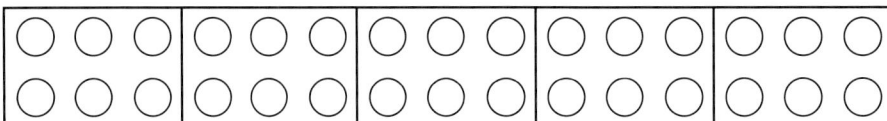

Ein Teil davon ist ein Fünftel. Das sind   6   €.

4 Wie viel ist ein Sechstel von 30 €?

Ich teile zuerst in   6   gleich große Teile auf.

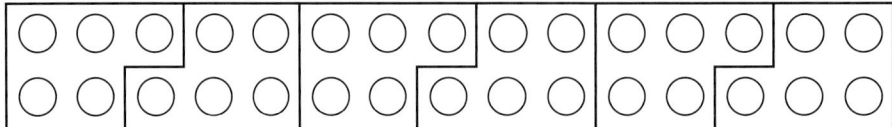

Ein Teil davon ist ein Fünftel. Das sind   5   €.

Flächen und Flächeninhalt

Umfang Rechteck

1 Finde fünf Rechtecke. Fahre sie mit verschiedenen Farben nach.

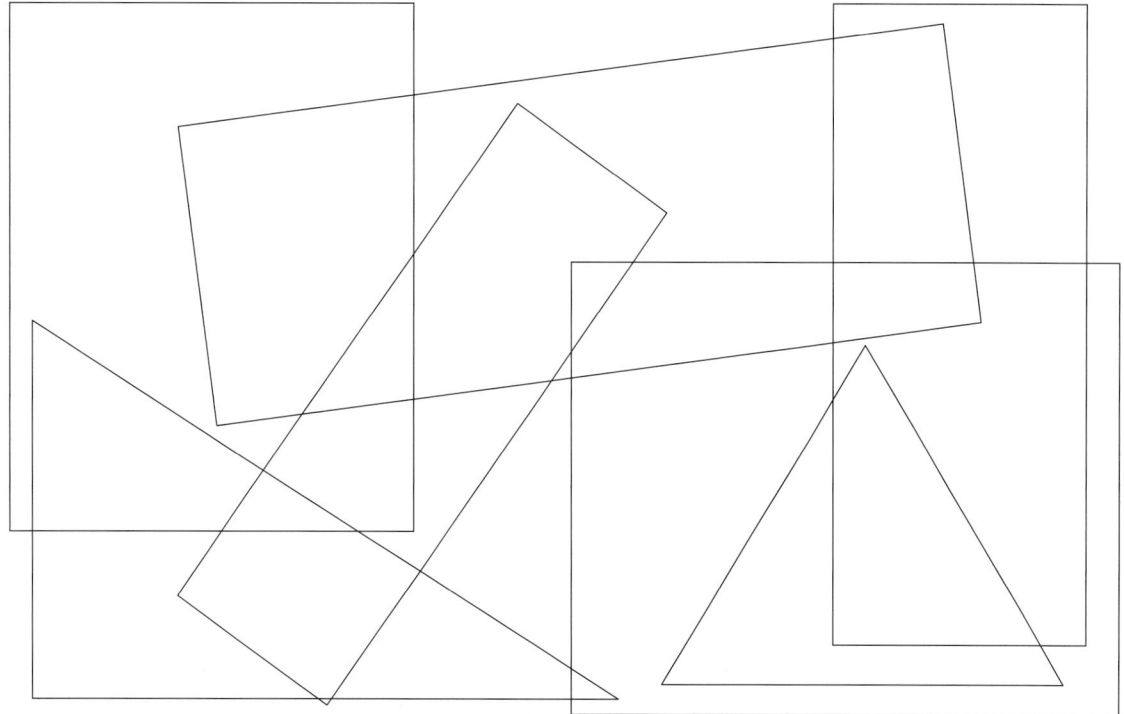

2 Berechne die Umfänge der fünf Rechtecke.

rotes Rechteck: $u_\square$ = ⬚ cm + ⬚ cm + ⬚ cm + ⬚ cm

$u_\square$ = ⬚ cm

blaues Rechteck: $u_\square$ = ⬚ cm + ⬚ cm + ⬚ cm + ⬚ cm

$u_\square$ = ⬚ cm

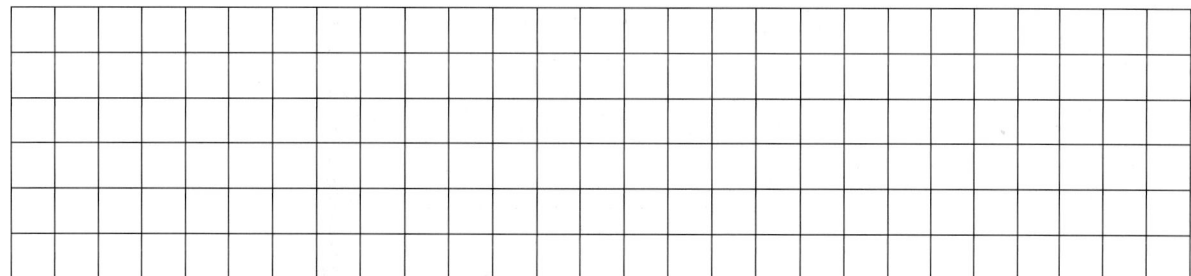

3 Berechne den Umfang. Eine Skizze hilft dir.

Umfang				
Seite a	15 cm	20 cm	20 cm	50 cm
Seite b	5 cm	8 cm	30 cm	25 cm

Flächen und Flächeninhalt

Umfang Rechteck

1 Finde fünf Rechtecke. Fahre sie mit verschiedenen Farben nach.

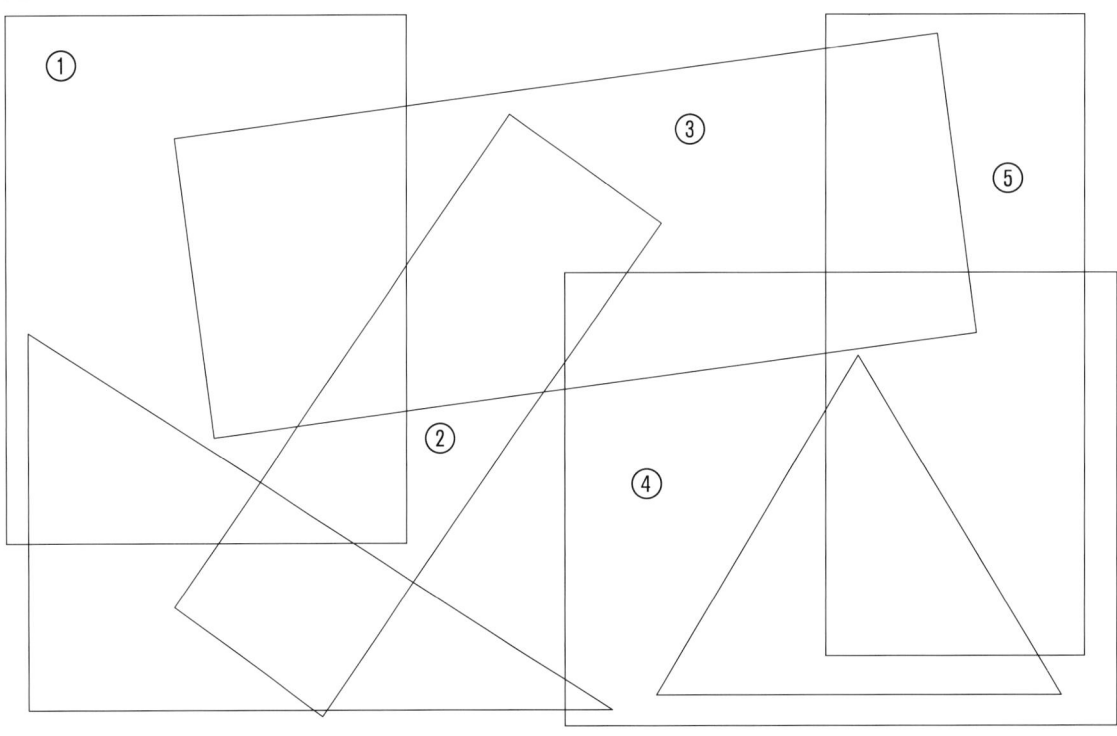

2 Berechne die Umfänge der fünf Rechtecke.

Rechteck ①: $u_\square$ = $\boxed{5,5}$ cm + $\boxed{7}$ cm + $\boxed{5,5}$ cm + $\boxed{7}$ cm

  $u_\square$ = $\boxed{2\ 5}$ cm

Rechteck ②: $u_\square$ = $\boxed{2,5}$ cm + $\boxed{8}$ cm + $\boxed{2,5}$ cm + $\boxed{8}$ cm

  $u_\square$ = $\boxed{2\ 1}$ cm

③	:	u	=	1	0,	5	c	m	+	4	c	m	+	1	0,	5	c	m	+	4	c	m			
		u	=	2	9	c	m																		
④	:	u	=		7,	5	c	m	+	6	c	m	+		7,	5	c	m	+	6	c	m			
		u	=	2	7	c	m																		
⑤	:	u	=		3,	5	c	m	+	8,	5	c	m	+	3,	5	c	m	+	8,	5	c	m		
		u	=	2	4	c	m																		

3 Berechne den Umfang. Eine Skizze hilft dir.

Umfang	40 cm	56 cm	100 cm	150 cm
Seite a	15 cm	20 cm	20 cm	50 cm
Seite b	5 cm	8 cm	30 cm	25 cm

Name:		
Klasse:	Datum:	

Flächen und Flächeninhalt

Umfang Quadrat

1 Finde fünf Quadrate. Fahre sie mit verschiedenen Farben nach.

2 Berechne die Umfänge der fünf Quadrate.

rotes Quadrat: $u_\square$ = ☐☐ cm + ☐☐ cm + ☐☐ cm + ☐☐ cm

$u_\square$ = ☐☐ cm

blaues Quadrat: $u_\square$ = ☐☐ cm + ☐☐ cm + ☐☐ cm + ☐☐ cm

$u_\square$ = ☐☐ cm

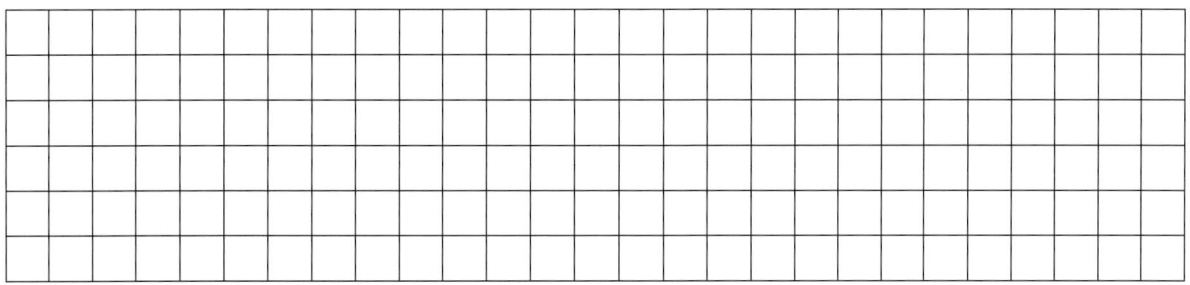

3 Rechne und ergänze die Tabelle. Eine Skizze hilft dir.

Umfang			40 cm	100 cm
Seite a	5 cm	12 cm		

Flächen und Flächeninhalt

Umfang Quadrat

1 Finde fünf Quadrate. Fahre sie mit verschiedenen Farben nach.

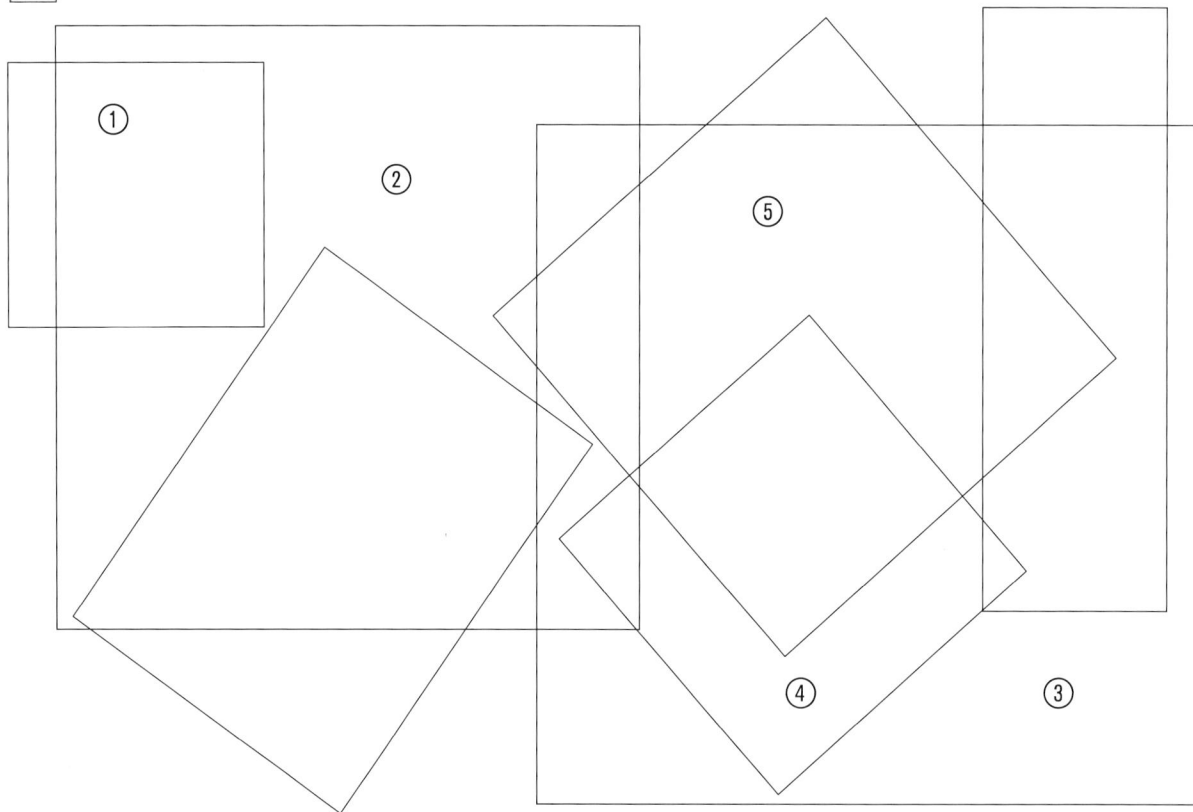

2 Berechne die Umfänge der fünf Quadrate.

Quadrat ① : $u_\square$ = $\boxed{3,5}$ cm + $\boxed{3,5}$ cm + $\boxed{3,5}$ cm + $\boxed{3,5}$ cm

$u_\square$ = $\boxed{14}$ cm

Quadrat ②: $u_\square$ = $\boxed{8}$ cm + $\boxed{8}$ cm + $\boxed{8}$ cm + $\boxed{8}$ cm

$u_\square$ = $\boxed{32}$ cm

③	:	u	=		9	c	m	+		9	c	m	+		9	c	m	+		9	c	m			
		u	=	3	6	c	m																		
④	:	u	=	4,	5	c	m	+	4,	5	c	m	+	4,	5	c	m	+	4,	5	c	m			
		u	=	1	8	c	m																		
⑤	:	u	=		6	c	m	+		6	c	m	+		6	c	m	+		6	c	m			
		u	=	2	4	c	m																		

3 Rechne und ergänze die Tabelle. Eine Skizze hilft dir.

Umfang	20 cm	48 cm	40 cm	100 cm
Seite a	5 cm	12 cm	10 cm	25 cm

Flächen und Flächeninhalt

Welche Formen erkennst du?

1 Welche Formen erkennst du? Schreibe den Namen der Form dazu.

_____   _____   _____

_____   _____   _____

2 Welche Flächen kannst du finden? Male sie an.

Flächen und Flächeninhalt

Welche Formen erkennst du?

1 Welche Formen erkennst du? Schreibe den Namen der Form dazu.

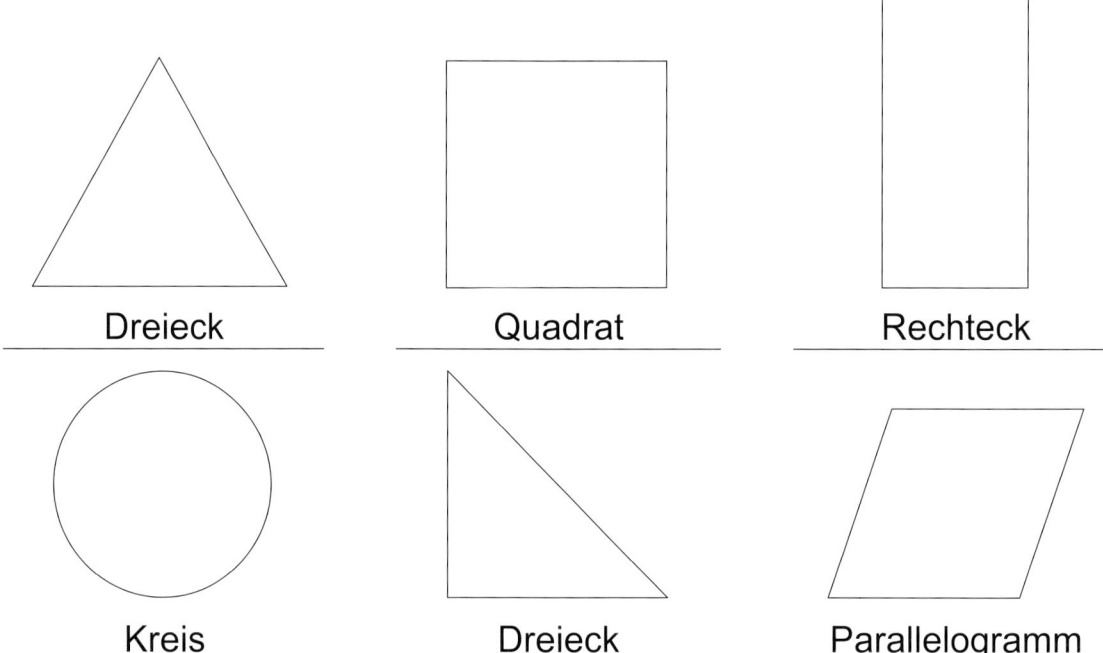

| Dreieck | Quadrat | Rechteck |

| Kreis | Dreieck | Parallelogramm |

2 Welche Flächen kannst du finden? Male sie an.

Achsenspiegelung

Spiegelbilder

1 Zeichne die Spiegelbilder. Überprüfe dann mit einem Spiegel.

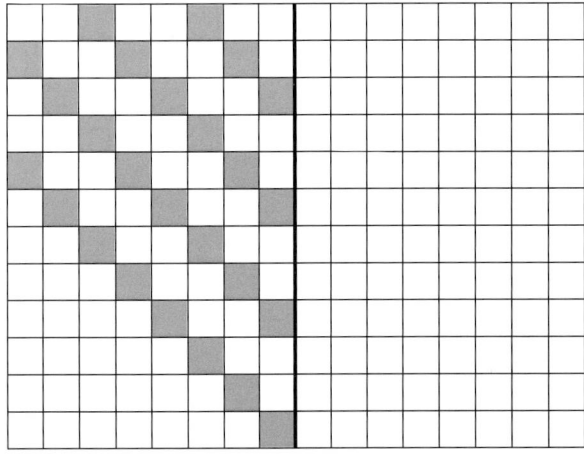
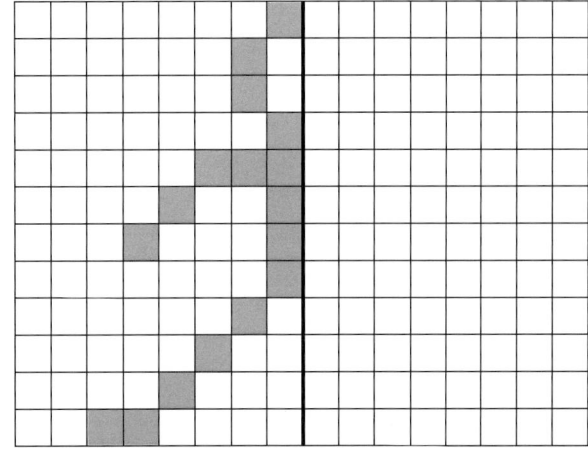

2 Die Spiegelbilder sind Buchstaben und Ziffern.

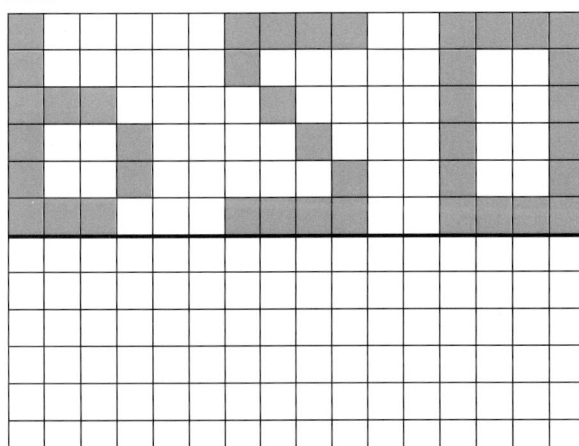
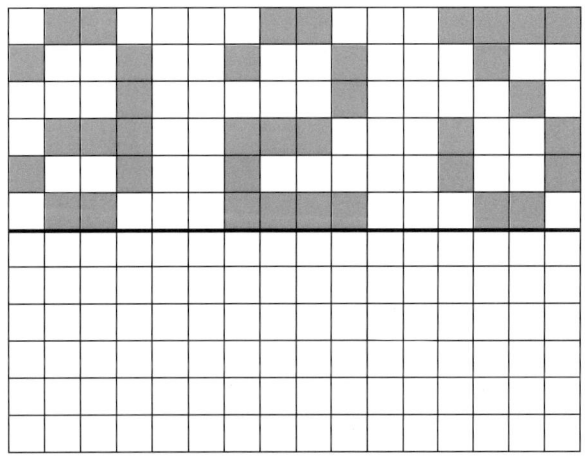

3 Du siehst zwei Spiegelachsen. Spiegele das Muster zuerst oben zur rechten Seite. Dann kannst du beide Teile nach unten spiegeln.

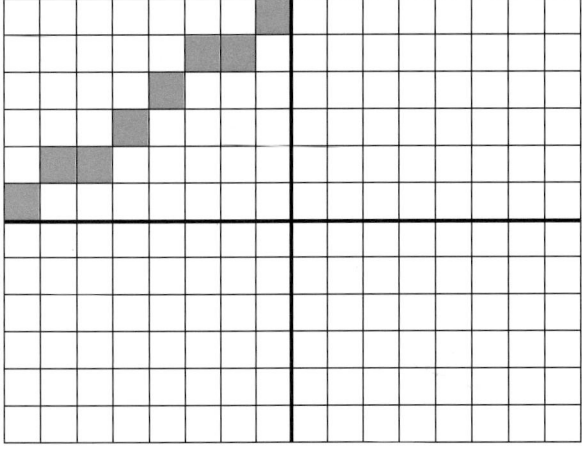
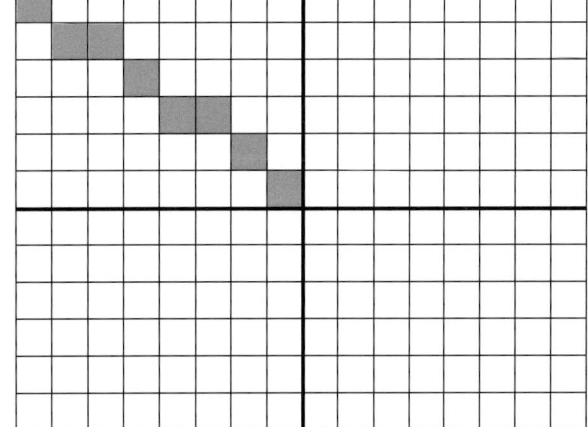

Achsenspiegelung

Spiegelbilder

1 Zeichne die Spiegelbilder. Überprüfe dann mit einem Spiegel.

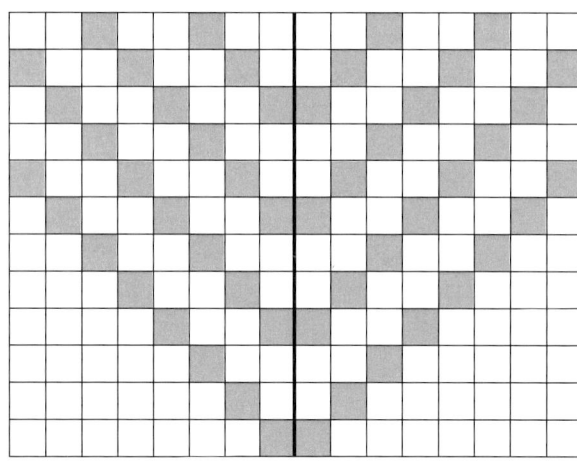 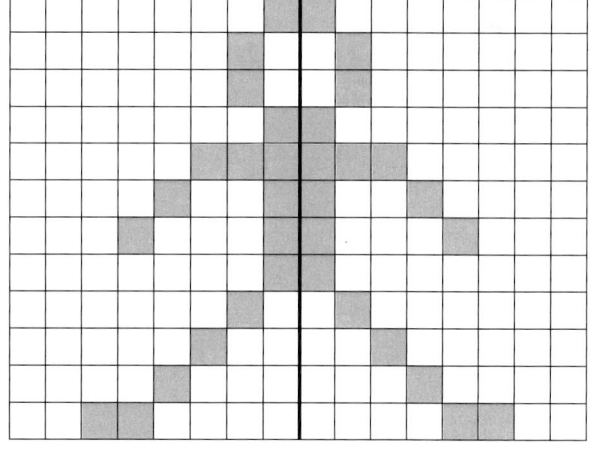

2 Die Spiegelbilder sind Buchstaben und Ziffern.

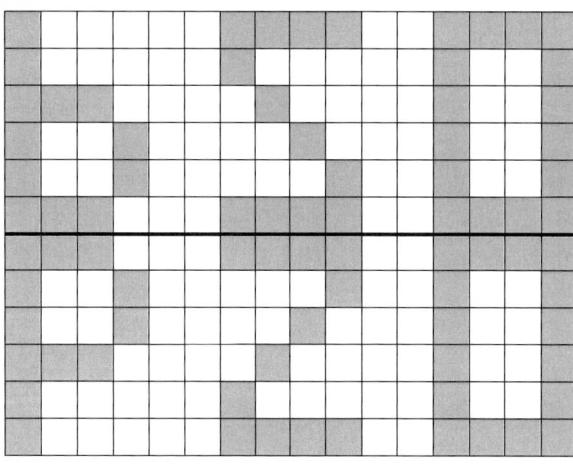 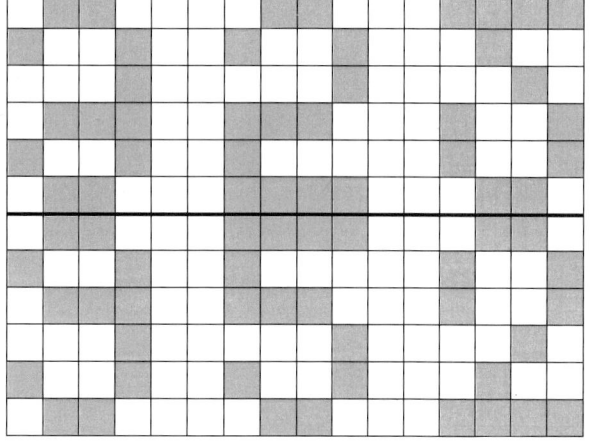

3 Du siehst zwei Spiegelachsen. Spiegele das Muster zuerst oben zur rechten Seite. Dann kannst du beide Teile nach unten spiegeln.

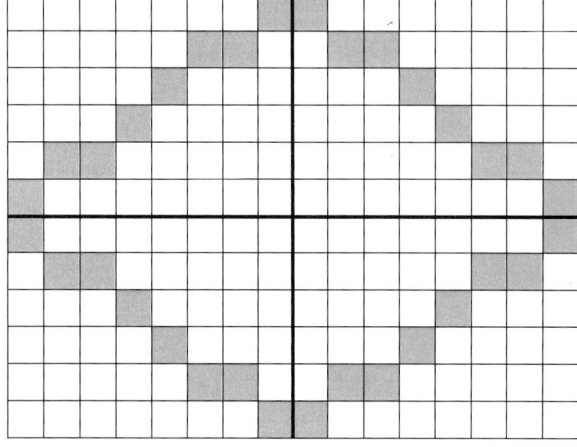 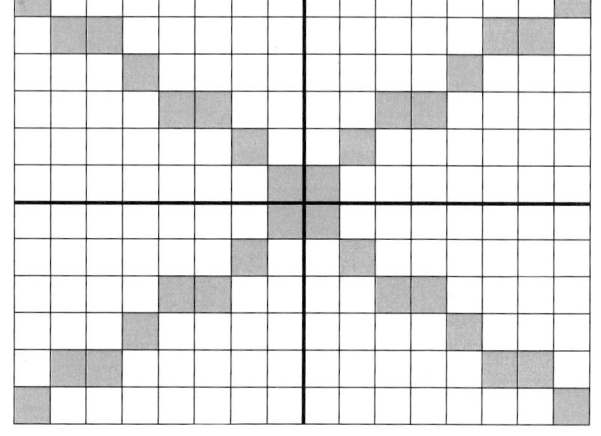